역사의 역사

역사의 역사

유시민 지음
2018년 6월 25일 초판 1쇄 발행
2022년 3월 31일 초판 17쇄 발행

펴낸이 한철희, 펴낸곳 돌베개, 등록 1979년 8월 25일 제406-2003-000018호, 주소 10881
경기도 파주시 회동길 77-20 (문발동), 전화 031-955-5020, 팩스 031-955-5050, 홈페이지 www.
dolbegae.co.kr, 전자우편 book@dolbegae.co.kr, 블로그 blog.naver.com/imdol79 트위터
@Dolbegae79, 주간 김수한, 편집 윤현아, 표지디자인 김동신, 본문디자인 김동신·이연경, 표지 및
본문 사진 김경태, 마케팅 심찬식·고운성·조원형, 제작·관리 윤국중·이수민, 인쇄·제본 영신사

ISBN 978-89-7199-855-7 (03900)
이 도서의 국립중앙도서관 출판시도서목록(CIP)은 서지정보유통지원시스템(seoji.nl.go.kr)과
국가자료공동목록시스템(www.nl.go.kr/kolisent)에서 이용하실 수 있습니다.(CIP제어번호: CIP
2018017074)

책값은 뒤표지에 있습니다.

역사의 역사
HISTORY OF WRITING HISTORY

유시민

일러두기

1. 맞춤법과 외래어 표기는 국립국어원의 용례를 따랐다. 다만 국내에서 이미 굳어진 인명과 지명의 경우에는 통용되는 표기로 썼다. 또한 국내에 소개된 책은 출간된 제목과 저자명을 그대로 썼고, 필요에 따라 원제를 밝혔다.

2. 단행본과 정기간행물, 신문에는 겹낫표(『 』)를, 논문과 기사에는 낫표(「 」)를, 영화와 노래 제목에는 홑꺾쇠(〈 〉)를 썼다.

3. 원문을 발췌 요약해 실은 경우에는 측면에 해당 출처를 밝혔다. 발췌 요약의 각주는 모두 지은이의 것이다.

4. 인물의 생몰연대와 번역서의 원제는 첫 등장 시에만 병기했으나, 내용 이해에 도움이 된다고 판단한 부분에서는 중복해서 표기했다.

서문

역사란 무엇인가?

"역사란 무엇인가?" 지난 2,500년 동안 숱한 역사가들이 경청할 만한 견해를 제시했다. 그러나 인문학의 중요한 질문이 흔히 그렇듯, 여기에도 만인이 흔쾌히 동의할 만한 대답은 나오지 않았다. 애초에 정답이 없는 질문이라면 형식을 바꾸어 보는 게 나을지 모른다. "사람들은 역사가 무엇이라고 생각하는가?" 이 질문에 대답하려면 오랜 세월 사람의 마음을 사로잡았거나 지금 대중의 시선을 끌고 있는 역사책을 살펴볼 필요가 있다.

세상에는 많은 역사서가 있다. 어떤 책은 한때 아주 많은 사람들이 읽었지만 지금은 찾는 이가 별로 없고, 더러는 예나 지금이나 많은 독자가 가까이 두기도 한다. 독자가 원래 적었고 지금은 더 드물지만 '역사의 역사'에 뚜렷한 흔적을 남겼기 때문에 전문 역사 연구자라면 꼭 읽어야 하는 책도 없지 않다. 『역사의 역사』는 그런 역사서와 그 책을 집필한 역사가들 그리고 그들이 살았던 시대와 서술한 역사적 사건에 대한 이야기다. 역사가 무엇인지 또 하나의 대답을 제시해 보려는 의도는 없다. 위대한 역사가들이 우리에게 전하려고 했던 생각과 감정을 듣고 느껴봄으로써 역사가 무엇인지 밝히는 데 도움될 실마리를 찾아보려 했을 뿐이다.

어떤 대상이든 발생사(發生史)를 알면 더 잘 이해할 수 있다.

우주와 지구, 생명, 인간, 산업, 국가, 건축, 화폐, 문학과 예술, 그 무엇이든 다 생기고 자라난 경위가 있다. 과학과 인문학도 예외가 아니다. 수학자는 수학사를, 과학자는 과학사를, 경제학자는 경제학사를, 철학자는 철학사를 알아야 한다. 그래야 자신이 탐사하는 주제와 연구 결과가 그 분야에서 어떤 학술적 지위와 가치를 가지는지 더 잘 가늠할 수 있다. 역사도 마찬가지다. 역사가 무엇인지 있는 그대로 이해하고 싶다면 당연히 역사의 역사를 들여다보아야 한다.

이 책은 굳이 분류하자면 '히스토리오그라피(historiography)'에 넣을 수 있을 듯하다. '히스토리오그라피'는 역사학 이론과 역사 서술 방법의 발전 과정을 연구하는 학문인데 우리말로는 보통 '사학사(史學史)'라고 한다. 하지만 이 책은 '역사학의 역사'가 아니라 '역사 서술의 역사(history of writing history)'에 초점을 맞추었으니 '사학사'는 잘 어울리는 말이 아니다.

역사학과 역사 서술은 밀접한 관련이 있지만 목적과 성격과 작업 방식이 다르다. 역사학은 학술 연구 활동이지만, 역사 서술은 문학적 창작 행위로 보아야 한다. 그래서 나는 독자들이 이 책을 '역사 르포르타주(reportage, 르포)'로 받아들여 주기를 기대한다. 르포는 저널리즘(사실 보도), 역사 서술(과거 사건에 대한 이야기), 문예 창작(예술적 감정 표현)을 넘나드는 문학 장르다. 존 리드의『세계를 뒤흔든 열흘』, 에드거 스노의『중국의 붉은 별』, 조지 오웰의『카탈루냐 찬가』같은 책을 떠올리면 르포가 어떤 장르의 문학인지 쉽게 이해할 수 있을 것이다. 보고문학, 기록문학, 논픽션이라는 말은 르포의 성격과 특징을 다 담아내지 못한다. 이 책이 훌륭한 르포 작품이라는 의미는 결코 아니다. 그저 같은 장르에 속한다는 말일 뿐이다. 어찌 그런 대단한 책들에 비하겠는가.

우리가 만날 역사가의 이름과 역사서의 제목을 미리 밝혀 둔다. 헤로도토스의 『역사』, 투키디데스의 『펠로폰네소스 전쟁사』, 사마천의 『사기』, 이븐 할둔의 『역사서설』, 레오폴트 폰 랑케의 『근세사의 여러 시기들에 관하여』와 『강대 세력들·정치 대담·자서전』, 카를 마르크스의 『공산당 선언』, 프랜시스 후쿠야마의 『역사의 종말』, 박은식의 『한국통사』와 『한국독립운동지혈사』, 신채호의 『조선상고사』, 백남운의 『조선사회경제사』, 에드워드 H. 카의 『역사란 무엇인가』, 오스발트 A. G. 슈펭글러의 『서구의 몰락』, 아널드 J. 토인비의 『역사의 연구』, 새뮤얼 헌팅턴의 『문명의 충돌』, 재레드 다이아몬드의 『총, 균, 쇠』, 유발 하라리의 『사피엔스』 등이다. 역사에 관심이 있는 독자라면 이미 읽어 보았거나 읽지는 않았어도 그 존재는 알고 있을 만한 이 역사서들은 오랜 세월 대중의 마음을 사로잡았거나 지금 사로잡고 있으며, 다른 역사가들의 역사철학과 역사 서술 방식에 큰 영향을 주었다.

이 책에는 인용문이 많다. 르포는 사실을 토대로 써야 하고 역사에 관한 르포에서는 보고 대상으로 선정한 역사서의 문장이 사실과 같은 지위를 가지는 만큼 인용문이 많은 것은 불가피하고 자연스러운 일이다. 그런데 원서나 번역서 문장을 그대로 옮긴 경우는 거의 없으며 대부분 내용을 압축하고 문장 구조를 바꾸어 요약 인용했다. 이렇게 한 데는 두 가지 이유가 있다.

첫째는 지면을 아끼기 위해서다. 원문을 그대로 옮기면 인용문이 지나치게 길어졌고, 꼭 필요한 문장만 발췌하면 문맥이 매끄럽게 이어지지 않았다. 한정된 지면에 중요한 내용을 되도록 많이 소개하려면 원문의 정보와 분위기를 최대한 살리되 과감하게 요약할 수밖에 없었다. 둘째는 독자의 편의를 위해서다. 어떤 책은 원문 자체가 너무 난해했다. 어떤 번역서는 원서의 문장 순서 그대로 우리말로 바꾼 탓에 원서로 읽을 때보다 더 이해하기 힘들었다. 그대로 옮기든 발췌해서 옮기든, 문장을 손보지 않으면 본문과 인용문의 스타일과 분위기가 너무 달라서 마치 음정이 흔들리는 노래를 듣는 것처럼 불편했다. 어쩔 수 없이 발췌 요약한 인용문의 스타일을 본문과 비슷하게 수정했다.

　　학술 논문이라면 원문 그대로 정확하게 인용해야 하겠지만 르포를 굳이 그렇게 쓸 필요는 없다고 판단했다. 필요한 경우 독자들이 번역서나 원서의 문장을 확인할 수 있도록 측면에 출전 표시를 상세하게 해 두었으니 너그럽게 양해해 주시기를 부탁드린다. 인명과 지명을 비롯한 고유명사는 독자들에게 친숙한 표기법을 채택했다는 것도 덧붙여 밝혀 둔다.

글 쓰는 일을 직업으로 삼아 살았던 지난 30년 동안, 나는 호기심과 감정에 끌려 아무 주제든 손에 잡히는 대로 글을 썼다. 하지만 이제는 그렇게 하기 어렵다. 노안 때문에 안경을 쓰게 되었고, 새로운 지식과 정보를 습득해 활용하는 능력도 예전만 못해졌기 때문이다. 나이가 드는 동안 인생의 경험이 쌓인 덕분에 인간과 사회를 바라보는 시야는 넓어졌을지 모르지만 논리적 사유의 예리함은 젊은 시절에 비할 수 없다. 그래서 높은 수준의 지적 긴장을 요구하는 주제는 되도록 피해야겠다고 생각하던 나를 부추겨 이 책을 쓰게 만든 돌베개출판사 대표 한철희 님에게 감사드린다. 여러 조언을 아끼지 않고 멋진 책을 만들기 위해 애쓴 김수한 님과 윤현아 님, 표지와 본문 디자인을 해 준 김동신 님과 이연경 님에게 감사드린다.

2018년 봄
심학산 아래에서
글쓴이 유시민

차례

프롤로그
기록, 과학, 문학

생물학자 칼 폰 린네(1707~1778)가 창안한 생물 분류 체계에서 우리 인류의 학명(學名)은 '호모 사피엔스(homo sapiens)'다.[1] 과학자들이 '호모 네안데르탈렌시스'나 '호모 에렉투스'와 같은 이름을 붙인 인간 종이 여럿 있었지만 모두 멸종했다. 지금은 사피엔스 말고 다른 종의 '호모'가 하나도 살아 있지 않으니 호모 사피엔스를 사피엔스로 줄여 써도 될 것이다. 사피엔스의 여러 능력 중에서 단연 빛나는 것은 의사소통 능력이고, 의사소통의 가장 중요한 수단은 언어다.

같은 말을 저마다 다른 뜻으로 쓸 때 생기는 오해와 혼란을 피하기 위해 이 책에서 자주 쓰게 될 중요한 말의 뜻을 분명하게 해두자. '역사(歷史)'부터 시작한다. 국어사전에서는 역사를 '인간 사회의 변천과 흥망의 과정 또는 그 기록'이라고 한다. 사전에 따라 약간 차이가 있긴 해도 크게 보면 다 비슷하다. 여기서 알 수 있는 역사의 뜻은 두 가지다. 첫째는 인간의 삶과 사회의 변화 과정 그 자체이고, 둘째는 인간의 삶과 사회의 변화 과정을 문자로 쓴

---

1. '사피엔스'는 현생인류를 가리키는 종(種, species)의 이름이고, '호모'는 사피엔스가 속한 상위 범주 속(屬, genus)의 이름으로 '호모 사피엔스'는 '슬기로운 인간'이라는 뜻이다.

기록이다. 그런데 이 뜻풀이는 수정할 필요가 있다. 역사는 단순히 사실의 '기록'이 아니라 사실로 엮어 만든 '이야기'이기 때문이다. 사실 없이 역사를 쓸 수도 없지만, 그저 사실을 기록하기만 한다고 해서 역사가 되는 것도 아니다. '사실의 기록'은 역사 서술의 필요조건일 뿐이다. 역사는 '인간 사회의 변천과 흥망의 과정 또는 그에 관해 문자로 쓴 이야기'다.

　역사가 둘 가운데 어느 것을 가리키는지는 그때그때 문맥에서 자연스럽게 드러난다. 예컨대 "우리 민족의 역사는 자랑스럽고 위대하다"거나 "시민을 학살하고 부정부패를 저지른 독재자에게 역사의 심판이 내렸다"고 할 때의 역사는 첫 번째 뜻인 '사회의 변화 과정 그 자체'를 가리킨다. 물론 인간의 삶과 사회 상태만 변화를 겪는 건 아니다. 지구에 사는 모든 생물 종(種), 생물이 아닌 지구와 달, 태양과 같은 별이 수천억 개나 있다는 우리 은하(milky way), 그 바깥의 헤아릴 수 없이 많은 천체들, 심지어 우주 전체도 태어난 때가 있고 끊임없이 운동하며 변화한다. 그러나 자연과 우주의 변화에 대해 우리는 두려워하거나 찬탄하지만 자랑스럽다거나 부끄럽다는 도덕적 감정을 느끼지는 않으며 자연과 우주가 누군가를 심판했다고 하지도 않는다. 인간 사회의 역사는 다른 것의 역사와 다르다. 역사가들은 의식적·무의식적으로 역사에 대한 도덕적 감정을 텍스트에 투사하며, 독자들은 그 감정을 느낀다. 어느 시대, 어느 사회에서나 격렬한 감정 표출을 동반한 '역사 전쟁'이 벌어지는 것은 바로 그 때문이다.

　"역사는 사실과 역사가의 대화"라거나 "모든 역사는 현대사"라고 할 때, 역사는 사회가 시간의 흐름 안에서 변화해 온 과정을 서술한 문자 텍스트를 말한다. 전문 역사 연구자들은 '이야기'보

다 '서사(敍事, narration)'라는 말을 선호하는 경향이 있다. '서사'
는 어떤 사건을 시간의 흐름에 따라 서술하는 방법이고, '역사 서
술'은 기본적으로 시간의 흐름을 따라야 하는 것인 만큼 이 말은
역사와 잘 어울린다. 하지만 의미로 보면 '서사'와 '이야기'가 별로
다를 게 없다.

역사를 반드시 문자로 써야 하는 것은 아니다. 말로 할 수도
있고, 그림으로 나타내도 좋으며, 영상과 소리를 결합해도 된다.
그러나 인간이 오랜 세월 가장 널리 사용한 방법은 문자로 쓰는 것
이었다. 무엇이 생겨나 변화하고 소멸한 과정을 문자로 이야기하
는 것을 '역사 서술'이라고 하자. 우리는 모든 것의 역사를 쓸 수 있
다. 개인, 민족, 사회, 국가, 음악, 미술, 옷, 건축, 과학을 비롯해 인
간의 삶과 관련된 모든 것은 '변화 과정 그 자체로서의 역사'가 있
기 때문이다. 나아가 인간이 아닌 생물, 지구, 우주도 역사 서술의
대상이 된다. 그 역사도 알고 보면 인간 사회의 역사 못지않게 흥
미롭다.

이 책에서 말하는 역사는, 다른 설명이 없는 한 언제나 '인간
의 삶과 사회의 변화 과정을 이야기하는 문자 텍스트'를 가리킨다.
그렇다면 '역사의 역사'는 무엇인가? '인간과 사회의 과거에 대해
문자 텍스트로 서술하는 내용과 방법이 변화해 온 과정에 대한 이
야기'다. 더 정확하게는 '역사 서술의 역사'라고 해야 하겠지만 편
의상 간단하게 '역사의 역사'라고 하자.

과거에 대한 이야기를 문자로 쓰는 사람은 역사가(歷史家),
역사를 연구하는 사람은 역사학자(歷史學者)라고 하자. 영어로는
둘 모두 '히스토리언(historian)'인 데서 알 수 있듯, 역사가와 역
사학자를 명확하게 나누기는 어렵다. 하지만 둘이 똑같은 것은 아

니다. '역사학'은 학문이고, '역사 서술'은 예술이다. 학문과 예술 둘 모두를 하는 이도 있지만 어느 하나만 하는 사람도 있다. 역사 분야만이 아니라 미술, 음악, 사진, 영화를 포함하여 '해석이 필요한 텍스트'를 생산하는 예술의 모든 분야에 창작자와 연구자가 있다. 예를 들어 소설 창작과 문학 비평 둘 다 하는 작가도 있지만 둘 중 하나만 하는 경우도 많은데, 소설만 쓰면 소설가라 하고 문학 비평만 쓰면 문예비평가 또는 문학평론가라고 한다. 역사도 그렇다. 역사학자는 분석하고 연구하고 비평하며, 역사가는 창작한다. 이 책은 역사학자가 아니라 역사가를, 역사 이론서가 아니라 역사서를 주로 다룬다.

역사 서술은 사실을 기록하는 작업이자 사회 변화의 원인과 과정을 과학적으로 연구하는 활동이며 어떤 대상의 과거에 대한 이야기를 만드는 창작 행위이기도 하다. 성실한 역사가는 사실을 수집해 검증하고 평가하며 중요한 역사의 사실을 정확하게 기록한다. 뛰어난 역사가는 사실들 사이의 관계를 탐색해 역사적 사건의 인과관계를 밝혀내며 사회 변화를 일으키는 동력과 역사 변화의 패턴 또는 역사법칙을 찾아낸다. 위대한 역사가는 의미 있는 역사적 사실로 엮은 이야기를 들려줌으로써 독자의 내면에 인간과 사회와 자신의 삶에 대한 생각과 감정의 물결을 일으킨다. 역사는 사실을 기록하는 데서 출발해 과학을 껴안으며 예술로 완성된다.

나는 역사가 문학이라거나 문학이어야 한다고 생각하지 않는다. 그러나 훌륭한 역사는 문학이 될 수 있으며 위대한 역사는 문학일 수밖에 없다고 믿는다. 이 책에서 다룬 역사서들을 읽으면서 나는 흥미로운 역사의 사실을 아는 즐거움을 얻었고 사실들 사이의 관계를 이해하는 기쁨을 누렸다. 그러나 그보다 더 귀하게 다가온 것은 저자들이 문장 갈피갈피에 담아 둔 감정이었다. 역사의 사실과 논리적 해석에 덧입혀 둔 희망, 놀라움, 기쁨, 슬픔, 분노, 원망, 절망감 같은 인간적·도덕적 감정이었다. 역사의 매력은 사실의 기록과 전승 그 자체가 아니라 시간과 공간을 뛰어넘어 생각과 감정을 나누는 데 있음을 거듭 절감했다.

제1장
서구 역사의 창시자, 헤로도토스와 투키디데스

HERO-
DOTOS·
HISTO-
RIES·
APO·
DEXIS

역사

헤로도토스 지음
김봉철 옮김

『역사』, 헤로도토스 지음, 천병희 옮김, 숲, 2009.
『펠로폰네소스 전쟁사』, 투키디데스 지음, 천병희 옮김, 숲, 2011.

거리의 이야기꾼, 헤로도토스

누가 처음으로 역사를 썼는지는 아무도 모른다. 다만 후세에 전해진 가장 오래된 역사서를 집필한 사람이 누구인지 알 뿐이다. 그런데도 서구(西歐) 지식인들은 헤로도토스(B.C. 484?~B.C. 430?)를 '역사의 아버지'라고 한다.[1] 여기서 서구는 서유럽만이 아니라 유럽 전체와 북아메리카, 호주를 포함하여 기독교를 문화적 기반으로 삼고 있는 문명권을 통칭한다. 그에게 이 명예로운 작위를 수여한 인물은 마르쿠스 툴리우스 키케로(B.C. 106~B.C. 43)였다.[2] 로마가 공화정에서 제정으로 넘어가던 시기에 정치가로 활동했던 지식인 키케로는 헤로도토스가 B.C. 425년 무렵에 쓴 『역사』를 최초의 역사서로 본 것이다.

그렇지만 모든 역사가들이 키케로의 판단에 동의하지는 않았다. 레오폴트 폰 랑케(1795~1886)는 헤로도토스가 아니라 투키디데스(B.C. 460?~B.C. 400?)를 '역사 서술의 창시자'로 지목했다.[3] 두 사람이 역사의 창시자를 달리 판단한 것은 역사를 보는 관점에 차이가 있었기 때문이다. 키케로는 '이야기'를 중시했는데 헤로도토스는 이야기를 만드는 능력이 뛰어났다. 랑케는 '사실의 기록'에 초점을 맞추었는데 투키디데스는 사실을 검증하고 해석하는 솜씨가 빛났다. 먼저 마라톤 평원 전투를 묘사한 『역사』의 한

1. 아버지 혼자서는 아이를 낳지 못한다는 사실을 우리는 안다. '역사의 아버지'라는 말이 여성의 사회활동 참여를 억압한 가부장제 사회의 특성을 반영한다는 것도 분명하다. 그런데도 이 표현을 쓰는 이유는 역사가들이 그렇게 표현한 것을 존중해야 하기 때문이다. '아버지'를 '창시자'라는 뜻으로 해석하기로 하자.
2. 『법률론』(마르쿠스 툴리우스 키케로 지음, 성염 옮김, 한길사, 2007), 59쪽.
3. 『근세사의 여러 시기들에 관하여』(레오폴트 폰 랑케 지음, 이상신 옮김, 신서원, 2011), 40쪽.

대목을 들어 헤로도토스의 이야기 실력을 감상해 보자.

『역사』
(천병희 옮김,
숲, 2009)
제6권
112~117장

공격 명령이 내리자 아테네 사람들은 뛰어서 돌격해 들어갔다. 페르시아 사람들은 그들이 죽으려고 발광하는 줄 알았다. 수도 적은 데다 기병과 궁수의 지원도 없이 달려들었기 때문이다. 아테네 사람들은 훌륭하게 싸웠다. 우리가 아는 한 그들은 적군을 향해 뛰어든 최초의 그리스인[4]이었으며 페르시아풍의 옷을 입은 자들을 보면서도 참고 버틴 최초의 그리스인이었다. 그때까지 그리스인들은 '페르시아 사람'이라는 말만 들어도 주눅이 들었기에 하는 말이다. 마라톤 전투는 오래 이어졌다. 페르시아 사람들은 중앙에서 그리스 군의 대오를 돌파해 내륙으로 추격했다. 그러나 양쪽 날개에서 적을 제압한 그리스 군은 양쪽 날개를 오므려 중앙을 돌파한 페르시아 군을 공격했다. 여기서 이긴 아테네 군은 바닷가에 이를 때까지 도주하는 적을 추격해 베고 적선을 나포했다. 혼전 중에 아테네 군의 폴레마르코스와 트라쉴라오스 장군의 아들 스테실라오스가 전사했다. 에우포리온의 아들 퀴네게이로스는 적선의 고물을 끝까지 붙들고 있다가 도끼에 손이 잘려 쓰러졌으며 그 밖에도 이름 있는 아테네 사람이 숱하게 전사했다. 그러나 마라톤 전투의 페르시아 전사자는 6,400명이었지만 아테네 전사자는 192명에 지나지 않았다.

어디서 본 듯한 느낌이 들지 않는가? 마라톤 전투의 양상은 1592년 7월 8일 통영 앞바다에서 벌어졌던 한산도 대첩과 비슷하다. 그때 이순신 장군은 함선 55척으로 학익진(鶴翼陣)을 펴 왜의

---

4. '헬라스'는 그리스를 가리키는 그리스어다. 독자의 편의를 도모하기 위해 원문의 고유명사는 우리에게 좀 더 익숙한 것으로 바꾸었다. 예컨대 '헬라스'는 '그리스'로, '아테나이'는 '아테네'로 썼다. 뒤에서 다른 역사책을 인용할 때도 이처럼 고유명사를 우리에게 익숙한 표기로 바꾸었다는 것을 미리 밝혀 둔다.

함선 73척 가운데 47척을 격침하고 12척을 나포했다. 왜군은 패잔선 14척을 끌고 도주했고 조선 수군은 기록할 만한 손실을 하나도 입지 않았다. 헤로도토스는 아테네 시장 골목에 시민들을 모아 놓고 마라톤 전투 장면을 이야기했는데, 만약 임진왜란이 끝난 뒤 한양 종로 거리에서 누군가 같은 방식으로 한산도 대첩 상황을 전해 주었다면 청중이 인산인해를 이루었을 것이다.

　　그리스어 원전 『역사』를 번역한 천병희 교수는 「옮긴이 서문」에서 헤로도토스를 '최초의 역사가'인 동시에 '최초의 이야기꾼'이라고 했다. 그러나 헤로도토스가 '최초의 역사가'일 수는 있다 해도 '최초의 이야기꾼'이었을 리는 만무하다. 그리스 세계에는 역사를 소재로 사람을 매혹한 이야기꾼이 헤로도토스 이전에도 많았다. 고대 그리스뿐만 아니라 독립한 문명 어디에나 있었던 '천지 창조의 신화'나 '영웅 전설'은 인간과 세계와 문명의 기원에 대한 사람들의 호기심을 충족하려고 누군가 꾸며 낸 이야기이며, 인류가 문자를 발명하기 전에 꾸며 냈던 신화가 나중 기록으로 남은 것은 그 신화를 변주하고 각색하면서 대를 이어 전승한 이야기꾼들이 있었던 덕분이다. 장편 서사시 『일리아스』와 『오뒷세이아』에서 트로이 전쟁의 역사와 영웅들의 행적을 이야기한 호메로스가 실존 인물이었는지 여부는 분명하지 않다.[5] 호메로스는 특정 개인이 아니라 트로이 전쟁의 역사를 소재로 삼아 갖가지 영웅담을 꾸며 내고 각색하고 전승했던, 우리가 그 이름을 알지 못하는 수많은 이야기꾼의 집합일지도 모른다.

　　최초는 아니었다고 해도 헤로도토스가 재능 있는 이야기꾼이었다는 것은 분명해 보인다. B.C. 5세기 중반 눈부신 경제적 번

5. 『일리아스』, 『오뒷세이아』(호메로스 지음, 천병희 옮김, 숲, 2015) 참조.

영을 누리며 인류 역사 최초로 민주주의 정치 제도를 운영했던 도
시국가 아테네에서 그는 페르시아 전쟁 이야기로 큰돈을 벌었다.
소피스트들이 철학과 논리학 강의를 해서 돈을 벌었던 시기에 '유
료 역사 토크쇼'를 열어 한몫을 잡았던 것이다. 아테네는 페르시아
전쟁 승리를 주도한 공으로 그리스 세계의 맹주가 되었던 만큼, 시
민들은 기꺼이 돈을 내고 흥미진진한 마라톤 평원 전투와 살라미
스 해전 이야기를 들었으리라 추측할 수 있다. 헤로도토스가 그
이야기를 문자로 쓴 책이 바로 『역사』다. 그래서 『역사』에는 강연
을 녹취한 듯한 구어체 문장이 많다. 하지만 헤로도토스가 사실을
충실하게 기록하려고 분투했기에 『역사』는 『일리아스』나 『오뒷
세이아』와 달리 시가(詩歌)가 아닌 사서(史書)로 인정받았다. 천
병희 교수의 평가는 조금 수정해야 한다. 헤로도토스는 '고대 그
리스의 수많은 이야기꾼 가운데 역사가라는 명예로운 이름을 얻
은 최초의 인물'이었다.

페르시아 전쟁과 『역사』

헤로도토스는 소아시아 카리아 지방의 할리카르나소스 출신으로
여러 지역을 전전하며 숱한 우여곡절을 겪은 끝에 아테네에 정착
한 이방인이었다. 할리카르나소스는 현재 터키공화국의 에게해
연안 도시 보드룸이다. 그때는 아직 투르크족이 지중해 연안 소아
시아 지역에 들어오지 않았으며, 그리스반도와 주변의 섬들, 이탈
리아반도 남부, 터키의 지중해 연안이 모두 그리스 세계에 속했다.
  아홉 권짜리 편집본으로 후대에 전해진 『역사』는 페르시아

가 그리스 세계를 정복하려고 벌였던 전쟁의 역사를 서술한 책이
다. 지금도 어느 정도는 그렇지만 그때는 언어의 같고 다름이 곧
문명의 경계를 획정하는 결정적 기준이었다. 언어로 소통하고 공
감하지 못하는 상대를 일단 경계하고 배척하는 것이 사피엔스가
진화를 통해 획득한 생물학적 본능이자 기본적 생존 전략임을 알
려 주는 현상이다. 헤로도토스는 그리스 말을 쓰는 세계를 '헬라
스(그리스)', 그리스 사람들이 알아듣지 못하는 말을 쓰던 세계를
'비(非)헬라스(비그리스)'라고 했다.

　　고대 아테네 시민들이 아는 세계는 사실상 그리스와 페르시
아뿐이었지만 이방인 헤로도토스는 비헬라스 세계의 다른 지역
과 민족과 문명도 알고 있었다. 이집트에서 에티오피아에 이르는
나일강 유역 아프리카와 홍해 일대, 후일 서구 사람들이 중동이라
는 이름을 붙인 메소포타미아와 아라비아반도뿐 아니라 인도에
대해서도 들은 게 적지 않았다. 지리와 산업에도 눈이 밝아 홍해
안쪽 만과 나일 하구 사이에 운하를 파면 지중해와 인도양을 연결
할 수 있다는 아이디어에 공감을 표시했다.[6] 이집트 네코스 왕 통
치 기간에 운하를 파다가 무려 12만 명이 죽었고, 외부 침략자를
불러들이는 통로가 된다는 비판 때문에 결국 공사를 중단했다는
정보도 적어 두었다.[7] 지중해-홍해-인도양을 연결하는 운하 건설
아이디어는 2,300년이 지난 1869년에 수에즈 운하가 뚫림으로써
현실이 되었다.

　　헤로도토스가 『역사』에서 무슨 이야기를 하려 했는지 알아
보기 위해 대하드라마 같은 페르시아 전쟁의 역사를 짤막하게 요

6. 『역사』, 제2권 11장.
7. 『역사』, 제2권 158장.

약한다. 그리스는 유럽 동부 발칸[8] 지역에서 지중해 쪽으로 뻗은 반도의 남단에 있다. B.C. 5세기 그리스 세계는 수많은 도시국가로 이루어져 있었고 각 도시국가는 저마다 왕정, 귀족정, 참주정, 민주정 등 각양각색의 정치사회 체제를 보유했다. 모든 도시국가들을 하나의 세계로 묶어 준 요소는 '언어'와 '신화'였다. 그리스 세계 내부의 패권을 두고는 아테네와 스파르타가 장기간 대립했는데, 아테네는 그리스 남단의 작은 아티카반도에, 스파르타는 아티카반도 왼편에 섬처럼 튀어나온 펠로폰네소스반도에 있었다.

오늘날 이란이 본거지였던 페르시아의 왕 다리우스 1세는 B.C. 6세기 말엽 메소포타미아, 북아프리카, 에게해, 소아시아, 흑해와 카스피해 연안, 발칸반도, 인더스강 유역을 아우르는 거대 제국을 형성했다. 도시국가 아테네와 스파르타가 복속하기는커녕 조공을 바치는 것조차 거부하자 그는 대규모 침공을 준비했다. 그러나 B.C. 492년 첫 원정에 나선 페르시아 군대는 전함이 다르다넬스해협을 지나 그리스로 항해하던 중 거센 폭풍을 만난 탓에 전투를 해 보지도 못하고 발길을 돌려야 했다. B.C. 490년, 이번에는 에게해를 건너 아테네로 직진한 페르시아 육군과 해군 2만 5,000명은 아테네 근처 바닷가의 마라톤 평원에서 1만 명의 아테네 보병과 마주쳤다. 그런데 이 단 한 번의 전투에서 페르시아는 무려 30배나 많은 전사자를 내는 대참패를 당하고 물러서야 했다.

그로부터 10년이 지난 B.C. 480년, 페르시아의 새로운 왕 크

---

8. '유럽의 화약고'라는 별칭이 있는 '발칸'은 '산맥'이라는 뜻을 가진 투르크 말이다. 이스탄불에 수도를 두었던 오스만제국이 해체 국면에 접어들었던 19세기에 발칸은 흑해(동), 아드리아해(서), 지중해(남), 도나우강 하류(북) 사이에 놓인 제국의 영토를 가리키는 지명이었다. 오늘날 알바니아, 불가리아, 루마니아, 세르비아, 슬로베니아, 크로아티아, 마케도니아 등이 여기에 있다.

세르크세스 1세는 아버지의 군대가 마라톤 평원에서 당한 패배를 설욕하려는 결의를 불태우며 30만 대군을 일으켜 그리스를 침공했다. 아테네와 스파르타를 중심으로 결속한 그리스 연합군이 패전을 거듭하자 아테네 시민들은 도시를 비우고 피난을 떠났다. 열세에 빠진 그리스 연합 해군은 아테네 시민들의 피난지였던 살라미스섬 근처 좁은 해협으로 페르시아 해군을 유인한 다음 전격적인 기습 공격을 펼쳤다. 때마침 거센 역풍을 얻어맞은 페르시아 해군은 제대로 싸워 보지도 못한 채 전멸에 가까운 참패를 당했다. 이 전쟁을 치르면서 스파르타는 왕이 전사했고 아테네는 도시 전체가 불타는 비극을 겪었지만 그리스 세계는 페르시아의 침략을 또다시 물리쳤다. 해군의 우수한 장비와 전투력으로 승리를 주도한 아테네는 델로스동맹의 맹주가 되어 50년 동안 경제적 번영과 민주주의 황금기를 누렸으며, 페르시아제국은 패전의 후유증과 내부 반란에 흔들리다가 마케도니아의 알렉산드로스 대왕에게 멸망당했다.

『역사』 제1권에서 헤로도토스는, 페니키아인들이 저질렀다는 펠로폰네소스반도 도시국가 아르고스의 이오 공주 납치 사건과 트로이 전쟁을 거론하며 그리스 세계와 외부 세계의 적대적 관계가 어디서 어떻게 시작되었는지 설명하고, 페르시아를 포함한 아시아 여러 민족의 관습과 왕들의 흥망성쇠 과정을 소개했다. 제2권에서는 이집트의 지리와 역사, 이집트인의 관습과 종교를 다루었다. 제3권에는 페르시아와 이집트의 전쟁, 그리스 도시국가들 사이의 갈등, 다리우스 1세의 영토 확장과 법 제도의 정비, 인도와 아라비아 등 페르시아 너머에 사는 민족에 대한 정보를 담았다. 헤로도토스에게 인도는 세계의 동쪽 끝이었다. 제4권에는 페르시

아가 스키타이족 영토와 리비아를 정복하려고 벌였던 전쟁의 성
공과 실패 과정을 썼다. 제5권에서 헤로도토스는 이오니아, 아테
네, 스파르타를 비롯한 도시국가들의 정치 상황과 그리스 세계의
패권을 둘러싼 군사적·정치적 충돌, 그들 사이의 외교적 이합집
산 과정을 상세하게 서술했다. 제5권의 이야기는 사마천이 『사
기』에 서술한 춘추전국시대의 수많은 국가들이 벌였던 쟁투와 합
종연횡(合從連橫)을 떠올리게 한다.

　　제1권에서 제5권까지 페르시아 전쟁이라는 드라마의 무대와
배경, 주인공과 조연들의 성격과 행동 양식을 설정한 헤로도토스
는 『역사』의 하이라이트인 제6권부터 제9권까지 그들의 욕망과
행위가 빚어낸 전쟁의 양상과 결말을 서술했다. 제6권은 페르시
아가 발칸 지역과 소아시아, 에게해의 섬 등 본토를 제외한 그리스
세계 전체를 장악한 다음 아티카반도를 노리다가 마라톤 전투에
서 결정적인 패배를 당하고 물러나기까지의 상황을 그렸다. 제7
권에는 크세르크세스 왕이 만든 페르시아 육군과 해군의 전력과
편제를 상세하게 소개한 다음 300명의 스파르타 결사대가 최후를
맞았던 테르모필레 전투를 마치 눈으로 보기라도 한 것처럼 묘사
했다. 제8권은 전쟁의 승패를 결정했던 살라미스 해전 양상을, 마
지막 제9권은 아테네 북동쪽의 플라타이아이 평원에서 페르시아
육군과 그리스 연합군 중장 보병이 펼친 백병전과 그리스 연합군
이 페르시아 해군을 격파하고 에게해의 섬들을 되찾은 미칼레 전
투를 그렸다.

　　그리스와 페르시아를 세계의 전부라고 생각했던 당시 아테
네 시민들에게 페르시아 전쟁은 '세계대전'이었다. 전쟁의 두 주역
을 묘사하기 위해 헤로도토스는 수집할 수 있는 모든 정보를 끌어

모았다. 제지 기술이 없던 시대여서 파피루스가 문자 기록을 남길 수 있는 사실상 유일한 수단이었기 때문에 얻을 수 있는 정보는 대부분 구전 정보였다. 문헌 자료는 거의 없었으며 문헌 이외의 사료라고 해봐야 문학작품과 비석의 글 정도가 고작이었다. 그래서 그는 자신이 직접 여행하고 탐문해서 얻은 정보와 다른 사람에게서 전해 들은 이야기를 조합해 적대적이었던 두 세계의 지리, 인종, 도시, 민속에 대한 보고서를 썼다. 현대의 역사가라면 상상도 할 수 없을 만큼 어려운 환경에서 당대의 역사를 쓴 것이다. 그래서 그가 사실인지 여부조차 확인할 길 없는 정보를 무비판적으로 활용하고 신화와 전설과 민담을 마구잡이로 차용했다고 비판하는 것은 옳기는 하지만 지나치게 가혹한 처사라고 하지 않을 수 없다.

펠로폰네소스 전쟁과 그리스 세계의 몰락

헤로도토스보다 한 세대 늦게 아테네에서 태어난 투키디데스도 형편이 크게 다르지는 않았지만, 지휘관으로 직접 겪었던 펠로폰네소스 전쟁의 역사를 썼기 때문에 조금은 나은 편이었다. 펠로폰네소스 전쟁은 페르시아 전쟁이 끝난 뒤 그리스 세계의 패권을 둘러싸고 도시국가들이 무리를 지어 충돌한 문명의 내전(內戰)이었다. B.C. 431년 스파르타와 아테네의 동맹국들이 일으킨 분쟁을 뇌관 삼아 폭발한 이 전쟁은 30년 가까운 세월 동안 반전에 반전을 거듭한 끝에 스파르타의 승리로 막을 내렸지만 끝내 그리스 세계 전체를 몰락과 해체의 구렁텅이로 몰아넣었다. 역사가 투키디데스를 헤로도토스와 비교해 보려면 펠로폰네소스 전쟁의 양상과 결과를 살펴보아야 한다.

　페르시아 전쟁이 끝난 후 아테네와 스파르타는 거의 모든 그리스 도시국가를 각자의 동맹에 편입시켰다. 아테네를 맹주로 하는 델로스동맹은 에게해의 섬과 연안 지역을 제패했고, 스파르타는 펠로폰네소스반도와 그리스 내륙의 도시국가 대부분 그리고 몇몇 해안 도시를 동맹으로 묶는 데 성공했다. 아테네의 주력은 해군, 스파르타의 주력은 육군이었다. 크고 작은 국지전을 벌이던 두 진영은 B.C. 445년, 30년 동안 휴전하기로 합의했다. 그러나 동맹 사이의 대립과 분쟁은 끊임없이 이어졌고, B.C. 431년 봄 스파르타의 동맹국 테베가 아테네의 동맹국 플라타이아이를 공격한 사건을 계기로 그리스 세계 전체가 휩쓸려 든 전면적 내전이 터졌다.

　중간에 6년의 휴전 기간이 있었던 이 전쟁의 전반기에 스파르타와 동맹국들은 맹렬한 공세를 펼쳤지만 수비로 일관한 아테네의 전략을 깨뜨리지는 못했다. 그런데 정작 아테네를 무너뜨린 것은 스파르타 군대가 아니라 전염병이었다. 전쟁 2년 차에 아테네의 관문 피레우스 항구에서 첫 환자가 출현한 후 빠르게 아테네로 번진 전염병으로 도시 인구의 3분의 1이 죽었다. 병에 걸리고도 살아남았던 투키디데스는 『펠로폰네소스 전쟁사』 제2권에 병의 진행 양상, 도시를 뒤덮었던 절망감, 그 절망이 부른 무정부 상태에 관해 상세한 기록을 남겼다. 투키디데스가 기록한 증상으로 미루어 보면 그 병은 장티푸스였을 가능성이 크다고 한다. 페르시아 전쟁 이후 아테네의 민주주의와 경제적 부흥을 이끌면서 아크로폴리스 언덕에 파르테논 신전을 세웠던 '수석 시민' 페리클레스도 전쟁 3년 차에 전염병으로 목숨을 잃었다.

전쟁 후반기에 아테네와 동맹국들이 육지와 바다에서 패전을 거듭하자 겁에 질린 아테네 시민들은 B.C. 411년 민주정을 허물고 소수의 지배자들이 권력을 휘두르는 과두정을 도입했고 도시는 걷잡을 수 없는 정치적 혼란에 빠졌다. B.C. 405년 페르시아의 지원을 등에 업은 스파르타 해군이 아이고스포타미 전투에서 아테네 해군을 궤멸시키고 아테네를 포위했다. 아테네 시민들은 적군에게 봉쇄당한 채 한 해를 버텼지만 굶주림을 견딜 수 없어 항복했다. 확고한 전체주의 체제를 자랑했던 스파르타는 숙적 아테네의 민주주의를 말살했을 뿐만 아니라 도시를 둘러싸고 있던 성벽도 벽돌 한 장 남기지 않고 해체해 버렸다.

도시국가 아테네의 짧았던 영광은 그로써 영원히 막을 내렸다. 그러나 스파르타의 환호 역시 오래가지 못했다. 기력을 탕진한 그리스 세계는 스무 살에 왕이 된 마케도니아의 알렉산드로스에게 정복당한 데 이어 로마제국의 속주가 되었다. 그 후 2,000년 동안 그리스 사람들은 그리스 땅에 자기의 국가를 세우지 못했다. 아크로폴리스 언덕 비탈에 있는 헤로데스 아티쿠스 원형극장, 국회의사당 앞 신타그마 광장에서 올림픽 경기장 가는 길 왼편의 제우스 신전 등은 로마제국의 아테네 지배를 증언하는 유적이다. 19세기 들어 오스만제국이 돌이킬 수 없는 붕괴의 징후를 드러낸 후에야 그리스 사람들은 아테네를 수도로 하는 그리스인의 국가를 세울 수 있었다.

투키디데스는 그리스 세계의 몰락을 부른 내전의 원인과 경과를 연대순으로 꼼꼼하게 기록했다. 그런데 『펠로폰네소스 전쟁사』는 전쟁이 아직 끝나지 않은 B.C. 411년 가을에서 중단되었다. 연대기 전문가들은 투키디데스가 B.C. 465년경 태어나 B.C. 400

년 무렵까지 살았을 것으로 추정하는데, 이 추정이 옳다면 투키디데스는 전쟁 막바지 상황도 기록했을지 모른다. 하지만 그런 것은 전해지지 않았고,『펠로폰네소스 전쟁사』는 결국 미완의 역사로 남았다.

『펠로폰네소스 전쟁사』제1권에서 투키디데스는 집필 목적과 방법을 간단하게 밝힌 다음 곧바로 페르시아 전쟁 이후 그리스 세계의 내부 상황과 두 동맹의 적대적 대결 양상, 아테네가 스파르타의 최후통첩을 거부한 전쟁 직전 상황을 서술했다. 제2권에는 첫 전투에서 전쟁 3년 차까지의 전황과 주요 도시국가의 내부 상황을, 제3권에는 전쟁 6년 차까지의 전황을, 제4권에는 아테네와 스파르타가 휴전협정을 체결한 전쟁 9년 차까지 상황을 다루었다. 제5권과 제6권에는 전쟁 17년 차인 B.C. 415년까지 두 동맹 사이의 전투와 동맹국들의 이합집산을 서술했다. 하이라이트는 시칠리아섬 동부 해안에서 아테네 해군이 궤멸당한 시라쿠사 전투와 과두정이 들어선 전쟁 21년 차 아테네의 정치적 혼돈 양상을 서술한 제7권과 제8권이다.

세계사와 민족사의 동시 탄생

헤로도토스와 투키디데스는 2,500여 년 전 사람이지만 사유 능력은 현대의 역사가와 크게 다르지 않았다. 역사를 서술하는 과정에서 직면했던 어려움과 해결해야 했던 과제, 역사를 서술한 목적도 비슷했다. 그들은 모든 시대의 역사가들과 마찬가지로 영원성에 대한 갈망을 품고 있었기에 책의 첫머리에 자신의 이름을 새겨 넣었다. 다음은 두 사람이 권두에서 자기 자신과 책을 소개한 대목이다. 『역사』는 직접 인용했고, 『펠로폰네소스 전쟁사』는 발췌 요약했다.

> 이 글은 할리카르나소스 출신 헤로도토스가 제출하는 탐사 보고서다. 그 목적은 인간들의 행적들이 시간이 지나면서 망각되고, 그리스인들과 비그리스인들의 위대하고도 놀라운 업적들이 사라지는 것을 막고, 무엇보다도 그리스인들과 비그리스인들이 서로 전쟁을 하게 된 원인을 밝히는 데 있다.[9]

아테네인 투키디데스는 펠로폰네소스인과 아테네인의 전쟁이 어떻게 전개되었는지 그 역사를 기록했다. 전쟁이 터지자마자 그는 이 전쟁이 과거의 어떤 전쟁보다 기록해 둘 가치가 있는 큰 전쟁이 되리라 믿고 기록하기 시작했다. 두 진영은 만반의 준비를 마치고 최강의 상태에서 전쟁을 시작했고, 나머지 그리스인들도 더러는 당장, 더러는 조금 망설이다가 어느 한쪽에 가담했다. 그 전쟁은 그리스인들뿐만 아니라 일부 비그리스인들에게도, 아니 전 인류에게 일대 사변이었다. 먼 과거로 거슬러 올라가 여러 증거를 검토한 결과, 전쟁이든 그 밖의 일이든 이토록 규모가 큰 것은 없었다는 결론에 이르렀기에 하는 말이다.

『펠로폰네소스 전쟁사』 (천병희 옮김, 숲, 2011) 제1권 1장

위의 글만 가지고 판단하면 헤로도토스는 인간의 성취를 기록하고 페르시아 전쟁의 원인을 밝히려고 한 반면, 투키디데스는 오로지 기록하는 데만 관심을 기울인 것 같아서 헤로도토스가 역

9. 『역사』, 제1권, 24쪽.

사 서술의 목적에 대해서 더 깊이 사색하고 고민했다고 평가할 수
도 있다. 그러나 『펠로폰네소스 전쟁사』 전체를 보면 그렇게 말할
수 없다. 투키디데스는 도시국가들 사이의 정치적·경제적 갈등이
전쟁이라는 폭력 사태로 터져 나온 원인을 밝히려고 끈질기게 노
력했다. 그는 어떤 사건이 기록할 만한 가치가 있는지 여부는 미래
를 내다보는 데 도움이 되는지에 달려 있으며 펠로폰네소스 전쟁
이 바로 그런 사건이라고 보았다. 투키디데스는 자신이 헤로도토
스보다 더 역사가다운 역사가라는 자부심을 지니고 있었으며, 다
음과 같은 말로 그 자부심을 표현했다.

> 내가 기술한 역사에는 설화(說話)가 없어서 듣기에는 재미
> 가 없을 것이다. 그러나 과거사에 관해 그리고 인간의 본성에
> 따라 언젠가는 비슷한 형태로 반복될 미래사에 관해 명확한
> 진실을 알고 싶어 하는 사람은 내 역사 기술을 유용하게 여길
> 것이며, 나는 그것으로 만족한다. 이 책은 대중의 취미에 영
> 합하여 일회용 들을 거리로 쓴 것이 아니라 영구 장서용으로
> 쓴 것이기 때문이다.[10]

  두 사람이 역사를 쓴 목적은 비슷하지만, 역사 서술의 대상에
는 뚜렷한 차이가 있다. 헤로도토스는 '세계사'를 썼다. 페르시아
전쟁은 그리스와 페르시아라는, 그가 알던 세계와 인류 전체가 휘
말려 든 국제전이었다. 제8장에서 만날 아널드 J. 토인비(1889~
1975)와 새뮤얼 헌팅턴(1927~2008) 식 표현으로 말하면, 페르시
아 전쟁은 '서로 다른 문명의 충돌'이었다. 그런데도 헤로도토스

10. 『펠로폰네소스 전쟁사』, 제1권 22장.

는 그리스를 편애하지 않았다. 인류의 일원으로서 '위대하고도 놀라운 업적'을 이룩한 두 문명의 면모를, 서로 다른 언어와 문화와 정치 체제를 가진 두 세계의 특징을, 마치 딸 아들을 차별 없이 보살피는 부모처럼 서술했다. 아테네와 스파르타를 포함한 그리스 세계, 이집트, 페르시아, 흑해 북안을 중심으로 현재의 우크라이나 지역을 차지했던 스키타이족, 오늘날 터키의 아시아 지역인 이오니아, 보스포루스해협의 유럽 쪽인 트라키아 등, 자신이 알았던 모든 사회의 정치, 민속, 종교, 문화를 이야기하는 데 아낌없이 지면을 배정했으며, 전쟁의 전개 과정을 서술할 때도 그리스와 페르시아를 공정하게 대했다.

그래서 『역사』는 우리가 말하는 세계 문학, 세계 사상, 세계 문화, 세계 역사를 체현했다는 호평을 받는다.[11] 다음은 헤로도토스가 살라미스 해전에서 대패한 크세르크세스 왕의 군대가 본국에 패전 소식을 알린 방법을 묘사한 대목이다. 그리스인의 입장에서 보면 페르시아는 침략자였는데도 헤로도토스는 페르시아의 효율성 높은 군사 통신 시스템에 대해 찬탄의 감정을 숨기지 않았다. 마라톤 전투 승전보를 알리기 위해 전령이 혼자 죽도록 달린 아테네와 비교해 보면 그가 페르시아의 군사 통신 시스템을 격찬한 이유를 넉넉하게 짐작할 수 있을 것이다.

필멸(必滅)의 존재 가운데 페르시아 파발보다 빨리 달리는 것은 없는데, 이것은 페르시아인들이 독자적으로 생각해 낸 것이다. 그들은 하루에 말 한 필과 사람 한 명이 배정되도록 전체 여정에 소요되는 일수만큼 많은 말과 〔『역사』 제8권 98장〕

---

11. 『역사, 진실에 대한 이야기의 이야기』(앤 커소이스·존 도커 지음, 김민수 옮김, 작가정신, 2013), 34쪽 참조.

사람을 하루 간격으로 배치했다고 한다. 눈도, 비도, 더위도, 밤도 이들이
맡은 구간을 최대한 빨리 질주하는 것을 막지 못한다. 첫 번째 주자(走者)
가 전달 사항을 두 번째 주자에게 인계하면, 두 번째 주자는 세 번째 주자에
게 인계한다. 그렇게 전달 사항을 계속 인계하는 방식은 그리스 사람들이
헤파이스토스 축제 때 벌이는 횃불경주와 같다. 이 말 달리기를 페르시아
사람들은 앙가레이온(angareion)이라고 한다.

　　투키디데스는 '세계사'가 아니라 '그리스 민족사'를 썼다. 전
쟁 막바지에 스파르타가 페르시아의 지원을 받기는 했지만 펠로
폰네소스 전쟁은 어디까지나 그리스의 내전이었다. 그런데 아테
네에서 태어난 아테네 시민 투키디데스는 아테네인이 아니라 그
리스 세계의 일원으로서 그 길었던 내전을 관찰하고 기록했다. 페
르시아 전쟁을 거치면서 델로스동맹의 맹주 아테네가 동맹국들
의 신임을 잃은 이유와 동맹을 이탈한 도시국가들이 아테네의 무
력 응징을 견뎌 내지 못한 이유가 담긴 아래 글은 투키디데스의 분
석적 서술 방식을 선명하게 보여준다.

『펠로폰네소스
전쟁사』
제1권 96~99장

동맹이 페르시아 전쟁을 수행하기 위해 어떤 도시는 금전을 제공하고 어떤
도시는 함선을 제공해야 할지 결정했는데, 아테네 사람들이 '그리스의 공
공 기금 재무관'이라는 관직을 만들고 금고를 둔 델로스섬 신전에서 동맹
국의 회합을 열었다. 처음에 아테네는 공동 심의에 참가하는 동맹국들을
지휘했을 뿐이었지만 페르시아 전쟁이 끝나고 펠로폰네소스 전쟁이 시작
되기 이전 기간에 전쟁 수행이나 정치적인 사건의 처리에 개입함으로써 영
향력을 극대화했다. 낙소스가 동맹을 이탈하자 아테네는 전쟁을 일으켜 복
속시켰는데, 이것이 동맹 규약에 반하여 동맹국이 독립을 상실한 첫 번째

사례였고, 다른 동맹국에서도 같은 일이 벌어졌다. 주로 분담금이나 함선을 제대로 대 줄 수 없었기 때문이었고, 때로는 탈영이 이유가 되기도 했다. 아테네는 공물 부과나 함선 징발에 엄격했고 동맹국에 심한 압력을 가함으로써 미움을 샀다. 그런데 아테네가 동맹을 이탈한 국가를 수월하게 되돌릴 수 있었던 것은 동맹국들의 잘못 때문이었다. 동맹국들은 대부분 고향을 떠나 전역에 종사하는 게 싫어서 배정된 함선을 대주는 대신 상응하는 액수의 돈을 부담했다. 이 돈으로 아테네는 해군을 증강한 반면 이탈한 동맹국들은 준비도 실전 경험도 없는 상태에서 전쟁을 맞았다.

두 사람은 왜 역사 서술의 대상을 다르게 설정했을까? 헤로도토스는 세계주의자였고 투키디데스는 민족주의자여서 그랬던 것이 아니다. 그들은 직접 체험한 사건을 기록하고 서술했을 뿐, 세상을 보는 관점과 철학의 차이 때문에 서로 다른 전쟁을 다룬 게 아니었다. 역사가는 중요하다고 여기는 사건을 선택해서 의미 있다고 여기는 사실을 중심으로 역사를 서술한다. 어떤 사건이 중요한지를 판단하는 기준은 경험의 영향을 받는다. 직접 체험한 전쟁보다 더 의미 있게 다가오는 사건이 달리 있겠는가? 눈여겨보아야 할 것은 서술 대상의 차이가 아니라 역사의 대사건을 서술하면서 취한 두 역사가의 태도다. '세계대전'의 역사를 쓴 그리스 사람 헤로도토스는 그리스와 페르시아를 공정하게 대했고, '내전'의 역사를 쓴 아테네 시민 투키디데스는 델로스동맹과 펠로폰네소스동맹을 공정하게 다루었다. 그들이 어느 한쪽을 감정적으로 편들었다면 사실을 편향되게 기록하고 해석했을 것이고, 『역사』와 『펠로폰네소스 전쟁사』는 인류의 문화 자산이 되기 어려웠을지도 모른다.

사실과 상상력

헤로도토스와 투키디데스가 모든 면에서 닮은 것은 아니다. 사실
을 다루는 태도와 방법은 큰 차이가 있었다. 역사 서술 작업의 최대
난제는 사실을 수집해 진위를 검증하고 가치를 평가하는 작업이
다. 우리에게 페르시아 전쟁과 펠로폰네소스 전쟁은 유럽 고대사
의 큰 사건일 뿐이지만 B.C. 5세기 아테네의 역사가에게는 '현대
사' 또는 '현재사(現在史)'여서 사실을 정확하고 충실하게 기록하
는 것이 무엇보다 중요했다. 그리고 그들이 그렇게 한 덕분에 우리
는 두 전쟁의 역사를 어느 정도라도 알 수 있게 됐다. 제6장에서 박
은식의 『한국통사』를 살필 때 우리는 사실을 충실하게 기록하는
일이 얼마나 큰 가치가 있는 일인지 다시 확인하게 될 것이다.

　　고대 그리스에는 문자를 아는 사람이 매우 적었고, 종이와 인
쇄술도 없었다. 점토나 돌에 새기거나 파피루스에 정보를 기록하
려면 큰 비용이 들었고, 말[馬]을 빼면 사람보다 빨리 이동할 수 있
는 교통수단도 없었기 때문에 정보를 널리 전파하기 어려웠다. 모
든 정보는 생기는 즉시 사라졌고 중요한 일부만 말로 전해졌다. 사
람의 입과 귀를 한 번 건널 때마다 일어나는 정보의 누락, 왜곡, 변
형, 각색을 막을 길이 없었다. 『역사』와 『펠로폰네소스 전쟁사』에
누군가에게서 들은, 진위를 확인하기 어려운 정보가 넘쳐 나는 것
은 너무나 당연하다.

　　오늘날 어떤 역사가가 헤로도토스와 같은 태도로 역사를 서
술한다면 학계에서 추방당할 것이다. 『역사』는 신화, 전설, 민담,
소문, 목격담을 그대로 옮긴 이야기가 태반인데, 헤로도토스는 그
런 사실을 내놓고 인정했다. "내가 이 책을 쓰며 고수하는 원칙은

여러 민족들의 전승을 내가 들은 그대로 기록하는 일이다."[12] "나는 들은 것을 전할 의무는 있지만, 들은 것을 다 믿을 의무는 없으며, 이 말은 책 전체에 적용된다."[13] "역사서는 모든 것이 사실과 연관되고, 시가는 오락으로 귀결된다"고 한 키케로가 『역사』에 "설화가 헤아릴 수 없을 만큼 많이" 나온다고 지적하면서도[14] 헤로도토스를 역사의 아버지라고 인정한 것은 그가 오로지 사실만 적어서가 아니라 모든 이야기를 사실로 뒷받침하려고 최선을 다했다는 것을 인정했기 때문이다.

　　헤로도토스는 믿을 만한 사료를 적극 활용했다. 대표적인 사례가 테르모필레 고갯길의 기념비 비문 인용이다.[15] 중요한 전투 장면을 묘사할 때는 그리스 연합군의 도시국가별 병력 수와 장비에 관한 수치를 중무장 보병과 경무장 보병으로 나누어 상세하게 적었으며 무장하지 않은 병력의 규모도 함께 기록해 두었다.[16] 여행하면서 직접 목격하거나 취재해 알게 된 사실은 매우 정확하게 서술했다. 다음은 헤로도토스가 이집트의 풍습과 천문학 지식을 소개한 대목을 요약한 것이다.

여자들이 시장에 나가 장사를 하고, 남자들은 집 안에서 베를 짠다. 베를 짤 때 다른 민족들은 씨실을 위로 쳐 올리는데, 이집트[17]인들은 아래로 쳐 내

『역사』
제2권 35장

---

12. 『역사』, 제2권 123장.
13. 『역사』, 제7권 152장.
14. 『법률론』, 59쪽.
15. 『역사』, 제7권 228장. 이 고갯길에서 스파르타 전사 300명을 포함한 4,000명의 그리스 연합군이 페르시아의 대군에 맞서 마지막 한 사람까지 싸우다 죽었다. 잭 스나이더 감독의 전쟁 영화 〈300〉(2006)은 바로 이 전투를 재현한 것이다.
16. 『역사』, 제9권 28장.
17. 번역본에는 '아이귑토스'였으나 '이집트'로 썼다.

린다. 짐을 남자들은 머리에 이는데, 여자들은 어깨에 멘다. 배변은 집 안에서 하고, 식사는 노상에서 한다. 혐오스럽지만 피할 수 없는 일은 몰래 해야하고, 혐오스럽지 않은 일은 공개적으로 해야 한다는 것이다.

『역사』
제2권 86장

미라를 만드는 가장 정교한 방법은 다음과 같다. 먼저 쇠갈고리로 콧구멍을 통해 뇌를 꺼내고, 나머지는 콧구멍으로 약물을 주입해 녹인다. 예리한 에티오피아[18]산 돌칼로 옆구리를 절개하고 내장을 모두 제거한 후 배 안을 세척하고 야자술과 으깬 향료로 헹군다. 그런 다음 몰약과 계피와 다른 향료로 시신의 배 안을 가득 채워 봉합하고 시신을 양잿물에 70일 동안 푹 담가 둔다. 70일이 지나면 시신을 씻고 고운 아마포 붕대로 전신을 싸고 그 위에 고무를 바른다. 그러면 친척들이 시신을 가져가 사람 모양의 목관을 만들어 그 안에 뉜다. 관을 봉한 다음 벽에 똑바로 세워 묘실(墓室)에 안치한다.

『역사』
제2권 4장

사제들의 주장에 따르면, 이집트인들이 모든 인간들 중 처음으로 해[年]를 발견하여, 그것을 열두 부분으로 나눴다고 한다. 별을 보고 그렇게 했다고 하는데, 내가 보기에 그들의 계산 방식이 그리스 계산 방식보다 더 합리적이다. 그리스 사람들은 계절과 맞추기 위해 한 해 걸러 한 번씩 윤달을 삽입하는데, 이집트 사람들은 1년을 열두 달로, 한 달을 30일로 하고 거기에 매년 5일을 덧붙여 계절의 주기가 해마다 역년(曆年)과 일치하게 만들기 때문이다. 12신의 이름도 이집트에서 처음 사용했으며, 그리스 사람들이 그 이름을 받아들였다고 한다. 사제들은 자기네 주장이 대부분 사실이라는 명백한 증거를 보여주었다.

18. 번역본에는 '아이티오피아'였으나 '에티오피아'로 썼다. 이하 동일하다.

투키디데스도 비슷한 어려움을 겪었던 만큼 『펠로폰네소스 전쟁사』의 "세부 사항을 다 믿기는 어렵다"는 점을 인정했다.[19] 하지만 그는 정보의 진위와 가치를 검증하는 데 헤로도토스보다 훨씬 더 큰 정성을 들였다. 같은 일을 두고 다르게 말하는 경우가 허다했기 때문에 전쟁을 체험한 사람들의 목격담과 전언은 다른 정보와 비교 검토한 다음 사실일 가능성이 높은 것을 채택했다. 그래서 누구한테서 들었는지 매번 밝혔던 헤로도토스와 달리 투키디데스는 이야기를 전해 준 사람을 명시하지 않았다.

사실을 다루는 태도의 차이는 연도 표시에서 두드러지게 드러난다. 『역사』는 사건의 선후를 알 수는 있지만 사건의 발생 연도 표시가 거의 없어서 소설처럼 보일 때가 많다. 그러나 『펠로폰네소스 전쟁사』는 그렇지 않다. 투키디데스는 시간의 흐름을 분명하게 보여주려고 노력했다. 그러나 『펠로폰네소스 전쟁사』도 통일된 기준 시점을 설정하지 않았기 때문에 사건의 발생 시점을 단번에 알아보기는 어렵다.[20]

B.C. 5세기 그리스에는 공인된 연도 표기법이 없었다. 투키디데스는 널리 알려진 중요한 사건들을 그때그때 기준으로 삼아 그로부터 몇 년 뒤에 어떤 사건이 일어났다는 식으로 시간의 경과

---

19. 『펠로폰네소스 전쟁사』, 제1권 20장.
20. 문명에 따라 역사 서술의 기준 시점이 다르다. 서구에서는 예수가 태어났다고 믿는 때를 기준으로 삼아 이후(A.D.: Anno Domini)에는 해마다 수를 하나씩 더하고, 이전(B.C.: Before Christ)은 하나씩 빼는 방식을 쓴다. 서구 문명이 세계의 중심을 차지했기 때문에 이것이 가장 널리 쓰는 연도 표기법이 되었다. 19세기 말까지 중국 역사가들은 황제의 즉위 시점을 기준으로 삼아 해마다 하나씩 수를 더해 나가는 연호 표기법을 썼다. 우리나라 열혈 민족주의자들은 단군 탄생을 시점으로 하는 단기(檀紀)를 쓴다. 불가에서는 석가모니가 타계한 시점을 원년으로 삼는 불기(佛紀)를 쓰고, 이슬람력은 예언자 무함마드가 메카에서 메디나로 이주한 622년을 원년으로 삼는다. 북한은 김일성이 태어난 1912년을 원년으로 하는 '주체연호'를 쓴다.

를 나타냈다. 완벽하지는 않지만 그렇게라도 한 덕분에 후대 역사가들이『펠로폰네소스 전쟁사』에 나오는 사건의 발생 연도를 서기(西紀)로 전환할 수 있었다. 다음은 스파르타와 연대했던 보이오티아 연맹 소속 도시국가 테베의 병력이 델로스동맹 소속 도시국가 플라타이아이를 공격한 상황을 서술한 대목이다. 펠로폰네소스 전쟁의 뇌관을 터뜨린 이 사건을 서술할 때 투키디데스는 스파르타와 아테네가 30년 평화조약을 체결한 때를 기준 시점으로 삼았다.

『펠로폰네소스
전쟁사』
제2권 2장
에우보이아를 함락하고 맺은 30년 평화조약 15년째 되던 해 초봄, 첫 번째 야간 순찰을 돌 무렵 보이오티아 연맹 지도자들인 퓔레이다스의 아들 퓌탕겔로스와 오네토리다스의 아들 디엠포로스 휘하의 300명이 약간 넘는 테베 군[21]이 보이오티아 지방의 도시이면서 아테네 동맹국인 플라타이아이 시로 쳐들어갔다.

　　아티카반도 동쪽에 나란히 놓인 길고 큰 섬 에우보이아의 대규모 반란을 아테네가 진압한 것이 B.C. 445년이었고 그 직후 델로스동맹과 펠로폰네소스동맹은 30년 평화조약을 맺었다. 테베 군이 플라타이아이를 공격한 이 전투로 인해 평화조약이 15년 차에 파기되었으니 펠로폰네소스 전쟁은 B.C. 431년에 터진 것이다. 투키디데스는 펠로폰네소스 전쟁의 진행 과정을 서술할 때는 기준 연도를 B.C. 431년으로 설정해 주요 사건의 발생 시점을 '전쟁 ○년 차'라고 표시했다.

---

21. 번역본에는 '테바이 군'이었으나 '테베 군'으로 썼다.

사실을 시간순으로 배치하고 신화와 전설을 최대한 배제했기 때문에『펠로폰네소스 전쟁사』는 현대의 역사서와 비슷한 형식과 내용을 갖추었으며『역사』보다 문장이 간결하고 이야기 전개 속도가 더 빠르다. 투키디데스가 헤로도토스를 역사가로 인정하지 않고『역사』를 '대중의 취미에 영합하는 일회용 들을 거리'로 취급한 것은 이런 차이를 알고 있었기 때문일 것이다. "증거에 따라 내가 기술한 대로 과거사를 판단하는 사람은 실수하지 않을 것이다. [중략] 사실을 이야기하기보다는 청중의 주목을 끄는 데 더 관심이 많은 산문 작가의 기록에 방해받지 않을 것이다."[22] 이 문장을 쓰면서 투키디데스가 떠올린 '산문 작가'는 아마도 헤로도토스였으리라 추정할 수 있다.

그렇지만 현대의 역사가는 투키디데스에 대해 똑같은 비판을 할 수 있다.『펠로폰네소스 전쟁사』에는 전쟁을 벌일 것인지, 아니면 협상으로 사태를 해결할 것인지를 둘러싸고 여러 도시국가 정치 지도자와 장군 들이 벌인 논쟁이 숱하게 등장한다. 그들의 연설문은 대부분 출처도 없고, 정보 제공자의 이름도 없다. 투키디데스가 여러 전언을 분석하고 종합해 그럴듯하게 재창조했기 때문이다. 기록이 없고 목격자도 불확실하며 전해지는 정보마저 과장, 왜곡, 각색되었을 경우 역사가는 이런 방법을 쓸 수밖에 없다. 역사가는 때로 사료의 공백을 상상력으로 극복해야 한다. 사실을 검증하고 정보의 출처를 밝히는 일은 오늘날 역사 서술 작업의 기본에 속하지만 고대에는 매우 어려운 과제였던 만큼 헤로도토스와 투키디데스가 그 일을 철저하게 하지 못했다고 비판하는 것은 지나친 처사다.

22.『펠로폰네소스 전쟁사』, 제1권 21장.

그렇다면 각자 다른 인물을 역사의 창시자로 지목한 키케로
와 랑케 가운데 누가 옳았다고 할 수 있을까? 흥미롭지만 의미 없
는 질문이다. 그 누구도 역사를 창시하지 않았다. 같은 시대 또는
그보다 앞선 시기에 그리스 세계에 살았던 사람 중에 그들 못지않
게 훌륭한 역사서를 쓴 사람이 있었는데도 책이 전해지지 않아서
우리가 알지 못하는지도 모른다. 헤로도토스만큼 아는 게 많은 이
야기꾼이 있었지만 문자를 몰라서 책을 쓰지 못했을 수도 있다. 하
지만 그렇다고 해서 헤로도토스와 투키디데스의 업적이 가려지
는 건 아니다. 그들은 2,500년 세월이 흐른 후에도 여전히 사람의
마음을 끄는 역사책을 남겼다.

서사의 힘과 역사의 매력

헤로도토스와 투키디데스는 역사를 서술할 때 부딪히는 문제가
무엇인지 여러 면에서 보여주었고, 각자 나름의 방법으로 주어진
환경에서 최선을 다해 그 문제들을 해결했다. 후대 역사가들은 더
나은 방법으로 문제를 해결했지만 새로 찾아낸 과제는 별로 없었
다. 그래서인지 서구 역사가들은 너나없이 이 두 사람에게 감정을
이입했다. 랑케와 토인비는 투키디데스에게 공감했고, 재레드 다
이아몬드(1937~)와 유발 하라리(1976~)는 헤로도토스의 길을
따랐다. 헤로도토스와 투키디데스에게 감정을 이입하고 그들의
책을 읽으면 현대의 역사가와 역사서를 이해하는 데 도움이 된다.
　흔히 역사가는 대상을 먼저 정하고, 서술하는 데 필요한 사실
을 다 수집한 다음, 그렇게 수집한 사실을 엮어 목적에 맞게 이야

기를 쓸 것이라고 생각하지만 실제로 그렇지만은 않다. 헤로도토스가 페르시아 전쟁의 역사를 쓰기로 마음먹은 최초의 시점으로 가 보자. 그때 그는 이미 그리스 세계와 바깥 세계의 사람과 제도와 문화와 관습을 알았고 페르시아 전쟁의 원인과 전개 과정에 대해서도 일정 수준의 정보를 가지고 있었다. 자신이 아는 사실들을 어떤 관계로 맺어 주고 해석해야 할지에 대해서도 어느 정도 판단을 내린 상태였다. 이것을 페르시아 전쟁에 대한 헤로도토스의 '선이해(先理解)'라고 하자. 여기에는 부정확한 정보 때문에 생긴 선입견, 고정관념, 편견도 물론 들어 있다.

　헤로도토스의 작업 과정을 상상해 보자. 그는 먼저 자신이 이미 아는 중요한 사실과 사실의 출처를 점검하면서 초고를 구상했다. 그 구상을 실현하는 데 필요한 사실을 더 많이 찾으려고 문헌과 사료를 분석하고 남달리 아는 것이 있을 법한 사람을 만나 증언을 들었다. 모은 정보를 끊임없이 비교 분석해서 진실한 정보를 가려내고 정보가 서로 충돌할 때는 더 그럴듯한 쪽을 선택했다. 그렇게 하는 과정에서 몰랐던 사실을 새로 알게 되고 잘못 알았던 것을 바로잡았다. 처음에 가졌던 시각과 해석이 사실과 맞지 않을 때는 시각과 해석을 변경하고 달라진 시각과 해석에 비추어 사실을 다시 조사하면서 원고를 거듭 수정했다. 이런 작업을 수없이 되풀이한 끝에 초고를 완성했을 때, 그는 처음에 마음에 두었던 이야기와 실제 원고가 여러 면에서 차이가 있다는 것을 확인했다. 투키디데스도 펠로폰네소스 전쟁이 터지자마자 기록할 가치가 있는 대사건이라고 직감하고 헤로도토스와 같은 방식으로 작업한 끝에 책을 완성했을 것이다.

　제7장에서 만날 20세기의 역사가 에드워드 H. 카(1892~

1982)도 이들과 유사한 방식으로 일했다. 역사는 역사가의 목적과 사실, 사실에 대한 해석과 역사가의 상상력이 서로 영향을 주고받는 복합적 피드백의 산물이라고 본 카는 매우 간결하고 우아한 문장으로 그 생각을 표현했다. "역사란 역사가와 그의 사실들의 지속적인 상호작용의 과정이다."[23]

헤로도토스와 투키디데스가 서구에서 역사의 창시자 대접을 받는 것은 책이 훌륭해서만이 아니라 많은 사람들이 그 책을 읽었고 지금도 읽기 때문이기도 하다. 역사의 역사에 남은 역사서를 쓴 서구 역사가들은 거의 예외 없이 그리스 고전에 통달했고, 『역사』와 『펠로폰네소스 전쟁사』에서 깊은 영감을 받았다고 말했다. 그들의 책은 왜 그렇게 오래 그리고 널리 읽혔을까? 여러 이유가 있겠지만 핵심은 '서사의 힘'이다. 그들은 뚜렷한 목적을 품고, 명확하게 특정할 수 있는 대상에 관하여, 최대한 사실에 토대를 두고, 사람들이 귀 기울여 들으면서 지적 자극을 받고 정서적 공감을 느낄 수 있도록 이야기를 꾸몄다. 여기서 가장 중요한 것은 독자가 지적 자극을 받고 정서적으로 공감할 수 있는 서사를 만드는 일이다.

헤로도토스는 당대의 인간이 이룬 업적을 후세에 전하고 페르시아 전쟁의 원인을 밝히겠다는 목적의식을 품고, 그리스와 페르시아를 포함한 '세계'를 대상으로 설정했으며, 페르시아 전쟁과 관련한 중요한 사실을 토대로 삼아 박진감 넘치고 흥미진진한 이야기를 풀어냈다. 그는 정말 탁월한 이야기꾼이다. 다음은 그리스 남부와 북부를 연결하는 군사적 요충지 테르모필레에서 벌어졌던 전투를 묘사한 대목이다. 아포소스강이 흐르는 협곡의 고갯길에서 그리스 연합군의 마지막 한 사람까지 싸우다 전멸했던 이 전

---

23. 『역사란 무엇인가』(에드워드 H. 카 지음, 김택현 옮김, 까치, 1997), 50쪽.

투 장면을 읽으면 헤로도토스의 '역사 토크쇼'에 빠져든 아테네 시민들의 마음을 느낄 수 있다.

크세르크세스의 군사들이 진격해 오자, 자신이 죽을 것임을 잘 알고 있었던 스파르타 왕 레오니다스와 그리스 병사들은 고갯길이 더 넓어지는 지점까지 전진해 좁은 목 바깥에서 싸웠다. 페르시아 군은 전사자가 속출했다. 지휘관들이 채찍을 휘둘러 병사들을 앞으로 몰아댔기 때문이다. 바다에 빠져 죽은 병사도 많았지만, 전우의 발에 밟혀 죽은 자는 더 많았다. 그리스 전사들은 목숨 따위는 아랑곳하지 않고 싸웠다. 그리스인들은 창이 다 부러지자 칼로 페르시아 병사를 도륙했다. 레오니다스는 이 혼전 중에 전사했다. 나는 300명 전원의 이름을 알고 있다. 다레이오스의 아우 둘을 포함하여 페르시아의 저명인사도 거기서 숱하게 죽었다. 레오니다스의 시신을 두고 치열한 전투를 벌인 끝에 그리스인들은 시신을 거두는 데 성공했고, 네 번이나 적군을 물리쳤다. 페르시아 지원군이 대거 합류하자 그들은 고갯길의 좁은 목으로 물러나 언덕배기에 자리를 잡았다. 이곳에서 그리스인들은 아직 단검이 남았으면 단검으로, 그마저 없으면 주먹과 이빨로 싸웠다. 그곳에는 다음 글이 새겨진 기념비가 세워졌다. "이곳에서 펠로폰네소스에서 온 4,000명이 300만의 적군과 맞섰노라. 지나가는 나그네여, 가서 라케다이몬[24] 사람들에게 전해 주시오. 우리가 그들의 명령을 이행하고 이곳에 누워 있다고."

『역사』제7권 223~228장

　　페르시아 전쟁은 한 번뿐인 대사건이었기에 헤로도토스는 전쟁의 주역들이 이룬 문명의 성취와 전쟁의 원인, 전쟁의 흐름과 결말을 서술하는 데 집중했다. 반면 투키디데스는 그와는 다른 측

24. 스파르타 사람들은 '스파르타'를 '라케다이몬'이라고 했다.

면에 조명을 비추었다. 펠로폰네소스 전쟁 그 자체뿐만 아니라 그리스의 수많은 도시국가에서 벌어진 내란 상황도 면밀하게 관찰한 것이다. 그는 특히 인간의 본성에 비추어 볼 때 반드시 재현될 수밖에 없다고 판단한 일을 꼼꼼하게 기록하고 분석하고 평가했다. 다음은 내란이 불러들인 공동체의 붕괴 현상을 묘사한 대목인데, 마치 현대 정치의 일상적 풍경을 보여주는 것 같다. 내란을 합법화, 일상화, 제도화한 것이 현대의 민주주의 정치 제도일지도 모른다는 생각이 들 정도다. 이야기꾼의 역량으로 말하면, 투키디데스도 헤로도토스에 결코 떨어지지 않았다.

『펠로폰네소스
전쟁사』
제3권 82~83장

그리스 도시들에 큰 고통을 안겨 준 내란은 잔혹한 정도가 다르고, 여건에 따라 양상이 달라져도 사람의 본성이 변하지 않는 한 끝없이 반복될 것이다. 내란이 계속되자 사람의 행위를 평가하는 말의 뜻이 달라졌다. 만용은 충성심으로 통하고, 신중함은 비겁한 자의 핑계가 되었다. 절제는 남자답지 못함의 다른 표현이고, 문제를 포괄적으로 이해한다는 것은 무엇 하나 실행할 능력이 없다는 것을 의미했다. 충동적인 열의는 남자다움의 징표이고, 배후에서 꾸미는 음모는 정당방위였다. 과격파는 언제나 신뢰받고, 그들을 비판하면 의심을 받았다. 성공적으로 꾸민 음모는 영리하다는 증거였고, 음모를 미리 적발하는 것은 더 영리하다는 증거였다. 음모에 미리 대비하면 당을 전복하려 하며 반대파를 두려워한다는 말을 들었다. 이 모든 악의 근원은 탐욕과 야심에서 비롯한 권력욕이었고, 일단 투쟁이 시작되면 광신 행위를 부추겼다. 정파 지도자들은 입으로는 공공의 이익에 봉사한다고 하면서 실제로는 공공의 이익을 전리품으로 챙겼다. 반대파를 제압하기 위해 수단과 방법을 가리지 않고 경쟁하면서 극단적인 잔혹 행위를 일삼았다. 정의와 국익을 무시하고 반대파보다 더 잔인하게 보복했다. 내란으로 인해 그리스 세계 전체가 도덕적으로 타락했고, 고상한 성품을 나타내는 순박함은 조롱거리가 되어 자취를 감추었다. 세상은 이념적으로 적대하는 두 진영으로 나뉘었고, 상호 불신이 유행했다.

　　교양인이 되고 싶다면 동서양 고전을 읽으라는 말이 있다. 고전을 읽어야 자본주의 경쟁 사회에서 성공할 수 있다는 주장도 있다. 이런 말에 끌려 『역사』와 『펠로폰네소스 전쟁사』를 펼쳤다가는 크게 후회할지도 모른다. 두 권 모두 한국인이 읽기에는 매우 어렵기 때문이다. 그렇다고 해서 독해력 부족을 자책하거나 어렵게 썼다고 저자를 원망할 필요는 없다. 독해가 어려운 것은 낯선 정보가 너무 많아서다. 모르는 정보가 많으면 스토리를 이해하기 힘들고, 스토리를 이해하지 못하면 텍스트에 몰입하기 어려워진다.

　　한국인은 지중해 동부 지역, 소아시아, 중동, 북아프리카의 지형과 지명, 산맥과 강과 평원을 잘 모른다. 2,500년 전 거기 살았던 민족과 부족과 왕과 정치가의 이름은 소리 내어 읽기도 쉽지 않다. 그 누구의 잘못도 아니다. 헤로도토스와 투키디데스도, 그들의 책에 감정을 이입하지 못하는 한국인도 잘못이 없다. 이것은 사마천의 『사기』나 이븐 할둔(1332~1406)의 『역사서설』을 읽을 때도 똑같이 겪는 어려움이다. 역사는 사실을 쓴 이야기이고 언어로 재현한 과거인데, 남의 언어로 재현한 남의 과거 이야기에 감정을 이입하고 흥미를 느끼려면 그 책이 담고 있는 기초 정보를 알아야 한다.

　　그렇다고 그 모든 낯선 정보를 다 검색해 가면서 읽어야 하는 건 아니다. 서사에 집중하면서 읽으면 충분하다. 우리가 옛 역사서를 읽는 것은 새로운 정보나 지식을 얻기 위해서가 아니라 그들이 남긴 이야기에서 우리 자신의 모습을 볼 수 있기 때문이다. 『역사』는 극적인 사건과 기담(奇談)과 캐릭터의 보물창고여서 소설가와 영화 제작자들은 거기서 인간과 세상의 빛과 그림자를 보여주는 이야기를 끝도 없이 찾아낸다. 『펠로폰네소스 전쟁사』는 미래에도 반복해서 나타날 행동 패턴과 사회 현상에 주목함으로써 인간의 본성 가운데 역사의 시간이 바꾼 것과 바꾸지 못한 것이 무엇인지 살펴보게 만든다.

　페르시아 전쟁과 펠로폰네소스 전쟁의 역사는, 문명이 발전해도 전쟁과 내전이 사라지지 않는 이유를 해명해 준다. 국제전이든 내전이든, 폭력을 동원한 집단적 충돌은 모두 인간의 능력과 사회 조직 사이의 부조화 때문에 일어난다. B.C. 5세기 그리스인들은 과학과 생산 기술, 항해술, 군사 기술 등 모든 면에서 작은 도시국가에 갇혀 살기에는 너무나 높게 발전한 능력을 보유하고 있었다. 느슨한 도시국가 연합을 넘어 남유럽과 지중해 일대를 아우르는 새로운 국가 질서를 창출했다면 그 능력을 자신의 삶을 개선하는 데 쓸 수 있었을 것이다. 페르시아 전쟁은 생사를 가르는 위기였지만 더 높은 수준의 국가를 형성할 수 있는 기회이기도 했다. 그러나 그들은 그 기회를 외면하고 적대적인 두 동맹으로 분열해 내전을 벌이면서 모든 에너지를 소모한 후 함께 멸망하는 길을 걸었다. 20세기 초반과 중반 유럽의 국민국가들도 그 길을 답습해, 유럽 대륙 전체를 아우르는 제국을 형성해 평화와 번영을 누리는 길을 외면하고 식민지 쟁탈전과 패권 경쟁에 매달린 끝에 세계를 불바다로 만들었다.

　과학혁명을 가속화한 21세기 인류는 지구적인 문제를 만들어 냈다. 지구 온난화, 바다 오염과 해수면 상승, 대규모 멸종, 대기

권 오존층 파괴, 인구 폭발과 자원의 고갈, 지구 생태계를 수십 번 파괴할 수 있는 양의 핵무기. 이런 문제는 모두 국민국가 시대의 산물이지만 국민국가 체제에서는 해결하기 어렵다. 그런데도 대부분의 사피엔스는 여전히 '부족 본능'에 끌려 살아간다. 자신이 속한 문명만 선(善)으로 여기며 자기가 속한 국가의 이익에만 관심을 쏟는다. 페르시아와 그리스가 벌인 국제전으로 두 세계는 모두 마케도니아에 정복당하는 결말을 맞았다. 그러나 21세기 문명들은 그때와 비교할 수 없을 정도로 파괴적인 기술과 무기를 보유하고 있다. 또 한 번 대규모 문명 충돌이 벌어진다면 그 결말은 사피엔스를 포함한 지구 생태계의 완전한 절멸(絶滅)이 될지도 모른다. 이런 이야기를 유추해 낼 수 있기에 오늘도 누군가는 헤로도토스와 투키디데스의 책을 읽는 것이리라.

제2장
사마천이 그린 인간과 권력과 시대의 풍경화

『사기』, 사마천 지음, 김원중 옮김, 민음사, 2011.

역사가의 우아한 복수

서구 역사학자들이 '역사의 역사'를 다룬 책에 사마천(B.C.145~B.C. 85?)의『사기』가 나오는 경우는 드물다. 첫 장에서 헤로도토스와 투키디데스를 다룬 다음, 19세기 독일 역사가 랑케로 2,400년을 단숨에 건너뛰는 게 보통이며, 할둔의『역사서설』을 끼워 넣은 책이 가끔 있기는 하다. 그 이유는 단순하다. 사마천과『사기』를 모르기 때문이다. 알고서 그렇게 하는 건 불가능하다.

　헤로도토스와 투키디데스는 하나의 전쟁을 다루었지만, 사마천은 헤아릴 수 없이 많은 전쟁, 크고 작은 국가의 흥망, 다양한 사회 제도의 특성과 변화, 자기만의 색깔로 살다 죽은 개인들의 생애, 전설과 신화의 시대에서 한(漢) 왕조에 이르는 수천 년 중국 사회의 역사 전체를 입체로 재구성했다.『사기』는 인간과 권력의 관계를 밑그림 삼아 시대와 문명을 그려 낸 거대한 풍경화였다. 그런데도 서구 역사가들은『사기』를 모르니 안타까운 일이 아닐 수 없다.

　『사기』의 집필 시점이『역사』와『펠로폰네소스 전쟁사』보다 300년 정도 늦다는 사실은 별 의미가 없다. 고대 그리스와 중국은 같은 시기에 존재했지만 서로를 몰랐던, 서로 완전히 분리된 문명이었다. 그리스 세계가 알렉산드로스에게 정복당하고 로마의 속주로 전락한 시기에, 중국 대륙에는 500년에 걸친 춘추전국시대의 대혼란을 통과하고 진시황의 짧은 통치 기간을 거쳐 두 번째 통일 왕조 한나라가 들어섰다. 교류가 전혀 없었던 두 문명에서 비슷한 때 본격적인 역사서가 처음으로 등장했다는 사실은 과거를 기억함으로써 현재를 이해하고 미래를 전망하려는 욕망이 우리 인류의 본성이라는 사실을 일깨워 준다.

　　『사기』가 『역사』나 『펠로폰네소스 전쟁사』보다 더 훌륭한 역사서라고 할 수는 없다. 그러나 역사를 '사실로 엮은' 이야기라고 볼 경우에는 차원이 다르다고 할 수밖에 없다. 무엇보다 『사기』는 엄청나게 많은 역사의 사실을 매우 정확하게 기록했다. 다음은 「진시황 본기」에서 가져온 문장인데, 사마천은 『사기 본기』 전체를 이런 방식으로 서술했다.

『사기 본기』
(김원중 옮김,
민음사, 2015)
213~224쪽

진시황제는 진나라 장양왕의 아들이다. 장양왕이 조나라에서 볼모가 되었을 때 여불위의 첩을 보고 기뻐하며 그녀를 얻어 시황(始皇)을 낳았다. 진나라 소왕(昭王) 48년 정월에 한단에서 태어났으며 장양왕이 세상을 떠나자 진나라 왕이 되었다. 시황 26년 진나라가 막 천하를 손아귀에 넣자 승상과 어사(御史)에게 명을 내렸다. "천하가 크게 안정되었다. 이제 내 호칭을 바꾸지 않는다면 이룬 공적에 걸맞지 않게 후세에 전해질 것이다. 그대들은 제왕의 칭호를 논하라." 승상 왕관 등이 말했다. "신들이 죽음을 무릅쓰고 존칭을 올리나니, 왕을 태황(泰皇)이라 하십시오. 천자가 스스로를 부를 때는 짐(朕)이라 하십시오." 진 왕이 말했다. "'태(泰)'를 없애고 '황(皇)'을 남겨 둔 후 상고 시대의 '제(帝)'라는 호칭을 받아들여 황제(皇帝)라고 할 것이다. 다른 것은 의논한 대로 하라."

　　짧은 글이지만 정보는 풍성하다. 진시황의 가족사와 출생 시기, 태어난 곳, 왕위에 오른 시기, 중국 대륙을 평정한 시점, '황제'와 '짐'이라는 말을 만든 과정이 명확하게 나와 있다. 이때 정한 황실의 호칭은 청(淸) 왕조가 무너진 20세기 초까지 2,000년 넘게 존속했다. 사실의 수집과 기록에 관한 한 『사기』는 『역사』나 『펠로폰네소스 전쟁사』와 비교할 수 없을 만큼 우월하다. 왜 그런 차이가 생겼을까? 고대 중국 문명이 그토록 우수했다거나 사마천이 그만큼 탁월한 역사가였다고 주장할 수도 있겠지만, 결정적인 요인은 작업 환경의 차이였다.

헤로도토스와 투키디데스는 '민간인'으로서 혼자 힘으로 역사를 썼다. 반면 사마천은 국가의 역사 기록을 관리하는 '공무원'이었기 때문에 더없이 좋은 환경에서 일할 수 있었다. 이 책에서 만나는 역사가 중에 비슷한 수준의 호사를 누린 사람은 제8장에서 다룰 토인비뿐이다. 토인비는 런던 왕립국제문제연구소의 연구부장으로 일하면서 『국제문제대관』 간행 사업에 장기간 참여한 덕분에 스무 개가 넘는 문명에 관한 정보를 체계적으로 수집할 수 있었다.

중국은 역사 기록이 풍부한 나라였고 역사의 중요성을 인지한 권력자들이 기록을 세심하게 관리했다. 점토, 동물 뼈, 비석에 새기거나 가죽, 비단, 죽간(竹簡, 대나무 조각)에 쓴 기록이 많았다. 사마천은 『사기』를 쓰면서 옛 사관들이 남긴 기록과 황실 도서관 석실에 들어 있던 책을 103종이나 참고했다. 육경(六經)[1]을 비롯해 민간 서적 24종, 제자백가의 책 52종, 역사와 지리 정보를 담은 왕실 문서 20종, 문학서 7종이었다. 그 밖에도 금속과 비석에 새겨진 글과 그림, 오래된 건축물에서 나온 정보를 모았고, 중앙정부의 관리로서 전국을 유람하며 문자 기록이 없는 상고사에 대한 전설과 신화, 민담을 수집했다.[2]

사마천은 천문을 관측하고 조정의 기록과 의전을 담당하는

---

1. 육경은 유가의 대표 경전인 『시경』, 『서경』, 『예기』, 『역경』, 『춘추』, 『악경』을 말한다. 『악경』은 전해지지 않는다.
2. 「해제」, 『사기 본기』, 27~28쪽 참조.

태사령(太史令)으로 일하면서 무제(武帝)의 명을 받아 달력을 개편하는 사업을 수행했으며 15년 넘는 세월을 『사기』 집필에 쏟았다. 그런데 모든 일이 순탄하게 풀리지는 않았다. 특히, B.C. 99년 '이릉의 화(禍)'를 당했을 때는 자칫 목숨을 잃을 뻔했다. 보병 5,000명을 이끌고 무기가 다 떨어질 때까지 북방 흉노의 대군과 싸웠던 이릉 장군은 포위당한 부하들을 살리려고 일단 항복했는데 흉노 왕은 한의 용맹한 장수를 포섭하려고 온갖 정성을 기울였다. 그럼에도 이릉은 무제에 대한 충성심을 버리지 않고 탈출할 기회를 노리고 있었는데, 그 사실을 몰랐던 무제는 항복한 죄를 묻겠다며 이릉의 일족을 몰살해 버렸다.

　　이릉의 인물됨을 잘 알았던 사마천은 그를 변호했다가 무제의 노여움을 사는 바람에 투옥되어 거세형을 당했다. 일족이 처형당한 사실을 전해 들은 이릉은 흉노 왕의 사위가 되어 흉노 군사를 지휘하면서 20년 동안 변방의 한나라 군사들을 떨게 만들었다. 치욕적 형벌을 받고 2년 만에 풀려나 복직한 사마천은 다시 붓을 들어 『사기』 집필을 이어 나갔다. 그는 『사기』에 인간 사마천의 '존재 이유'를 담았다. 지인에게 보낸 편지에서 털어놓은 사마천의 한과 포부는 아래와 같았다.

『사기 서』
(김원중 옮김,
민음사, 2015)
344~349쪽

사람은 한 번 죽지만, 어떤 경우는 태산보다 무겁고 어떤 경우는 깃털보다 가볍습니다. 선조를 욕되게 하지 않는 것이 최상이고 최악이 궁형입니다. 천한 노복이나 하녀도 자결할 수 있는데 제가 어찌 자결하지 못했겠습니까? 세상에서 없어질 경우 문채(文彩)가 후세에 드러나지 않을 것을 한스럽게 여기기 때문입니다. 저는 천하에 내팽개쳐진 옛 구문을 두루 수집하여 그 행해진 일들을 개략적으로 고찰하고 그 처음과 끝을 종합하고 그 성패와 흥망을 깊이 고찰하여 헌원(軒轅)³에서 한무제까지 10표를 만들고, 본기 12편, 서 8편, 세가 30편, 열전 70편, 모두 130편을 저술했습니다. 이 일을 완성하지 못할 것을 애석하게 여겼기에 극형을 당하고도 부끄러워할 줄 몰랐던 것입니다. 이 책을 저술하여 명산(名山)에 감추어 두었다가 제 뜻을 알아줄 사람에게 전하여 성읍과 큰 도시에 유통하게 한다면 이전에 받은 치욕에 대한 질책을 보상받을 수 있을 것이니, 비록 만 번 도륙을 당한다 해도 어찌 후회할 수 있겠습니까?⁴

　　사마천이 목숨을 끊지 않고 치욕을 견딘 것은『사기』때문이었다. 그가『사기』를 쓴 첫 번째 목적은 사실을 기록하는 것이었다. 한나라가 대륙을 통일했으나 이를 논하여 기록하지 못하고 천하의 역사 문헌을 폐기했음을 원통히 여긴 아버지 사마담의 탄식을 듣고 사마천은 "순서대로 정리해 두신 옛 문헌을 모두 논술해 감히 빠뜨리는 것이 없도록 하겠습니다"⁵라고 약속했다. 두 번째 목적은 이릉을 변호하다가 당한 치욕에 대한 일종의 복수였다. 『사기』를 '명산에 숨겼다가 성읍과 큰 도시에 유통하게' 하려 했던 사마천은 욕된 형벌을 무제에게 되돌려 주지는 못했지만 역사의 심판대에서 승자가 됨으로써 그 뜻을 이루었다. 무제는 올곧은 신하를 박해한 어리석은 군주가 되었고 사마천은 2,000년 넘는 세월 동안 지식인과 대중의 존경과 사랑을 받았으니, 이토록 우아하고 지성적인 복수가 문명의 역사에 또 있을지 모르겠다.

기전체로 그린 시대의 풍경

B.C. 1세기 중국에는 아직 종이가 없었기 때문에 사마천은 죽간에 먹으로 글을 쓰고 제목을 '태사공서(太史公書)'라 지었다. 후일 약칭 '사기'로 제목이 굳어진 『태사공서』는 『본기』(本紀) 12권, 『표』(表) 10권, 『서』(書) 8권, 『세가』(世家) 30권, 『열전』(列傳) 70권이 합쳐진, 총 130편에 52만 6,500자 분량의 방대한 저작이다. 여섯 권짜리 한국어판 완역본은 본문만 3,600여 쪽이다.

　『사기』는 체계와 서술 방법이 독특하다. 몸통인 『본기』는 황제 또는 황제에 준하는 권력을 행사한 인물의 행적과 업적을 서술했는데, 전설 시대 황제부터 한무제까지 최고 권력자와 관련이 있는 사실과 사건의 경위를 기록하는 데 중점을 두었다. 『표』는 『사기』에 나오는 모든 중요한 역사적 사실을 연대순으로 배열한 사실의 기록 그 자체다. 사회사, 제도사, 문화사를 융합해 르포르타주, 보고서, 학술 논문을 뒤섞은 형식으로 서술한 『서』는 도덕, 음악, 군사, 천문, 치수 등 고대 중국 문화와 제도의 특징과 변화를 보여 준다. 『세가』는 춘추전국시대의 왕과 제후를 비롯해 황제가 되지는 못했으나 세상의 변화에 뚜렷한 흔적을 남긴 권세가들을 다루었다. 『열전』은 인물 평전(評傳)으로 역사서라기보다는 전기문학(傳記文學) 작품에 가깝다. 제자백가 지식인에서 기업인, 정치인, 무장 강도, 자객, 광대까지 자기만의 개성과 색깔을 분명하게 보여준 개인의 생애를 서술했다. 『열전』의 마지막 편 「태사공 자서」는 자서전이다.

『사기』를 나무로 치면 『표』는 뿌리, 『본기』는 줄기, 『세가』는 가지, 『서』는 마디와 옹이, 『열전』은 잎과 꽃이다. 중요한 역사의 사실을 확인하려면 『본기』를 읽어야 한다. 그러나 재미와 깨달음을 원하는 사람은 『열전』에 끌린다. 인간은 이성을 가졌지만 욕망과 감정에 휘둘리는 불완전한 존재이고, 사회는 정도의 차이가 있을 뿐 언제 어디서나 모순과 부조리가 넘쳐 나며, 개인의 삶은 예측할 수 없는 행운과 불운에 흔들린다. 『열전』은 행운과 불운의 간섭을 받으면서 부조리한 세상에서 살다 간 불완전한 인간의 모습을 여러 각도에서 조명한다.

사마천은 천하의 역사를 그리려면, 사건과 인물과 제도와 문화를 모두 살펴야 한다고 믿었고 그에 적합한 서술 체계를 창조했다. 그가 만든 역사 서술 체계는 '기전체(紀傳體)'라는 이름을 얻었으며 마지막 봉건 왕조 청이 붕괴할 위기에 처한 19세기 후반까지 2,000년 넘게 중국 문명권의 역사 서술을 지배했다. '기전체'는 『본기』와 『열전』이 『사기』의 중심이라는 후대 역사가들의 평가를 반영하는 명칭이다.

그렇지만 사마천이 중국 최초의 역사가는 아니었다. 중국에는 『사기』보다 먼저 나온 역사책이 많았다. 공자가 춘추시대 노나라의 역사 242년(B.C. 722~B.C. 481)을 정리한 책 『춘추』(春秋)는 오랫동안 역사 서술의 교과서로 통했지만 사실을 충실하게 기록한 것은 아니었다. 공자는 권선징악(勸善懲惡)이라는 도덕규범에 따라 '깎을 것을 깎고 보탤 것을 보탠' 역사를 썼기 때문에 『춘추』의 내용에 대한 진위와 해석을 둘러싼 논쟁이 끊이지 않았으며, '춘추필법(春秋筆法)' 그 자체도 비판의 대상이 되었다. 사마천은

'춘추필법'을 배격하는 데 그치지 않고 역사 서술의 내용과 형식을 혁신하여 더 나은 대안을 제시했으며, 역사 서술은 무엇보다도 사실을 정확하게 기록하는 작업이어야 한다고 강조했다. 다음 글이 그런 생각을 분명하게 보여준다.

> 나는 이른바 지난 일들을 적어 대대로 전해 내려오는 것을 간추려 정리하려 할 뿐 창작하려는 게 아닙니다. 그러므로 당신이 이것을 『춘추』와 비교하는 것은 잘못입니다.[6]

사마천은 사실을 기록하는 일에 엄청난 열정을 쏟았지만 그것을 역사 서술의 유일한 목적으로 삼지는 않았으며 인간 본성의 빛과 그늘, 삶의 의미, 군주의 덕성, 권력의 광휘와 비루함, 반복되는 사건의 패턴을 포착해 드러내려고 노력했다. 그랬기 때문에 사회와 인간을 연구하는 인문학자들, 지나간 역사를 보면서 삶의 보편적 의미를 사유하는 평범한 역사 애호가들, 인간관계를 관리하는 방법과 조직을 이끄는 리더십에 관심을 가진 기업인과 정치인들은 21세기에도 여전히 『사기』를 읽는다.

사마천은 『본기』의 초점을 사실 기록에 두고 주관적 해석이나 평가를 최소화했다. 그러나 군데군데 '태사공은 말한다'는 문장 아래에 짧은 총평을 덧붙였는데, 흥미로운 사례로「여태후 본기」를 살펴보자. 여태후(呂太后)는 한고조 유방이 미천한 신분이었던 시절에 혼인한 여씨 부인인데, 사마천은 고조 재위 기간에는 '여후', 고조 사후 혜제 재위 기간에는 '태후', 혜제 사후에는 '고후(高后)'라는 호칭을 썼다. 황제가 원정 나간 틈을 타 치밀한 계략으

6.『사기 열전 2』, 843쪽.

로 개국공신 한신을 목 잘라 죽였던 여태후는『본기』에 오른 유일한 여성으로 사마천은 사실상 황제 역할을 했다는 이유를 들어 그를『본기』에 넣었다. 남편이 죽은 후 여러 허수아비 황제를 세우고 끌어내리고 죽이면서 권력을 행사했던 여태후는 숱한 악행을 저질렀는데, 압권은 한고조가 총애했던 척부인과 그 아들 조왕에게 한 짓이었다.

혜제는 새벽에 활을 쏘러 나갔다. 조왕은 어려서 일찍 일어날 수 없었다. 태후는 그가 혼자 있다는 말을 듣고, 사람을 보내 짐독을 탄 술을 가지고 가서 그에게 먹였다. 날이 밝을 무렵, 혜제가 돌아와 보니 조왕은 이미 죽어 있었다. 태후는 척부인의 손과 발을 절단 내고 눈알을 뽑고 귀를 태우고 벙어리가 되는 약을 먹여 돼지우리에 살게 하며 '사람돼지[人彘]'라고 불렀다. 며칠이 지나 혜제를 불러 '사람돼지'를 구경하게 했다. 혜제는 그녀가 척부인임을 알고 큰 소리로 울었고, 이 일 때문에 병이 나 1년이 지나도록 일어날 수 없었다. 혜제는 사람을 보내 태후에게 간청했다. "이것은 사람으로서 할 수 있는 일이 아닙니다. 저는 태후의 아들로서 결국 천하를 다스릴 수 없게 되었습니다." 혜제는 이날부터 술을 마시고 음란한 즐거움에 빠져 정사를 듣지 않았고 병이 났다.

『사기 본기』
385~386쪽

    병든 혜제는 재위 7년 되던 때 죽었고, 이때부터 전면에 나서 권력을 직접 행사하면서 여씨 집안 사람을 황제 자리에 앉히려고 동분서주했던 여태후도 8년 후 병으로 죽었다. 보다 못한 지방의 제후들이 군사를 일으켜 황궁 안팎의 여씨들을 도륙하고 한고조의 아들 유항을 황제로 세웠으니, 바로 그가 고문을 폐지하고 세금과 노역을 감경하며 전쟁을 삼가고 문화를 진흥한 문제(文帝)였

다. 그런데 여태후의 만행을 조목조목 기록했던 사마천은 뜻밖에
도 다음과 같이 그 시대를 후하게 평가했다. 권력자 개인의 성정과
행위가 아니라 민중의 삶에 일어난 변화를 중심에 두고 시대의 명
암을 평가한 것이다.

> 태사공은 말한다. 효혜황제와 고후의 재위 시절, 백성들은
> 비로소 전국시대의 고통에서 벗어날 수 있었다. 군주와 신하
> 가 전부 쉬면서 아무것도 행하지 않으려 했기 때문에 혜제는
> 팔짱만 끼고 아무 일도 하지 않았고, 고후가 여주인으로 황
> 제의 직권을 대행해 정치가 방 안을 벗어나지 않았어도 천하
> 는 편안했다. 형벌이 드물게 사용되어 죄인이 드물었다. 백
> 성들이 농사에 힘쓰니 옷과 음식이 더욱 풍족해졌다.[7]

사마천의 역사 서술 대상은 전쟁이나 정변 같은 특정 사건이
아니라 '천하(天下)'와 '시대'였다. 오늘의 중화인민공화국 지도에
서 변두리 지역을 지우면 사마천이 알았던 '천하'가 된다. 우리 민
족을 포함해 말갈, 몽골, 돌궐, 흉노, 여진 등 한나라에 복속하지 않
은 변방의 여러 민족들은 끊임없이 군사 충돌을 벌였으며 몽골과
여진은 후일 대륙을 정복해 원과 청 왕조를 세우기도 했다. 사마천
은 중국을 둘러싼 이민족의 존재를 알고 있었다. 한 왕조는 중앙아
시아의 여러 국가들과 교류했으며 실크로드를 따라 로마제국과
도 교역했던 만큼 서쪽에 자기네와 다른 문명이 있다는 사실도 감
지하고 있었다.

7.『사기 본기』, 405쪽.

그러나 사마천의 역사 공간은 중국을 크게 벗어나지 않았다. 그 세계에서 벌어진 일을 기록하고 정리하는 것만으로도 감당하기 버거웠기 때문일 것이다. 사마천은 한나라 밖의 세계에 관한 정보를 『열전』 후반부의 「흉노 열전」, 「남월 열전」, 「동월 열전」, 「조선 열전」, 「서남이 열전」, 「대원 열전」 등에 간략하게 정리해 두었다. 한나라 영토는 사실상 황하와 양자강 사이에 놓여 있었으며, 현대 중국의 헤이룽성, 랴오둥성, 지린성, 윈난성, 하이난성, 네이 멍구, 신장웨이우얼자치구, 티베트자치구 등은 안정적으로 지배하지 못했다.

변방의 모든 민족에 대해 사마천은 한나라 관료의 입장에서 서술했다. 예컨대 「조선 열전」에서는 진나라에 망한 연나라 관리 위만이 망명해 조선의 왕이 되었다고 했는데, 이는 앞뒤가 분명치 않은 기록이다. 조선이 '국경 밖의 나라'로 예전부터 존재하고 있었다고 하면서도,[8] 망명객 위만이 그 나라의 왕권을 획득한 과정에 대해서는 아무런 이야기를 하지 않았다. 주변 민족과 국가에 대한 『사기』의 기록은 부정확하고 단편적인 정보를 한나라 중심주의에 맞추어 가공한 것이라고 보아야 할 것이다. 중국인은 전통적으로 자기네를 천하의 중심으로 보는 '천동설 역사관'을 따랐다. 이런 결함과 한계가 있었지만, 어쨌든 『사기』는 당시까지 존재했던 모든 역사 기록과 역사서의 수준을 단숨에 뛰어넘었다.

---

8. 『사기 열전 2』, 457쪽.

사료의 공백과 문학적 상상력

『사기』가 그저 가치 있는 역사 기록일 뿐이라면 전문 역사 연구자들이나 들여다보는 책으로 남았을 것이다. 수많은 역사 애호가들이 지금도 『사기』를 읽는 것은 그 안에 인간의 이야기가 있어서다. 『사기』에서 우리는 사람답고 훌륭한 삶을 추구하면서도 부질없는 욕망과 야수 같은 충동에 휘둘리는 인간 존재의 모순을 발견한다. 그래서 어떤 이들은 타인과의 경쟁에서 이기고 남을 지배하는 데 요긴한 처세술을 배우려고 읽으며, 또 어떤 이들은 무엇으로 어떻게 인생의 의미를 만들어 나가야 할지 고민하면서 읽는다.

사마천은 역사 기록을 관리하는 공무원이었지만 『사기』는 국가의 공식 역사서가 아닌 개인 저작이다. 국가 공인 역사서가 아니었다는 점은 한고조 유방의 숙적이었던 항우(項羽)를 『본기』에 올린 사실에서 단적으로 드러난다. 사마천은 '초패왕' 항우가 황제는 아니었지만 한고조에 버금가는 영웅이었으며 역사에 한고조 못지않게 큰 영향을 주었다는 점을 인정해서 『본기』에 올렸다. 국가 공인 역사서에서 이렇게 했다면 목이 열 개라도 모자랐을 것이다. 「항우 본기」 마지막 대목에서 그는 항우의 인물됨과 역사적 성취를 아래와 같이 평가했다.

『사기 본기』
327~328쪽
항우는 세력이 조금도 없었으면서도 시세를 타고 일어나 3년 만에 다섯 제후를 거느리고 진나라를 멸망시킨 후 천하를 나누어 찢어서 왕과 제후를 봉하니, 모든 정치적 명령이 항우에게서 나와 스스로 '패왕'이라고 불렀다. 왕위는 비록 끝까지 지키지 못하였으나 가까운 과거 이래 이런 일은 없었다. 항우는 관중을 버리고 나와 초나라를 그리워한 끝에 의제를 쫓아내고 스스로 왕이 되었다. 그는 제후들이 자신을 배반한 것을 원망했지만 그렇게 보기는 어렵다. 스스로 공로를 자랑하고 사사로운 지혜만을 앞세웠으며 옛것을 본받지 않고 패왕의 공업이라고 하면서 힘으로 천하를 정복하고 다스리려다 5년 만에 결국 나라를 망하게 했다. 게다가 몸이 동성에서 죽으면서도 여전히 깨닫지 못해서 스스로를 꾸짖지 않았으니 잘못된 것이다. 그러고서 "하늘이 나를 망하게 하는 것이지 병사를 잘 쓰지 못한 죄가 아니다"라고 끌어댔으니 어찌 황당하지 않은가?

사마천이 "전해 내려오는 것을 간추려 정리하려 할 뿐 창작하려는 게 아니"라고 한 것은 사실에 의거해 객관적으로 서술했다는 점을 강조한 말일 뿐 지어낸 이야기가 없다는 뜻이 아니다. 상상력을 동원해 이야기를 지어내지 않았다면 기전체라는 독창적인 서술 형식을 창조하지 못했을 것이다. 또한 기록된 관련 사실이 빈약한 『열전』의 등장인물에 대해서는 쓸 엄두조차 내지 못했을 것이다.

사마천은 특히 『열전』에서 문학적 상상력을 풍성하게 발휘했다. 『열전』이 전반적으로 그러하기에 일일이 소개할 수는 없으니 전형적인 사례만 살펴본다. 한신의 생애를 다룬 「회음후 열전」에 괴통(蒯通)이라는 책사가 나온다.[9] 여태후가 파놓은 함정에 빠진 한신은 죽기 직전 이렇게 탄식했다. "괴통의 계책을 쓰지 못한 것이 안타깝다. 아녀자에게 속은 것이 어찌 운명이 아니랴!" 반란을 진압하고 돌아와 그 이야기를 들은 고조는 괴통을 잡아들이게 했고, 한신에게 모반을 권한 사실을 시인하자 삶아 죽이라고 명령했다. 그러자 괴통은 자신을 춘추시대 악명을 떨쳤던 살인강도단

9. 괴통 이야기는 『사기 열전 1』(김원중 옮김, 민음사, 2015), 779~793쪽 참조.

두목 도척의 개에 비유해 아래와 같이 항변했다.

> 도척이 기르는 개가 요임금을 보고 짖은 것은 요임금이 어질
> 지 못해서가 아닙니다. 개는 본래 자기 주인이 아닌 사람을
> 보면 짖게 마련입니다. 당시 신은 한신만 알았을 뿐 폐하는
> 알지 못했습니다. 또 천하에는 칼날을 날카롭게 갈아서 폐하
> 가 하신 일과 똑같이 하려는 사람이 매우 많았습니다. 생각해
> 보면 그들은 능력이 모자랐을 뿐입니다. 그런데 폐하께서는
> 그들을 모두 삶아 죽이시겠습니까?[10]

논리적으로 흠잡을 데 없는 변론이다. 고조도 처음에는 시골
의 건달패거리 두목에 지나지 않았지만 권력을 노린 경쟁자들을
모두 제압한 덕에 황제가 되었다. 그리고 황제가 되었으니, 항우를
비롯한 과거 라이벌의 참모라 할지라도 충성을 서약하면 다 포용
하는 게 옳은 태도였다. 아픈 데를 찔린 고조는 괴통을 풀어 주었
다. 그런데 흥미로운 것은 괴통이 한신에게 독립을 권한 논리다.
사마천은 괴통의 주장을 아래와 같이 기록해 두었다.

『사기 열전 1』
782~785쪽

> 당신이 한나라를 위하면 한나라가 이기고, 초나라 편을 들면 초나라가 이
> 길 것입니다. 천하를 셋으로 나누어 솥의 발처럼 서 있게 하면 누구도 감히
> 먼저 움직이지 못합니다. 하늘이 주는 것을 받지 않으면 도리어 벌을 받고,
> 때가 왔는데도 행동하지 않으면 도리어 재앙을 입는다고 들었습니다. 들
> 짐승이 사라지면 사냥개는 삶아 먹히게 마련입니다. 제가 듣건대 "용기와
> 지략이 군주를 떨게 만드는 자는 그 자신이 위태롭고, 공로가 천하를 덮는

10. 『사기 열전 1』, 793쪽.

자는 상을 받지 못한다"고 합니다. 지금 당신은 군주를 떨게 할 만한 위세를 지녔고 상을 받을 수 없을 만큼 큰 공로가 있으니, 초나라로 가도 항우가 믿지 않을 테고, 한나라로 가도 유방이 떨며 두려워할 것입니다. 이러한 위력과 공로를 가지고 어디로 가려 하십니까? 제 생각에는 당신이 위태롭습니다.

　밀실에서 둘이 대화를 나누었으니 기록이 남았을 리 없다. 그런데도 사마천은 마치 그 밀담을 직접 들은 것처럼 상세하게 썼다. 소설가들이 쓰는 '전지적(全知的) 작가시점'을 사용한 것이다. 사마천은 괴통을 중국 역사를 훤히 꿰고 있는 사람으로 묘사했다. 괴통은 한신을 설득하려고 뛰어난 인물들이 군주에게 충성을 다한 후에 버림받은 소위 '토사구팽(兔死狗烹)' 사례를 여럿 거론했는데, 이런 역사 지식은 모두 사마천의 것이라고 보아야 한다. 한신을 설득하는 데 도움이 되었을 만한 역사의 사례를 총동원해 괴통의 발언을 창작했다는 말이다.

　사마천은 황제와 고관대작들의 행위에 관한 사실을 기록하는 것만으로 천하와 시대의 과거를 재현할 수 없다고 보고, 구전으로 떠돌던 이야기를 단서로 삼아 뛰어난 인물의 행적을 분석하고 평가함으로써 당대의 사회상을 구석구석 그려 보였다. 『열전』에 등장하는 의사, 청백리, 탐관오리, 건달, 자객, 배우, 점쟁이, 부자는 모두 이런 방식으로 재창조한 인물들이다. 다음은 69편 「화식 열전」에서 백규(白圭)가 돈을 번 방법을 서술한 대목과 66편 「골계 열전」에서 광대 우전(優旃)의 말솜씨를 전하는 대목이다. 사실 위에 상상력을 적절하게 덧입혀야 이런 글이 나온다.

『사기 열전 2』
805~806쪽 백규는 세상 사람들이 버리면 사들이고 사들이면 팔아넘겼다. 풍년이 들면 곡식을 사들이고 실과 옻을 팔았으며, 흉년이 들어 누에고치가 나돌면 비단과 풀솜[11]을 사들이고 식량을 팔았다. 풍년과 흉년이 순환하는 이치를 살펴 사고파니 해마다 사잰 물건이 배로 늘었다. 돈을 불리려면 값싼 곡식을 사들이고, 수확을 늘리려면 좋은 종자를 썼다. 거친 음식을 달게 먹고, 하고 싶은 것을 억누르며, 옷을 검소하게 입고, 노복들과 고통과 즐거움을 함께했으나, 시기를 보아 나아갈 때는 사나운 짐승과 새처럼 재빨랐다.

『사기 열전 2』
712~713쪽 우전은 진나라의 난쟁이 배우로 우스갯소리를 잘했지만 모두 큰 도리에 맞았다. 시황제가 원유(苑囿)[12]를 크게 넓히려고 동쪽으로는 함곡관에 이르게 하고 서쪽으로는 옹(擁)과 진창(陳倉)에 이르게 했다. 우전이 말했다. "좋은 일입니다. 그 속에 새와 짐승을 많이 풀어놓아 길러 적이 동쪽에서 쳐들어오면 고라니나 사슴을 시켜 그들을 막게 하면 충분할 것입니다." 시황제는 이 말을 듣고 곧장 그만두었다.

역사의 코스모스

『사기』 이야기를 끝맺기 전에 『서』에 관해 한 가지만 덧붙여 둔다. 『서』는 후대 중국 지식인들의 기록이나 「태사공 자서」에서 사마천이 말한 내용과 어긋나는 데가 있어 위작(僞作) 논란이 일었다.[13] 그러나 『본기』, 『세가』, 『열전』이 인물과 사건에 관한 정보

---

11. 실을 켤 수 없는 고치를 삶아서 만든 하얗고 광택이 나는 가볍고 따뜻한 솜.
12. 울타리를 쳐놓고 동물을 기르는 임야.
13. 「해제」, 『사기 서』, 13~32쪽 참조.

와 이야기를 담고 있는 것과 달리, 『서』는 개별적 인물과 사건만 가지고는 알기 어려운 제도와 문화의 역사를 다루었다.[14]

인물과 사건이 역사의 뼈와 살이라면, 제도와 문화는 혈관과 신경이다. 사회와 시대를 입체로 재현하려면 제도와 문화를 함께 보아야 한다. 사마천은 단순히 제도 변경 사실만 기록한 게 아니라 제도에 적응하고 허점을 이용하는 사람의 행동을 함께 살피면서 제도사와 문화사를 썼다. 이런 측면까지 인식하고 역사를 서술했다는 것은 놀라운 일이 아닐 수 없다. 다음은 화폐와 조세 제도의 변천 과정을 서술한 대목인데, 제도와 인간 행동의 상관관계를 중시한 『서』의 서술 방식을 잘 보여준다.

고조는 장사치들에게 비단옷을 입거나 수레를 타지 못하게 하고 조세를 무겁게 하여 그들을 곤혹스럽게 했다. 혜제 때와 고후 때는 천하가 막 평정되었기 때문에 장사치에 관한 법률을 다시 느슨하게 했으나, 저잣거리 상인의 자손들은 역시 관리가 될 수 없었다. 문제 때 기존의 동전인 협전이 더욱 많아지고 가벼워지자 사수전이라는 새 동전을 주조했는데 백성들도 마음대로 주조할 수 있게 했다. 오왕 유비는 제후에 지나지 않았으나 구리 산을 채굴하여 동전을 주조함으로써 부유함이 천자에 버금갔으며, 마침내 반역을 도모했다. 등통은 대부였는데 동전을 주조함으로써 그 부유함이 왕을 능가했다. 오왕과 등통이 주조한 동전이 천하에 널리 퍼지자 동전 주조를 금지하는 법률이 생겼다.

『사기 서』
301~303쪽

14. 『사기 서』는 모두 여덟 편으로 구성된다. 「예서」(禮書)와 「악서」(樂書)에서는 이상적인 정치 질서를, 「율서」(律書)와 「역서」(曆書)는 전쟁과 관련한 정치 현실을, 「천관서」(天官書)와 「봉선서」(封禪書)는 변화와 개혁의 문제를, 「하거서」(河渠書)와 「평준서」(平準書)는 치수와 산업을 다루었다. 사마천은 시대에 따라 "예악의 증감, 법률과 역법의 개정, 병권, 산천, 귀신, 천인(天人), 시세 변화에 따라 폐해지는 것을 살피고 세상의 변화에 적응해 나가는 내용으로 8서를 만들었다"(『사기 열전 2』, 871쪽)고 했다.

인류 역사를 통틀어 최고의 역사서를 한 권만 뽑는다면 『사기』가 가장 강력한 후보가 되는 게 마땅하다. 사마천은 역사를 역사답게 쓴 중국 문명 최초의 역사가였다. 민간의 역사서와 다양한 국가 기록을 참고해 『사기』를 집필했지만 『사기』는 그 모든 것을 뛰어넘었다. 이전의 역사서가 저마다 별 하나를 그렸다면 사마천은 우주를 그렸다. 『사기』는 시대와 문명의 과거를 언어로 재구성한 '전체사(全體史)'였다. 인류 역사에서 혼자 힘으로 그런 작업을 해낸 역사가는 오로지 그 한 사람뿐이었다.

사마천은 역사를 쓰는 사람이 반드시 부딪히는 물리적 한계를 넘어섰다. 자연인 한 사람이 했다고는 믿기 어려울 정도로 작업량이 많았다. 종이도 아닌 죽간에 먹으로 글을 쓰면서도 모든 역사적 사건의 발생 시점과 상관관계를 크게 어긋남 없이 기록하고 서술했다. 영웅과 군주와 왕조의 명멸을 시간의 흐름에 따라 추적하면서 세상의 변화에 큰 영향을 준 인물들의 삶과 업적을 함께 이야기했다. 조수를 여럿 썼다면 그나마 어느 정도 이해할 수 있겠지만, 어떤 방식으로 이렇게 방대한 작업을 해냈는지는 짐작하기 어렵다.

사마천은 국가와 사회는 정치권력과 경제 제도, 사회 제도, 법률, 예술과 문화 양식의 복합체이며 그 모든 것이 시간의 흐름 속에서 끊임없이 변화한다는 사실을 직시하고 그 구조와 양상을 분석했다. 권세와 지위는 없었으나 독특하고 자주적인 인생을 살아 나감으로써 인간의 본성과 삶의 의미를 사유할 실마리를 던진 이들을 망각의 어둠에서 건져냈다. 『사기』는 또한 개인사의 치욕을 견뎌 낸 사마천이 역사의 수많은 사실을 마주하면서 느꼈던 삶과 죽음에 대한 생각과 감정도 전해 준다.

『역사』와 『펠로폰네소스 전쟁사』도 그렇지만 『사기』를 읽으면 역사 서술에는 '발전'이라는 개념을 적용할 수 없다는 생각이 든다. 제9장에서 만날 『총, 균, 쇠』와 『사피엔스』의 저자들은 사마천보다 2,000년 늦게 태어났다. 그들은 우주와 자연과 자기 자신과 문명에 대해 인간이 긴 세월 동안 새로 찾아낸 수많은 과학적 사실을 알고 있다. 인터넷과 검색엔진을 활용해 필요한 정보를 언제든 검색할 수 있는 환경에서 컴퓨터로 대중적이고 세련된 문장을 쓴다. 죽간서를 산에 감추어 두려 했던 사마천과 달리, 책을 쓰면 세계의 주요 언어로 즉각 출판한다. 이런 변화를 발전이라고 할 수는 있을 것이다. 그러나 『총, 균, 쇠』와 『사피엔스』가 들려주는 이야기가 『사기』보다 더 훌륭하거나 감동적인가? 인간 본성과 존재의 의미에 대해 더 가치 있는 메시지를 던졌는가? 그렇다고 말할 수는 없다.

제3장
이븐 할둔, 최초의 인류사를 쓰다

『역사서설』이븐 할둔 지음, 김호동 옮김, 까치, 2003.
『무깟디마 1・2』이븐 칼둔 지음, 소명출판, 김정아 옮김, 2012.

과학과 역사의 첫 만남

20세기가 저물어 가던 무렵 '빅 히스토리(big history)' 또는 '인류사'라는 역사 서술의 새로운 흐름이 태동했다. 이 조류를 선도한 역사가들은 물질세계와 자연, 생명과 인간에 대해 과학자들이 밝혀낸 최신 정보와 지식을 역사 서술에 끌어들였다. 그들이 쓴 역사는 빅뱅(Big Bang)과 우주의 탄생에서 출발해 지구의 형성과 생명의 태동, 인류의 등장, 문명의 출현, 과학 기술의 발전과 인류 문명의 미래에 대한 전망으로 나아간다.

인류사 저자들은 천체물리학과 지질학, 기후학, 진화생물학, 뇌과학 등 자연과학의 연구 성과를 활용해 문명의 발생 원인과 발전 양상을 해명했다. 특히 인류를 '만물의 영장'이 아니라 동물의 한 종으로 간주하는 사회생물학의 시각을 받아들여 인종주의와 민족주의, 국가주의, 계급주의를 비롯한 전통적 역사철학을 골동품으로 보이게 만들었다. 하지만 인류사가 완전히 새로운 분야라고 할 수는 없다. 600년 전 북아프리카에 살았던 이븐 할둔(1332~1406)은 문명을 환경의 산물로 간주하고 세계를 일곱 기후대로 나누어 환경과 문명의 관계를 살피면서 인류사를 썼다. 그가 쓴『역사서설』[1]은 인류사의 원형으로 역사의 역사에서 합당한 지위를 가져야 한다. 아래는 과학과 역사의 첫 만남으로 손색이 없는『역사서설』의 첫 대목이다.

1. 국내에 소개된 할둔의 이 책은 두 종이다.『역사서설』(김호동 옮김, 까치, 2003)은 영어 축약본 번역이고,『무깟디마 1·2』는 아랍어판 완역본이다. 이 책에서는『무깟디마 1·2』(김정아 옮김, 소명출판, 2012)를 인용하고 발췌 요약을 했지만, 책 제목을 언급할 때는 일반 독자들에게 더 친숙한『역사서설』로 썼다. 또한 저자의 이름도 이 책을 따라 이븐 '할둔'으로 표기했다.

『무깟디마 1』
85~95쪽

지구의 형태는 공 모양이고 물에 둘러싸여 있다. 육지는 지구 전체의 반에 약간 못 미치며, 공 모양의 표면 위에서 북쪽에 더 많이 분포되어 있다. 육지의 거주 가능 지역은 전체의 4분의 1에 달하며 이는 다시 일곱 개의 기후대로 나뉜다. 적도는 지구를 반분하는 선으로 지구 둘레를 나타낸다. 일곱 기후대의 경계는 인위적이며 동서로 뻗어 있다. 제4기후대는 서쪽으로 스페인 남단과 모로코 북단이 마주 보는 지브롤터해협에서 시작해 남프랑스, 이탈리아, 그리스와 발칸 지역, 튀니지, 이집트 등 지중해 연안 남부 유럽과 아프리카 북부 지역과 섬을 포함하며 동쪽으로 보스포루스해협을 지나 흑해 연안의 터키, 시리아, 우크라이나에서 끝난다. 제1, 제2기후대는 과도한 태양의 열기 때문에 황무지와 사막이 많아 주민이 적고 도시나 마을도 적다. 문명은 태양의 열기가 온화한 제3, 제4기후대에서 가장 발달하며, 더 춥고 건조한 제5, 제6, 제7기후대로 연결된다.

현대 과학의 수준과 비교하면 할둔이 활용한 지리 정보와 기후학 지식은 매우 빈약하고 부정확하다. 그러나 환경과 문명의 관계를 고찰하는 관점과 방법은 나무랄 데 없이 과학적이다. 그는 인간의 삶이 자연에 발을 딛고 있으며 문명도 자연환경의 강력한 영향 아래 형성되었다는 것을 논증하려고 분투했다. 이러한 태도는 그가 역사를 문학이나 철학과는 다른 학문으로 정립하려는 열망을 지녔음을 보여준다.

할둔은 인류 문명의 탄생과 소멸을 지배하는 보편적 역사법칙을 찾았다고 확신했지만 객관적으로 보면 이 확신은 착각에 지나지 않았다. 그렇다고 그가 비난받아야 하는 것은 아니다. 그가 개인의 힘으로는 극복할 수 없는 시대의 제약을 받으면서 역사를 서술했다는 사실을 고려해야 한다. 14세기 아랍 사람들은 과학 지식이 부족해서 자연과 인간과 사회를 있는 그대로 인식하기가 어려웠다. 게다가 종교와 세속 권력이 한몸으로 결합한 교정일치(敎政一致) 사회의 억압 때문에 할둔은 이성적·논리적 추론을 끝까지 밀고 나갈 수 없었다.

『역사서설』이 오늘날까지 역사서로서 가치를 인정받는 이유는 보편적 역사법칙을 밝혀서가 아니라 귀중한 역사 기록을 남겼기 때문이다. 그는 자신이 발견했다고 믿었던 역사법칙을 논증하는 과정에서 7세기에 탄생한 이슬람 문명과 아랍 사회의 현황 및 특징을 기록했고, 당시 아랍 지식인들이 인간과 문명을 어떻게 생각했는지 정밀하게 서술했다. 이런 정보 덕분에 『역사서설』은 이슬람 문명의 발생사를 연구하는 학자들에게 귀한 길잡이가 되었다. 이 책은 또한 시대를 한참 앞서간 과학적 사고방식과 인문학적 상상력을 담고 있어서 만만치 않은 재미를 맛볼 수 있다.

『성찰의 책』과 『역사서설』

헤로도토스, 투키디데스, 사마천은 역사를 서술하는 데 필요한 만큼만 이론을 탐색했다. 반면 할둔은 역사의 보편 법칙을 찾는 것을 연구의 목적으로 삼았기 때문에 『역사서설』은 역사 이론서로 보인다. 그렇지만 할둔을 역사학자라고 할 수는 없다. 그가 쓴 것은 역사 이론서가 아니라 『성찰의 책: 아랍인과 페르시아인과 베르베르인 및 그들과 동시대에 존재했던 탁월한 군주들에 관한 초기 및 후대 역사의 집성』(Kitâb al-'Ibar)이라는 일곱 권짜리 3부작 역사서였다.

　『성찰의 책』 서론에서 할둔은 역사학의 중요성과 특성에 대한 생각을 밝혔고, 자신만의 독창적인 역사 연구 방법론을 제시했으며, 과거의 아랍 역사가들이 흔히 저질렀던 오류를 치밀하게 분석·비평했다. 문명의 발생 원인과 필수적 구성 요소, 문명의 흥망을 지배하는 법칙을 다룬 제1부에서 그는 지리학자, 인류학자, 정치학자, 사회학자의 면모를 보인다. 제2부에는 아랍인을 중심으로 페르시아인, 이스라엘인, 그리스인, 투르크인, 유럽인 등 아시아와 유럽의 주변 민족과 왕조의 역사를, 제3부에는 베르베르인[2]을 비롯한 북아프리카 지역 왕조의 역사를 편년체(編年體, 역사적 사실을 연대순으로 기록하는 기술 방법)로 서술했다. 제2부와 제3부의 할둔은 역사가로 보는 게 합당하다. 결국 그는 역사가인 동시에 역사학자였다고 할 수 있다.

　후대 학자들은 『성찰의 책』 서문과 서론, 본문 제1부를 따로 묶어 '서설'(아랍어 '무깟디마')이라는 제목을 붙였다. 그렇게 편집한 탓에 『역사서설』은 할둔이 『성찰의 책』 제2부와 제3부에서 아랍인과 주변 여러 민족의 역사를 편년체로 서술할 때 적용한 철학과 이론을 보여주는 역사 이론서가 되었다. 그렇지만 다음의 차례를 보면 『역사서설』도 순수한 역사 이론서는 아니라는 것을 알 수 있다.[3]

---

　2. 베르베르인은 고대부터 나일강 서쪽의 북아프리카에서 살았던 유목 민족으로 오늘날은 대부분 모로코와 알제리에 살고 있다. 아랍인은 이들이 사는 지역을 '마그레브(서쪽)'라고 했다.

　3. 차례는 『무깟디마 1·2』에서 가져왔다. 여기서 '제1권'은 3부작 『성찰의 책』의 제1부에 해당한다는 것을 지적해 둔다. 이어서 요약해 소개한 책의 주요 내용은 『무깟디마 2』 말미에 있는 「저자 및 작품 소개」(531~540쪽)를 참고했다.

서문   은혜로우시고 자비로우신 알라의 이름으로
서론
제1권   우주의 문명은 자연스러운 것이다
        베두인, 정착민, 정복, 획득, 생계, 기술 등이 문명에
        미치는 영향과 그 이유

        1부 인간의 문명 일반과 이에 관련된 여러 부문들
        2부 베두인 문명, 야만 민족, 여러 부족들에 대한
            상황과 설명
        3부 일반적인 왕조, 왕권, 칼리프위, 정부의 관직
            그리고 이에 수반되는 사항들. 관련된 기본
            법규와 보충적 제의들
        4부 지방과 도시 그리고 나머지 문명사회에서
            발생하는 조건들. 이에 관련된 선결 사항과
            후결 사항
        5부 생계 수단, 이윤과 기술의 다양한 양상 그리고
            이 모든 것에 반영되는 상황과 몇 가지 문제
        6부 다양한 종류의 학문과 다양한 종류의 교육
            방법. 이와 관련한 제반 사항, 머리말, 꼬리말

    할둔은 자연조건과 인간의 본성에서 출발해 문명 일반, 왕조
와 도시, 기술과 산업, 학문 연구와 교육을 비롯한 지적 활동 순으
로 나아가면서 역사를 서술했다. 자연환경과 물질적 생산 활동을
먼저 다루고 학문과 교육을 비롯한 지적 활동을 그 이후에 서술했
다는 점에서 그의 철학적 관점은 유물론에 가깝다. 먼저 역사학의

가치와 사료 연구 방법론에 대한 할둔의 말을 들어 보자.

『무깟디마 1』
23~24쪽 역사학은 고결한 목적을 가진 학문이다. 역사학은 과거 여러 민족의 속성
과 예언자들의 언행, 왕조의 군주가 처했던 상황을 알려 준다. 따라서 원하
는 자는 역사학에서 종교와 세속적인 상황에 관해 이득을 얻을 수 있다. 역
사학자는 많은 자료와 다양한 지식, 예리한 시각과 철저한 조심성이 있어
야 실수와 오류를 피하고 진실에 도달할 수 있다. 전해 오는 정보를 액면 그
대로 믿고 관습의 원리, 정치의 법칙, 문명의 속성, 인간 사회에서 발생하는
여러 상황을 제대로 파악하지 못하거나 비슷한 시기의 자료와 비교하지 않
는다면 진리의 길을 벗어나 발을 헛디디게 될 것이다. 이런 일은 역사학자,
『코란』(Koran) 주석가, 『하디스』(Hadith) 전승가들에게 자주 일어났다.
그들은 전해 오는 이야기를 그대로 수용했고, 그런 일화가 생긴 상황과 근
원을 고려하지 않았으며, 비슷한 다른 것과 비교하지 않았고, 역사에 대한
시각과 통찰력 없이 판단했기에 망상과 오류의 사막을 정처 없이 떠돌게 되
었다.

　　어디선가 들어 본 말 같지 않은가? 헤로도토스를 '산문 작가'
로 몰아세운 투키디데스가 이렇게 말했다. 할둔이 겨냥한 비판의
표적은 당시 이슬람 세계에서 역사의 창시자 대접을 받은 알 마수
디(886?~956)였다.[4] 믿을 만한 역사 기록이 부족할 때 역사가는

---

4. 마수디는 『역사서설』에 가장 빈번하게 등장하는 역사가로, 서구 역사가들은 그를
'아랍의 헤로도토스'라고 했다. 10세기에 살았던 마수디는 페르시아, 소아시아, 카스피해
연안 지역과 중앙아시아, 아프리카, 인도, 인도차이나, 중국을 여행한 끝에 『황금 초원과
보석 광산』(The Meadows of Gold And Mines of Gems)이라는 여행기를 썼다.
여기에 신라에 대한 기록도 있다. 중국 너머에 있는 물과 공기가 깨끗하고 땅이 기름지며
금이 많이 나는 신라에 아랍인들이 이주해 가기도 했다는 내용이다. 전체 중 일부만
전해지는 『시대의 거울』(Mirror of Times)에서는 자신이 여행했던 나라의 지리와

투키디데스와 할둔이 썼던 방법으로 사실을 평가하고 선택해야한다. 할둔은 풍부한 문헌 기록을 활용했지만 무조건 믿지는 않았으며 상충하는 다른 기록과 상식에 비추어 사실일 가능성이 높을때만 가치를 인정했다. 간단한 통계 수치를 검토할 때도 이런 태도를 견지했는데, 다음 글은 그가 얼마나 진지하고 철저한 자세로 문헌 기록을 검증했는지 보여준다.

역사 이야기에서 재물과 군인의 수에 관한 통계는 황당한 거짓인 경우가 많으므로 그 통계의 근본적인 배경을 잘 살피고 일반 상식에 비추어 생각해야한다. 마수디를 비롯한 역사학자들은 모세가 황야에서 이스라엘 군인의 수를 헤아렸는데, 무기를 들 수 있는 스무 살 이상 남자가 60만 명이 넘었다고 기록했다. 그런데 마수디는 이집트와 시리아 지역에 그렇게 많은 이스라엘 군인이 정말 있었는가에 대해 한번도 의심하지 않았다. 페르시아는영토가 훨씬 광대했지만 군인의 수는 그보다 훨씬 적었다. 기록에 따르면,페르시아가 군대를 가장 집중적으로 배치한 까디시야에는 12만 명, 수행원까지 합쳐도 20만 명 정도에 지나지 않았다. 군인의 수가 그토록 많았다면 이스라엘 영토가 광대해야 했다. 군대의 규모는 왕조가 지배하는 행정단위와 지역의 크기에 비례하기 때문이다. 그러나 이스라엘의 영토는 요르단, 팔레스타인, 메디나와 카이바르 지방뿐이었다. 마수디의 말에 따르면,이스라엘[5]이 부족민과 함께 이집트로 들어가 요셉에게 왔을 때 그 수는 70

『무깟디마 1』
24~26쪽

역사를 서술했다고 한다. 마수디는 단순히 편년체로 사건을 기술하지 않고 역사를
주제별로 접근하거나 왕조 단위로 분류해 서술하는 새로운 기법을 창안했다. 할둔은
마수디를 역사학의 이맘(지도자)이라고 평가하고 그의 역사 서술 기법을 전면 수용해 더
높은 수준으로 발전시켰지만 사료를 잘못 다룬 점만큼은 냉정하게 비판했다. 마수디에
대해서는 『1400년 이슬람 문명의 길을 걷다』(손주영·황병하 외 지음, 프라하, 2012),
634~638쪽 참조.
　　5. 여기서 '이스라엘'은 나라명이 아니라 『구약성서』의 「창세기」에 나오는 야곱의

명이었다. 그들이 모세와 함께 황야로 떠날 때까지 머문 기간은 220년이
었다. 그 기간에 후손들이 그렇게 많은 수로 늘어났을 가능성은 희박하다.

왕조의 흥망과 '아싸비야' 이론

할둔은 『역사서설』1부에서 세계를 일곱 기후대로, 각 기후대를
열 개 지역으로 세분해 지리적 특성과 거주민의 상황을 서술했다.
2부에서는 사람을 주거 환경과 생존 방식에 따라 '도시민'과 '베두
인'으로 나누고 둘 사이의 관계를 살폈다. 베두인은 사막에서 유목
생활을 영위하는 아랍인이다. 2부의 핵심은 '아싸비야' 이론이다.
아싸비야는 어떤 집단 내부에 형성되는 유대감, 연대 의식, 집단의
식을 말하는데, 할둔은 그것이 혈연관계에서 나온다고 보았다. 아
싸비야의 본질에 대한 할둔의 설명은 아래와 같다.

『무깟디마 1』
212쪽

혈연관계는 인간에게 본성적이다. 혈연관계는 친척과 혈족에 대한 애정을
낳는다. 그들이 상처를 받으면 돕고 치유하려 하며, 부당한 공격을 받으면
함께 수치심을 느끼며 보호하려 한다. 이것은 인간의 천성이다. 혈연이 긴
밀하면 외적 개입이 없어도 확고한 연대를 스스로 형성한다. 피보호자와
동맹자도 이런 범주에 속한다.

별칭이다. 아브라함의 손자이자 이삭의 아들인 야곱은 이스라엘 백성의 조상으로 알려져
있다. 그는 레아와 라헬이라는 두 자매와 차례로 혼인하여 자녀 열셋을 낳았는데 그중 아들
열둘이 이스라엘 열두 지파의 시조가 되었다고 한다. 대기근을 피해 식솔을 이끌고
이집트로 간 야곱은 거기서 잃어버렸던 아들 요셉과 재회했다. 옛날 아랍 역사가들 중에는
「창세기」와 「출애굽기」를 무함마드가 인정한 예언서인 동시에 사실을 기록한 역사
문헌으로 취급한 경우가 많았다.

할둔의 이론을 요약하면, 부족 안에서는 아싸비야가 강한 씨족이 리더십을 가지고, 여러 부족이 공존하는 지역에서는 아싸비야가 강한 부족이 권력을 장악한다. 베두인의 공동체는 구성원의 수가 적은 대신 혈연관계로 연결되어 있어서 아싸비야가 강한 반면, 도시민은 수가 많고 혈연관계가 희박해서 아싸비야가 상대적으로 약하다. 아싸비야는 왕권의 수립으로 완성되지만 영속하지는 않는다. 강한 아싸비야를 지닌 베두인 부족이 왕권을 수립하면 왕좌가 있는 곳에 도시가 형성되고, 도시가 형성된 후에는 아싸비야가 점차 약해진다. 왕조가 아싸비야를 상실하고 수명을 마치면 도시도 왕조와 함께 다른 베두인 부족에게 멸망당한다.

아싸비야 이론은 이타(利他) 행동 이론의 아랍 버전이다. 인간은 근본적으로 자기중심적 또는 이기적 동물이지만 때로는 이타 행동을 한다. 생물학 용어로 표현하자면, 이타 행동은 자신의 번식 기회를 포기하는 불이익을 감수하면서 다른 개체의 번식 기회를 증대시키는 행위로, 그 기본 형태는 생물학적 유전자를 공유하는 혈족 사이에서 나타난다. 자식을 먹이기 위해 굶거나 자식을 살리려고 죽을 위험을 감수하는 부모의 행동이 가장 전형적이고 원초적인 형태의 이타 행동이며 형제자매나 친족 사이의 이타 행동도 같은 유형에 속한다.

상리공생(相利共生)은 이타 행동의 사회적 확장형이다. 흡혈박쥐 중에는 배불리 먹고 돌아온 개체가 굶고 돌아온 개체에게 피를 게워서 나눠 주는 종이 있다. 인간은 박쥐보다 훨씬 수준 높은 상리공생을 한다. 모든 사람이 같은 행동을 한다고 가정할 경우, 어떤 사람이 위험에 처한 타인을 구하면 자신이 위험에 빠졌을 때 타인의 도움을 받을 확률도 그만큼 높아진다. 사람들이 각자 그런

가능성을 의식하든 하지 않든, 이타 행동의 이면에서 그런 원리가 작동한다. 아싸비야 이론은 생존 경쟁이 집단을 단위로 이루어진다고 보는 생물학의 집단선택론에 맞닿아 있다. 공동체와 다른 구성원을 위해 위험과 희생을 감수하는 개체가 더 많은 집단은 그렇지 않은 다른 집단을 이길 가능성이 크다. 다른 조건이 동등하다면 죽음을 두려워하지 않는 병사가 많은 군대가 그렇지 않은 군대를 이긴다. 이러한 이론은 초보적인 수준의 '집단선택론'이라고 할 수 있다.

　　『역사서설』의 핵심은 왕권의 흥망을 다룬 3부다. 할둔에 따르면, 확고하게 정립한 왕조는 아싸비야 없이도 상당 기간 존속할 수 있지만 영광을 독점하고 사치와 안정을 추구하는 속성 때문에 불가피하게 수명을 다한다. 이것은 창조적 소수자가 지배적 소수자로 전락해 문명이 쇠퇴한다고 본 토인비의 역사 이론과 닮았다. 아랍 세계의 역사에서 끊임없이 일어났던 이 현상을 할둔이 반복되는 경향 또는 패턴이라고 했다면 누구도 이의를 제기하지 않을 것이다. 그런데 그는 의욕이 지나쳤던 나머지 그것을 보편적 역사 법칙으로 올려 세우고 그 타당성을 논증하려 헛되이 분투했다. 다음은 그렇게 해서 그가 얻은, 조금은 기괴한 결론이다.

『무깟디마 1』
281~290쪽

의사와 점성술사들의 주장에 따르면, 인간의 자연 수명은 120년이다. 왕조의 수명도 마찬가지다. 일반적으로 왕조의 수명은 3세대 120년 동안 지속된다. 적의 공격을 받지 않는 경우를 제외하면 보통 그 정도다. 하나의 왕조는 다섯 개 안쪽의 단계를 통과한다. 제1단계에서 이전 왕조에게서 왕권을 탈취하고 권력을 장악한다. 군주는 백성의 모범이 되고, 백성의 재산과 영토를 보호한다. 제2단계에서 군주는 독재를 하고 백성을 배제하며 모든 영광을 자기 가문에게만 부여하여 왕권을 독점한다. 독재를 행하는 마지막 국면인 제3단계에서 군주는 재물을 축적하고 거대한 건축물을 세우며 대도시를 건설한다. 추종자에게 재물과 관직을 내리고 군대를 사열하며 사치스런 복장과 무기에 탐닉해 이웃 나라의 경쟁심을 부추기고 적국을 겁준다. 제4단계는 만족과 평화의 세월이다. 군주는 전통을 따르고 전임자를 모방한다. 제5단계에서 군주는 전임자가 남긴 재물로 향락을 즐기며 사악하고 무능한 측근을 등용해 왕조의 중대사를 일임한다. 병사의 봉급을 전용해 쾌락을 추구하며 군대를 멀리하므로 병력이 감소한다. 왕조는 회복 불가능한 환자로 전락해 결국 파멸한다.

　　이것은 논증이 아니라 왕조 흥망의 패턴에 대한 묘사일 뿐이다. 아랍 세계에서 실제로 그런 일이 반복되었기 때문에 할둔이 이러한 패턴을 찾은 것은 매우 자연스러운 일이었다. 인접한 페르시아 사람들이 B.C. 6세기에 벌써 거대한 제국을 세운 것과 달리, 아랍인은 오래 지속되는 제국을 한 번도 건설하지 못했다. '예언자 무함마드(Muhammad)' 이전과 이후를 가릴 것 없이 크고 작은 부족 국가와 왕국이 명멸을 거듭했을 뿐이다.
　　할둔은 '무함마드의 후계자'라는 뜻을 가진 '칼리프(Khali-fah)'의 기원을 밝히고, 칼리프가 종교 지도자 지위에서 세속의 왕권으로 변화한 과정을 추적했다. 칼리프는 대중이 현세와 내세에서 조화롭고 유익한 삶을 누리면서 종교적 통찰에 따라 행동하도록 할 임무를 가진 종교와 정치의 지도자로서 종교를 보호하고 국가를 운영한다. 할둔은 '이맘(Imām)'에 대한 시아파의 이론도 상세하게 소개했다. 무함마드가 죽은 후 권력을 승계한 네 명의 칼리프를 모두 '정통'으로 인정하는 수니파 무슬림에게 이맘은 칼리프와 같은 뜻이다. 그러나 제4대 칼리프 알리와 그 후계자들만 '『코란』에 관해 신비로운 통찰력'을 가진 이맘으로 인정하는 시아파 무슬림에게는 그렇지 않다. 이맘은 이슬람 공동체의 합의를 거치지 않고도 중요한 교리 문제를 결정할 권한을 행사하는 정신적 지도자로서 국가의 강제 권력을 행사하는 칼리프보다 더 높은 곳에 있다. 시아파 이슬람 국가인 이란은 지금도 이런 체제를 유지하고 있다.

『역사서설』 4부는 아랍 세계의 도시와 문명에 관한 보고서이고, 5부는 사회적·기술적 분업이 발전해 다양한 직종이 출현한 도시의 경제생활과 산업 기술, 예술의 발전 양상을 서술한다. 농업, 건축술, 목공술, 직조와 재봉 등 섬유업과 의류 산업, 조산술, 의학, 문필업, 서예와 필사, 음악 기술에 대한 정보는 당시 아랍 지역 도시의 산업과 문화가 높은 수준으로 발전했다는 사실을 보여준다. 산업이 융성하는 곳 어디서나 생기는 상인과 고위직 관리의 정경유착과 부정부패도 다루었다. 6부는 학문 연구와 교육에 대한 보고서다. 이슬람 종교학, 대수학, 기하학, 논리학, 의학, 농학, 형이상학, 주술학, 연금술학, 철학, 언어학, 교육학, 문학 등 다양한 학문 연구와 교육 방법을 일일이 소개했다.

역사가와 종교의 속박

14세기 이전 이슬람 문명에 대한 종합 보고서 같은 『역사서설』은 『서』에서 제도사와 문화사를 따로 서술한 『사기』보다 더 체계적이고 입체적이며 학술적이다. 할둔은 마수디를 비롯한 이슬람 역사가들의 책을 연구하면서 경제생활과 제도, 문화, 예술, 학문의

구조와 발전 양상을 역사 서술에 포함시켜야 한다는 생각을 확고
하게 굳혔던 듯하다. 그런데 『역사서설』에는 역사서와 전혀 어울
리지 않은 특징이 하나 있다. 처음부터 끝까지 책 전체에 걸쳐 길
고 지루한 종교적 찬사를 끝도 없이 늘어놓았다는 점이다. 다음은
'은혜로우시고 자비로우신 알라의 이름으로'라는 제목을 붙인
『역사서설』 서문의 첫 대목이다.

> 알라의 연민을 구하고 알라의 자비를 찬양하는 종 압둘 라흐
> 만 븐 무함마드 븐 칼둔 알하드라미(알라께서 그에게 성공을
> 주시길)는 다음과 같이 말한다. 힘이 있고 강하신 알라께 감
> 사합니다. 그분의 손에는 왕권과 주권이 있다. 그분에게는
> 좋은 이름들과 속성이 있다. 그분은 전지(全知)하신 분이니
> 비밀스러운 대화나 침묵으로 그분을 속일 수 없다. 그분은 전
> 능(全能)하신 분이니 하늘과 땅의 그 어떤 것도 그분을 약하
> 게 만들지 못한다. 그분은 흙으로 숨을 빚어 우리를 탄생시켰
> 고 우리가 이 땅에서 종족과 민족을 이루어 거주하도록 하셨
> 으며 우리가 땅에서 일용할 양식을 얻도록 하셨다.[6]

그런데 바로 다음 단락에서 글의 내용과 분위기와 문체가 완
전히 달라진다. "역사학은 여러 민족과 종족을 대상으로 이루어
지는 학문이라서 낙타를 타는 사람이나 여행객도 역사학에 연결
되어 있고 시장의 장사치나 주의력이 부족한 사람도 역사학을 알
려 하고 왕과 지도자들 역시 역사학을 알고자 경쟁한다." 같은 사
람이 같은 책에 연이어 쓴 문장이라고는 도저히 믿을 수 없다.

6. 『무깟디마 1』, 13쪽.

할둔은 『역사서설』에서 위와 비슷한 신앙고백을 헤아리기 어려울 만큼 자주 되풀이했다. 예컨대 일곱 개의 기후대를 각각 열 개 지역으로 나누어 특성을 설명한 다음, 그야말로 뜬금없이 알라 예찬을 끼워 넣었다. "알라께서 전 세계의 사람들을 위해 하늘과 땅을 창조하시고 밤과 낮을 구별하셨다!"[7] 이슬람 사회가 예언자, 예언자의 친구와 아내, 또는 성자로 공인한 인물의 이름을 거론할 때도 빠짐없이 긴 찬양 문구를 붙였다. 한국어판 번역자는 종교적이고 의례적인 찬양 문구를 처음 한 번만 그대로 넣고 나머지는 다 생략했는데, 독자를 배려한 고마운 처사가 아닐 수 없다.

이렇게 한 이유는 무엇이었을까? 자발적이고 진지한 신앙고백이었을지도 모르지만 종교와 결합한 세속 권력의 비위를 맞추기 위해 어쩔 수 없이 받아들인 신변 보호책이었을 가능성이 더 크다. 물론 할둔이 확신에 찬 무슬림이었을 수는 있다. 그런데 14세기 아랍 사회는 스스로 신실한 무슬림이라고 확신하는 사람이라도 마음을 놓을 수 있는 곳이 아니었다. 종교와 국가 권력이 한몸이 되어 지배하는 세상에서 사회의 역사를 객관적으로 서술하려면 '신성모독'이라는 비난과 공격을 받을 위험에 봉착한다. 그 위험을 피하려면 의례적 신앙고백을 공개적으로 반복함으로써 이단이라는 의심을 받을 가능성을 차단해야 한다. 게다가 자료를 입수하고 작업 공간과 생계 수단을 제공받고 책을 출판하려면 종교 권력과 세속 권력을 다 가진 술탄(sultan)의 허락과 지원을 받아야 했다. 할둔은 튀니스의 술탄 아부 알 압바스에게 그런 지원과 보호를 받았으며 보답으로 『성찰의 책』 필사본을 바쳤다. 기독교가 세속 권력이 되어 마녀사냥과 종교재판이라는 끔찍한 범죄를

7. 『무깟디마 1』, 140쪽.

저질렀던 때 유럽의 지식인과 과학자 들이 안전을 도모하기 위해
썼던 신변 보호책과 비슷하다.

　"역사책을 집어 들 때 책 표지에 있는 저자의 이름을 살펴보
는 것만으로는 충분하지 않다. 출간 일자나 집필 일자가 때로는 훨
씬 더 많은 것을 누설한다."[8] 단순히 언제 썼고 언제 출간했는지뿐
아니라, 그 책을 쓴 사람이 어떤 정치적·사회적 환경에서 살았는
지 점검해 보라는 카의 말이다. 『역사서설』을 읽을 때도 할둔의
시대와 인생 역정을 들여다보아야 그가 진정 말하고자 했던 것을
들을 수 있다. 할둔은 강력한 종교적·사상적·정치적 통제 아래 살
면서 역사를 연구하고 서술했다. 『역사서설』에 들어 있는 종교적
찬양 문구는 이 걸출한 역사가가 얼마나 큰 두려움을 느끼면서 작
업했는지 알려 주는 증거일 뿐 다른 의미는 없다고 본다.

　역사가 할둔은 이렇다 할 스승도 없고 제자도 없어서 마치 평
지에서 돌출한 인물처럼 보인다.[9] 1332년 북아프리카 튀니스에서
태어난 그는 어린 시절 『코란』과 『하디스』를 비롯한 이슬람 경전
과 아랍어를 공부했다. 『역사서설』에 프톨레마이오스, 플라톤, 아
리스토텔레스를 비롯한 그리스 철학자와 과학자 들이 등장하는
것으로 보아 고대 그리스 고전을 읽었음이 분명하다. 그 책들은
641년 아무르 장군이 무슬림 군대를 이끌고 그리스 문화와 기독
교의 영향력 아래 있던 이집트를 점령한 이후 아랍 세계로 흘러들
어 왔을 것이다.

　북아프리카를 휩쓴 페스트로 열여섯 살에 아버지를 잃은 할

---

8. 『역사란 무엇인가』, 68쪽.
9. 할둔의 생애와 저작에 대해서는 「저자 및 작품 소개」(『무깟디마 2』,
531~540쪽)와 「해설: 이븐 할둔의 생애와 역사서설」(『역사서설』, 549~568쪽)을 참조.

둔은 열여덟 살에 정부 관리로 사회활동을 시작했으나 곧바로 페
스트를 피해 모로코 북부 도시 페즈로 이주했다. 10년 동안 그곳
마린 왕조 술탄의 서기로 일하다 스페인 남부 지역 그라나다 술탄
의 외교관이 되었지만, 여러 왕조가 혼란과 부침을 거듭하면서 잦
은 전쟁을 벌였던 아랍 세계의 정치 상황에 좌절감을 느낀 끝에 마
흔 살이 된 1372년 정치와 공직을 떠나 알제리 시골에 칩거하면서
역사서를 집필했다.

약 4년 동안 할둔은 엄청난 분량의 원고를 썼다. 할둔의 『자
서전』에 따르면, "작업이 끝날 때까지 통에 쏟아지는 우유처럼 생
각이 머리에 쏟아져 들어왔다." 자료가 더 많이 필요했기 때문에
그는 튀니스로 돌아와 『성찰의 책』을 탈고했다. 튀니스의 술탄 아
부 알 압바스는 귀환을 허락하고 전폭적인 지원을 제공했으나 할
둔은 그곳에 오래 머물지 않았다. 만만치 않은 정치 경력이 있는
지식인이 학자로서 큰 명성을 얻고 술탄과 친하기까지 할 경우 반
드시 질시의 눈길이 쏟아진다는 것을 잘 알고 있었기 때문이다. 음
모와 배신이 판치는 권력 주변의 생리에 두려움을 느낀 그는 성지
순례를 명분으로 술탄의 출국 허가를 받았다.

명성 높은 역사가 할둔이 알렉산드리아를 거쳐 카이로에 들
어가자 번영을 누리고 있었던 맘루크 왕조의 술탄 바르쿡은 크게
환대했다. 그러나 카이로에서도 그는 행복하지 않았다. 대판관 자
리를 얻어 안정된 생활을 누릴 수는 있었지만 끊임없이 근거 없는
비방과 모략에 시달렸으며, 튀니스에서 배를 타고 오던 가족이 알
렉산드리아 앞바다에서 조난을 당해 한꺼번에 목숨을 잃는 비극
도 겪었다. 슬픔을 이기지 못해 공직에서 모두 사임한 할둔에게 술
탄은 신학교 법학 교수 자리를 주었지만, 할둔은 카이로에서 일어

난 정변에 휘말려 고초를 겪은 데 이어 술탄이 죽고 어린 아들 파라지가 즉위하자 공직에서 완전히 밀려났다.

할둔이 아랍 세계에서만 명성이 높았던 것은 아니다. 중앙아시아 일대와 북인도를 점령하고 오스만투르크를 굴복시켰던 몽골–투르크 군사 지도자 티무르도 할둔에 대해 들은 바가 있었던 모양이다. 시리아로 쳐들어와 다마스쿠스를 포위한 티무르에게 술탄 파라지가 평화사절단을 보내 조공을 바칠 테니 물러나 달라고 청했을 때, 이 냉혹한 약탈자는 뜻밖에도 역사가 할둔을 호출했다. 1401년 1월 이루어진 68세 노학자와 64세 정복자의 만남을 할둔은 『자서전』에 상세하게 기록해 두었는데, 티무르는 주로 이슬람권 서부 지역의 정치 상황과 지리적 특성에 관해 물었다고 한다. 성문을 열고 항복한 다마스쿠스에 무혈 입성한 다음 약속을 어기고 끔찍한 약탈과 학살을 저질렀던 티무르는 칭기즈칸의 계승자를 자처하면서 20만 대군을 이끌고 명나라 원정에 나섰다가 1405년 2월 전장에서 병사했고, 그와 독대했던 역사가 할둔은 1406년 3월 카이로 외곽에 묻혔다.

왕이 된 예수

세계화 시대라고는 하지만 한국인에게 이슬람 문명은 여전히 낯설다. 이슬람이라는 단어는 정치적 혼란과 내전, 난민, 빈곤, 독재, 테러, 전쟁 같은 부정적인 현상을 떠올리게 한다. 이런 인식이 근거 없는 편견이라는 주장도 있지만, 뛰어난 이성적 사유 능력을 지닌 할둔으로 하여금 『역사서설』 전체에서 쉼 없이 신앙고백을 하게 만든 압력의 원천이 무엇이었는지 살펴보면 알게 될 것이다. 이슬람 문명에는 짙은 먹구름이 드리워져 있으며, 역사는 그 어둠의 진원지를 이슬람의 교리 그 자체가 아니라 종교와 세속 권력의 결합에서 찾으라고 말한다. 이슬람이라는 종교는 세속의 국가 권력과 한몸으로 태어나 한몸으로 성장했다. 처음에는 달콤했을지 몰라도 이것은 결국 해소하기 어려운 독이 되었다.

　이 문제를 살펴보기 위해 이슬람과 관련한 몇 가지 말의 뜻을 먼저 정리한다. '이슬람 세계'는 무슬림이 인구의 절반이 넘는 지역을 가리킨다. 오늘의 시점에서 보면, 적도 이북의 아프리카(기니, 세네갈, 모리타니, 말리, 모로코, 알제리, 튀니지, 니제르, 리비아, 차드, 이집트, 수단, 소말리아 등), 동지중해에서 아라비아반도와 메소포타미아와 숭앙아시아를 포괄하는 지역(터키, 시리아, 요르단, 이라크, 팔레스타인, 사우디아라비아, 아랍에미리트, 오만, 예멘, 바레인, 카타르, 이란, 우즈베키스탄, 투르크메니스탄, 아프가니스탄 등), 그리고 남아시아 일부 지역(파키스탄, 방글라데시, 말레이시아, 인도네시아 등)이 이슬람 세계를 이룬다.

　'중동(中東, Middle East)'은 서구 사람들이 중국, 일본, 한국 등 극동(極東, Far East)보다 가까운 아시아 지역을 표시하려고 만든 말이다. 지리적으로는 동지중해 아시아 쪽과 아라비아반도, 메소포타미아, 중앙아시아 변방을 가리킨다. 터키, 시리아, 이라크, 요르단, 사우디아라비아, 오만, 예멘, 이란이 여기 포함되며 모두 '이슬람 세계'에 속한다.

　'인종(race)'[10] 개념이 들어간 '아랍권' 또는 '아랍 세계'는 이

10. 생물학적으로 인종 구분은 유효하지 않다. 피부색과 외모가 어떻든 현생인류는 모두 같은 호모 사피엔스 종에 속한다. 이 책의 제9장에서 이 문제를 상세히 다룰 것이다.

슬람 세계 중에서 아랍인이 주도권을 쥐고 거주하는 아랍어 사용
지역이다. 아랍권 국가는 대부분 '아랍연맹'에 가입해 있는데, 아
프리카 북부 해안을 따라 늘어선 모리타니, 모로코, 튀니지, 알제
리, 리비아, 이집트와 동부 소말리아, 중동의 요르단, 사우디아라
비아, 시리아, 이라크, 레바논, 예멘, 오만, 아랍에미리트, 팔레스
타인 등이 여기 속한다. 터키와 이란, 중앙아시아와 남아시아 이슬
람 국가들은 '인종'이 달라서 아랍 세계에는 포함되지 않는다.

　　'아랍인'은 아라비아반도에서 유목 생활을 하던 '셈족(Sem-
ites)'의 한 갈래였다. 아랍인과 유대인은 팔레스타인 땅을 두고 항
구적 전쟁 상태에 놓여 있는데 흥미롭게도 둘 모두 아브라함의 자
손임을 자처한다. 『역사서설』 서문에서 할둔은 예언자 무함마드
의 이름 앞에 '우리의 주인이자 보호자이고 토라와 복음서에 기록
되어 있는 아랍 민족의 예언자'라는 찬양 문구를 붙였다. 여기서
토라는 『구약성서』의 첫 다섯 권인 「창세기」·「출애굽기」·「레위
기」·「민수기」·「신명기」이고, 복음서는 『신약성서』의 「마태복음」
·「마가복음」·「누가복음」·「요한복음」이다.[11] 이슬람을 창시한 무
함마드가 자신의 종교적 권위를 보증하기 위해 유대교와 기독교
의 경전을 인용했으니, 그들이 서로 철천지원수처럼 싸우는 현실
을 생각하면 울 수도 웃을 수도 없는 노릇이다.

　　아랍인은 오래전부터 존재했지만 아랍 세계는 7세기에 탄생
했다. 아랍 세계의 창조주는 '예언자 무함마드'였다. 우리가 보통
'이슬람 창시자 마호메트'라고 하는 그는 '왕이 된 예수'라고 할 수
있다. 예수는 하느님의 아들이며 이스라엘의 왕이라고 주장했지
만 현실 권력을 얻지 못하고 '반체제 시국 사범'으로 몰려 처형당

---

11. 『무깟디마 1』, 14쪽, 각주 1 참조.

했다. 그때 팔레스타인은 로마제국 군대의 지배를 받고 있었기 때문에 예수가 세속의 왕이 되는 건 애초부터 불가능했다. '대속(代贖)의 죽음'과 '부활의 기적'이라는 신화로 세계 종교의 창시자가 된 예수와 달리, 무함마드는 신(알라)의 말씀을 듣고 전하는 예언자를 자처하면서 국가 권력의 화신이 되어 기독교와 쌍둥이처럼 닮은 또 하나의 세계 종교를 만들었다. 『역사서설』은 할둔이 무함마드가 남긴 정교일치(政敎一致) 사회에서 역사를 연구했다는 사실을 고려해야만 온전하게 이해할 수 있다.

무함마드는 570년 아라비아반도의 상업 중심 도시 메카에서 태어났다.[12] 상인이었던 아버지는 그가 태어나기 전에 죽었고, 어머니도 여섯 살 어린 아들을 두고 세상을 떠났다. 여덟 살에 할아버지마저 죽자 숙부 아부 탈립이 그를 거두어 평생 든든한 후원자가 되어 주었다. 부지런한 청년으로 성장해 상인의 꿈을 키워 가던 무함마드는 스물다섯 살에 연상의 과부이자 자신이 일하던 회사의 사장인 카디자와 혼인했다. 후일 첫 번째 무슬림이 된 카디자의 두 아들은 어려서 죽었고, 딸 넷 가운데 셋도 아버지보다 먼저 죽었다. 평범한 삶을 살았던 무함마드는 마흔 살이 되던 610년 메카의 산에 있는 동굴에서 명상하던 중 '접신(接神)'을 체험했다. 거의 모든 종교 창시자들이 겪었다고 주장하는 전형적 사건이었다.

무함마드는 그날 이후 23년 동안 '가브리엘 대천사가 전해 준 알라의 말씀'을 암송했고, 그것을 기록한 텍스트는 이슬람의 가장 중요한 경전 『코란』이 되었다. 무함마드가 문맹이어서 신의 말씀을 적지 못하고 암송했다는 말은 믿기 어렵다. 요즘 말로 하면 오

---

12. 이하 예언자 무함마드의 생애는 『1400년 이슬람 문명의 길을 걷다』, 20~35쪽을 참조.

랫동안 '무역회사'에 근무한 '젊고 똑똑한 사장님의 남편'이 글을 몰랐을 리 있겠는가. 추종자들은 무함마드가 알라의 말씀을 암송하지 않을 때 한 말과 행동을 기록했는데, 그 텍스트가 『코란』에 버금가는 경전 『하디스』다. 무함마드는 또한 아랍인의 전통 관습을 비판하고 신의 뜻에 부합한다는 관행을 새로 만들었으며, 그것이 강제적 구속력을 가진 사회적 규범 '순나(Sunnah)'가 되었다.

　『코란』과 『하디스』는 문자 텍스트이기 때문에 모든 텍스트가 그렇 듯 해석이 필요하다. 그런데 각자 제멋대로 경전을 해석하면 종교적 분열이 일어날 수밖에 없고, 정교일치 사회에서 종교적 분열은 국가 권력을 둘러싼 정치적 분열로 비화하기 쉽다. 이런 위험을 예방하기 위해 무슬림 사회는 무함마드 사후 100년에 걸쳐 『코란』과 『하디스』에 대한 공식 해석인 '이즈마(Ijmāʿ, 공동체의 합의)'를 만들었다. 권력자들은 이즈마를 내세워 『코란』과 『하디스』에 대한 해석의 자유를 봉쇄하고 이즈마에 어긋나는 해석을 이단으로 몰아 처벌했다.

　그런데 이게 끝이 아니었다. 세월이 흘러 이슬람 세계가 넓어지고 기술이 발전하자 무함마드 시대에는 없었던 문물이 나타나고 새로운 문제가 등장했다. 『코란』과 『하디스』에 그 문제를 어떻게 해결해야 할지 알려 주는 답이 있을 리 없기 때문에 이슬람 세계의 권력자들은 스스로 답을 찾았고, 거기에 종교적 권위를 부여하기 위해 『코란』과 『하디스』에서 '유추'해 냈다고 주장했다. '신이라면' 또는 '예언자라면' 어떻게 할지 추론했다는 것이다. 그렇게 해서 찾은 답을 텍스트로 정리한 것이 '키야스(Qiyās)'다.

　키야스가 무엇인지, 사례를 들어 살펴보자. 무함마드의 시대에는 자동차가 없었다. 그래서 여성이 자동차를 운전해도 되는가에 대해서는 『코란』과 『하디스』에서 어떤 답도 찾을 수 없다. 사우디아라비아 정부의 당국자들은 『코란』과 『하디스』에서 여성은 자동차를 운전하지 말아야 한다는 답을 '유추'해 냈다. 이것은 신의 말씀이나 예언자의 가르침이 아니라, 지금 사회를 지배하는 권력자들의 생각일 뿐이다. 하지만 그들은 자기네가 생각해 낸 답을 종교의 권위와 국가의 권력을 동원해 강제할 뿐, 그러한 답을 유추해 낸 근거와 논리가 타당한지 여부에 대한 토론은 허용하지 않았다.

무슬림 권력자들은 『코란』, 『하디스』, 이즈마, 키야스로 현세의 삶과 공동체의 질서를 규율하는 이슬람 법률 체계 '샤리아(Sharī'a)'를 세웠다. 샤리아는 오늘날 사우디아라비아에 가장 원초적인 형태로 살아 있으며, 다른 이슬람 국가에서도 공적인 생활에 강력한 영향력을 행사한다. 결국 '왕이 된 예언자' 무함마드는 수십억 무슬림의 일상생활과 정신세계를 오늘날까지 지배하고 있는 셈이며, 인류 역사에서 이런 일을 한 사람은 오직 그 한 사람밖에 없었다.

이슬람 세계의 통합과 분열

기독교와 이슬람은 쌍둥이처럼 닮았다. 알라는 이름만 다를 뿐 기독교 『구약성서』의 야훼와 똑같은 '인격신'이다. 그들의 신은 인간과 세계를 창조했을 뿐만 아니라 신도의 기도에 일일이 응답하며 믿는 자에게 복을 내리고 거부하는 자를 응징한다. 우상 숭배 금지, 유일신에 대한 절대 복종, 세상의 종말, 부활과 심판의 날, 천국의 영생과 지옥, 불, 형벌 등 무함마드가 암송한 신의 말씀은 『구약성서』와 흡사하다. 무함마드는 자신을 노아, 솔로몬, 다윗을 잇는 예언자라고 선언했으며, 그 선언은 아래와 같이 『코란』에 남아 있다.

> 실로 우리(하나님)는 노아와 그 뒤를 이은 예언자들에게 계시를 주었던 것처럼, 그대에게 계시를 주노라. 우리는 또한 아브라함, 이스마엘, 이삭, 야곱과 그의 자손들, 예수, 욥, 요나, 아론, 그리고 솔로몬에게도 계시를 주었고, 다윗에게 「시편」을 주었노라.[13]

예수가 그랬던 것처럼 무함마드도 몇 되지 않는 추종자를 데리고 포교를 시작했고 불온한 사상을 퍼뜨리는 '반체제 인사'라는 비난을 받았다. 다신교의 우상 숭배와 고리대금업, 도박, 음주, 난혼을 금지한 교리는 인근 아랍인들이 저마다의 신을 숭배하기 위해 찾아드는 종교와 상업 중심지 메카의 산업을 위협했기 때문에 메카 사람들은 그것을 전통적 사상과 관습에 대한 도전으로 간주했다. 숙부와 아내마저 세상을 떠나 고립무원의 위기에 봉착한 무함마드는 메카 사람들이 결정적인 공격을 준비하고 있던 622년 7월 16일, 200여 명의 신도를 이끌고 400킬로미터 떨어진 북쪽의 도시 야스립(Yathrib)으로 도망쳤다. 그가 우여곡절 끝에 죽음의 위기를 벗어나 아랍 세계의 왕이 되자, '히즈라(거룩한 도피)'라고 하는 메카 탈출은 이슬람 세계를 창조한 중대 사건으로 격이 높아졌고, 야스립은 메디나(Medina)로 이름이 바뀌었으며, 서기 622년은 이슬람력 원년이 되었다.

무함마드는 메디나에 '움마(이슬람 공동체)'를 건설하고 신

13. 『코란』 4:163.

앙심으로 뭉친 군대를 조직한 다음, 8년 동안 여러 차례 승패가 엇갈린 전투를 치른 끝에 1만여 명의 병력을 이끌고 메카를 정복했다. 메카의 카아바 신전에 있던 우상을 모두 쓸어 낸 무함마드는 이렇게 소리쳤다. "신은 위대하다!(알라 아크바르!) 진리가 왔도다, 거짓은 사라져라!" 오늘날 무슬림 테러리스트들은 폭탄을 터뜨리고 인명을 살상하면서 이 말을 외친다.

아랍인의 역사에서 처음으로 아라비아반도 전체를 통합한 국가를 세운 무함마드는 이슬람력 10년(632년)에 신의 계시를 낭독하는 일을 그만두고 카아바 신전에 입을 맞춘 후 세상을 떠났다. 그런데 '예배 인도자이자 최고 통치자'였던 그가 후계자를 미리 지명하지 않았기 때문에 초기 신도들이 협의해 '뒤따르는 사람' 칼리프를 세웠다. 아부 바크르, 우마르, 우스만, 알리로 이어진 '정통 칼리프 시대' 30년 동안 무슬림 군대는 아라비아반도를 뛰쳐나와 동로마제국의 영토를 빼앗고 페르시아를 정복했다.

무함마드의 죽음으로 생긴 권력의 공백은 불가피하게 종파 분쟁과 정치 투쟁을 불러들였는데, 예수 사후 벌어진 신도들의 종파 분쟁과는 양상이 달랐다. 예수 추종자들의 분쟁은 처음에 교회 안에서만 벌어졌다가 수백 년이 지난 후 동로마제국의 테오도시우스 황제가 기독교를 국교로 선포한 이후에야 물리적 폭력을 동반한 종교 탄압으로 번졌다. 국가의 강제력을 동원해 다른 종교를 우상 숭배죄로 처벌하고 신전을 파괴했으며 개종하지 않는 사람을 박해하고 죽인 것이다. 서로마제국 멸망 이후 사실상 세속 권력이 된 중세 유럽의 교회 조직은 십자군 전쟁, 마녀사냥, 이단자 화형 같은 비인간적 조직범죄를 저질렀다. 그런데 이슬람 세계에서는 이 모든 일이 처음부터 한꺼번에 벌어졌다. 종교적 이견은 곧바

로 국가 권력을 둘러싼 세속의 쟁투로 전환되었고, 정치적 이해 다
툼은 종교적 진리 다툼의 외피를 둘러썼기 때문이다.

어떤 이슬람 연구자들은 서구 언론과 지식인과 정치가 들이
이슬람의 참모습을 왜곡했다고 비판하면서 이렇게 말한다.

이슬람은 현대와 어울리지 않는 구시대의 보수적 종교이며, 심지어는 테러
행위를 조장하는 폭력적인 종교라고 오해하는 경우가 많다. 그러나 지난
1,400년 동안 이슬람 사회는 정치적·종교적으로 하나의 독립한 문명을 이
루어 고유한 종교 문화를 꽃피웠다. 무슬림은 인종, 국적, 언어 등을 초월하
여 하나님(알라)의 말씀인『코란』과 예언자의 언행인 순나를 바탕으로 인류
에게 형제애, 정의, 평등, 자유 등과 같은 새로운 삶의 가치관을 제시해 왔다.

『1400년
이슬람 문명의
길을 걷다』
6~7쪽

일리는 있지만 옳은 주장인지는 의문이다. "나 이외의 다른
신을 섬기지 말라"고 명령하는 신을 섬기는 종교는 근본적으로 독
선적일 수밖에 없다. 기독교든 이슬람교든 마찬가지다. 그런데 이
슬람 세계의 불행은 교리 그 자체가 아니라 무함마드가 세속의 왕
이 된 데서 비롯했다. 그는 영혼과 도덕을 다루는 종교를 합법적
강제력 행사를 본성으로 하는 국가 권력과 하나로 묶었다. 독점적
진리에 대한 확신을 기본으로 삼은 종교라 할지라도 종교의 영역
에만 있을 때는 해악이 적고, 세속 권력이 할 수 없는 사회적 선을
행하기도 한다. 그러나 그런 종교가 국가 권력과 일체가 되면 사회
의 내적 평화가 뿌리내리지 못한다. 무함마드가 죽은 후 이슬람 세
계에서 벌어진 일을 보면 이렇게 말할 수밖에 없다.

2대 칼리프 '우마르'는 페르시아 노예 출신 자객에게 목숨을
잃었고, 3대 칼리프 '우스만'은 이집트 총독 교체를 요구하던 정치

적 반대파에게 살해당했다. 무함마드의 사촌이었던 4대 칼리프 '알리'는 무함마드의 마지막 아내 아이샤까지 가담한 반대파와 치열한 내전을 치르던 중 내부의 배신자가 보낸 자객의 칼에 스러졌다. 네 명의 정통 칼리프를 모두 인정하는 무슬림과 제4대 칼리프 알리만 인정하는 무슬림은 수니파와 시아파로 갈라져 싸웠고, 그 대립은 지금도 끝나지 않았다. 초기 기독교도들은 예수의 말씀과 행동에 대한 해석을 둘러싸고 진리 투쟁을 벌이는 데 그쳤지만, 무함마드의 제자들은 폭력을 동원해 진리 투쟁을 벌이거나 진리 투쟁으로 위장한 권력 투쟁에서 이기려고 수단과 방법을 가리지 않았다. 이슬람과 폭력의 연결 고리는 교리 자체가 아니라 종교와 권력의 결합에 있다.

4대 칼리프 알리의 죽음과 함께 정통 칼리프 시대는 30년 만에 막을 내렸고, 이슬람 세계는 본격적인 종교적 확산과 정치적 분열의 시대를 맞았다. 우마이야가 칼리프를 자처하면서 660년에 세웠던 아랍 최초의 세습 왕조는 영토를 중앙아시아, 북아프리카, 이베리아반도까지 넓혔지만 90년밖에 존속하지 못했다. 750년 페르시아 무슬림과 연합해서 우마이야 왕조를 타도하고 바그다드에 들어섰던 아바스 왕조는 아랍인과 비아랍인의 차별을 없애고 아랍어를 공용어로 씀으로써 이슬람 세계의 통합을 추구했다. 하지만 지방 총독들의 권력 강화로 쇠약해진 10세기 초 이집트 카이로에 들어선 파티마 왕조의 도전을 받아 이슬람 세계에 대한 지배권을 상실했으며, 1258년 몽골 군대가 바그다드를 점령하자 완전히 무너졌다. 북아프리카와 아라비아반도 서부 해안을 지배했던 파티마 왕조는 제2차 십자군 전쟁 방어전을 치르는 등 우여곡절 끝에 1170년 붕괴하고 말았다.

12세기 이후 이슬람 세계의 정치적 주도권은 아랍인에서 투르크인으로 넘어갔다. 11세기 초반 지금의 우즈베키스탄, 타지키스탄, 카자흐스탄 일대에서 성립한 투르크계의 셀주크 왕조는 12세기 중후반까지 중앙아시아와 페르시아, 이라크 지역을 지배했다. 1250년부터 1517년까지 이집트를 통치했던 맘루크 왕조는 투르크계 술탄이 다스린 130여 년 동안만 번영을 누렸다. 할둔은 맘루크 왕조 전성기 끝자락에 『성찰의 책』을 썼고 술탄에게 의지해 노년을 보내다가 마지막 국면에 티무르를 만났다. 그가 알았던 아랍과 이슬람 세계의 역사는 여기까지였다.

군주에게 준 경고

할둔이 부활해 15세기 이후 이슬람 세계의 역사를 본다면 왕조의 자연적 수명이 3세대 120년이라는 가설을 주저하지 않고 폐기할 것이다. 오스만 가문이 이끈 투르크족의 한 갈래가 알타이산맥 자락에서 유목민으로 살다가 몽고족에 밀려 터키의 아시아 쪽인 아나톨리아로 이주했다. 이슬람을 받아들인 그들은 1299년 나라를 세운 다음 빠른 속도로 영토를 확장해 소아시아와 흑해 연안, 발칸 지역을 석권했다. 1453년에는 '천년왕국' 비잔틴제국[14]의 수도 콘스탄티노플을 정복해 오스만제국의 수도로 선포함으로써 서유럽 기독교 세계를 두려움에 떨게 했다.

난공불락이라고 했던 콘스탄티노플의 테오도시우스 성벽을

---

14. 콘스탄티노플의 원래 이름은 '비잔티움'이다. B.C. 7세기 그리스 이민자들이 보스포루스해협 언덕에 세운 도시였다. 4세기에 콘스탄티누스 1세 황제가 이곳으로

대포로 무너뜨린 스물한 살 젊은 투르크 황제 메메트 2세는 도시
이름을 '이스탄불'로 바꾸었다. 오스만제국 해군은 기독교 세계의
연합함대를 격파하고 지중해를 제패했으며, 맘루크 왕조를 정복
해 이집트와 북아프리카를 차지했고, 이슬람 성지인 메카와 메디
나에 대한 보호권까지 장악했다. 오스만제국 술탄은 칼리프 칭호
까지 차지함으로써 이슬람 세계의 명실상부한 최고 지도자가 되
었다. 만약 16세기와 17세기 두 차례의 빈 공격에 실패하지 않았다
면 서유럽도 무슬림이 장악했을 것이다.

  오스만제국은 아시아–아프리카–유럽의 세 대륙에 걸쳐 광
대한 영토를 차지한 다종교·다문화·다언어 국가였다. 만약 그 시
점에서 인류 문명을 대표하는 세계의 수도를 하나 정한다면 단연
이스탄불이었다. 산업혁명으로 막강한 군사력을 축적한 서유럽
열강이 영토를 잠식하고 그 지원을 받은 유럽과 북아프리카의 여
러 민족이 독립함으로써 수백 년에 걸쳐 영토를 조금씩 잃었지만,
추축국 진영에 가담했다가 제1차 세계대전의 패전으로 무너진
1920년까지 오스만제국은 500년 가까운 세월 동안 이슬람 세계
의 정치적·경제적·문화적 중심이었다. 할둔의 이론과 달리, 왕조
에는 자연적 수명이 없었다. 그의 이론은 수많은 왕조가 짧은 기간
에 명멸했던 14세기까지 중동과 북아프리카에나 적용할 수 있는
것이었다.

  수도를 옮기면서 로마가 사실상 동서로 갈라졌고, 비잔티움은 '콘스탄티노폴리스'
  (콘스탄티누스의 도시라는 뜻. '콘스탄티노플'은 영어식 표기)로 이름이 바뀌었다.
  서로마가 멸망한 이후 동로마제국은 서서히 그리스인의 나라로 바뀌었고, 황실도
  라틴어가 아닌 그리스어를 쓰게 되었다. 비잔틴제국은 단순히 동서로 분열된 로마제국의
  후신이 아니라 그리스 전통 위에 기독교 문화를 구축한 새로운 제국이었다. 유럽의
  역사학자들은 이런 점을 분명히 하기 위해 콘스탄티노플의 원래 이름인 비잔티움에서
  따와 '비잔틴제국'이라는 명칭을 만들었다.

오스만제국의 황제와 고관들에게 『역사서설』은 쓸모 있는 책이었다. 할둔이 말한 바와 같이, 역사학은 "왕조의 군주가 처했던 상황을 알려 준다. 따라서 원하는 자는 역사학에서 종교와 세속적인 상황에 관해 이득을 얻을 수 있다." 그러나 할둔 사후 몇백 년 동안 『역사서설』을 읽은 사람은 이슬람 세계의 극소수 권력자와 지식인들뿐이었다. 오스만어와 투르크어로 번역되어 독자가 늘기는 했어도, 이슬람 세계의 울타리를 벗어나지는 못했다. 『역사서설』의 학문적 가치는 19세기 들어서야 외부 세계의 인정을 받기 시작했다. 1806년 이 책의 일부가 프랑스어로 번역되어 처음으로 유럽 지식인 사회에 알려졌고, 1862년에 첫 프랑스어 완역본이 나왔다. 상세한 주석이 붙은 영어와 스페인어 완역본은 20세기 중반에 출판되었다. 서구 지식인들이 이슬람 문명에 관심이 없었던 탓이다.

할둔은 현대의 전문 역사 연구자들에게도 적지 않은 영감을 주었다. 예컨대 토인비의 대작 『역사의 연구』는 『역사서설』과 닮은 곳이 많다. 문명 단위로 인류사에 접근하는 관점, '도전과 응전', '미메시스와 네메시스'라는 개념으로 문명의 흥망을 분석하는 패러다임이 그렇다. 토인비는 『역사의 연구』에서 할둔을 이렇게 평가했다.

그는 자신이 선택한 지적인 활동 분야에서 어떤 선배한테도 영감을 받지 않은 듯했고, 동료들 사이에서도 어깨를 겨룰 인물을 찾지 못했으며, 어떤 후배에게도 영감의 불꽃을 일으키지 못했다. 그렇지만 그는 자신의 세계사에 첨부한 『역사서설』에서 독자적인 역사철학을 생각하고 그려 냈는데, 그것

이 지금까지 어느 곳, 어느 때, 어느 누가 논의한 것보다 위대
한 작업이었음은 의심할 여지가 없다.[15]

이 논평은 지나치게 후해 보이지만, 지극히 어려운 환경에서
도 뛰어난 독창성을 드러냄으로써 자신에게 영감을 준 600년 전
아랍의 역사학자에게 최대한 예의를 갖추고 싶었던 것이라 이해
한다. 나는 역사학자 할둔이 이룬 성취를 토인비와 마찬가지로 인
정하면서 하나를 덧붙이고 싶다. 할둔은 탁월한 역사학자인 동시
에 뛰어난 문장가였다. 다음 장에서 우리는 대단한 역사학자이자
볼품없는 이야기꾼이었던 랑케를 만나게 된다. 할둔이 군주와 백
성의 관계를 이야기한 다음 대목을 보면서 그때를 대비해 미리 눈
을 정화해 두자.

『무깟디마 1』
310쪽

군주가 억압과 폭력을 사용하고 함부로 형벌을 가하고 백성의 잘못을 찾아
내어 그 죄를 세기 시작한다면, 백성들은 처벌을 두려워하고, 비천한 마음
을 품게 되며, 거짓을 말하고, 사기를 치고, 기만을 일삼게 되어 이런 성질
이 백성의 성품이 될 것이다. 이런 백성은 전쟁터에서 군주를 배신하기 쉬
우며 급기야 군주를 시해하려는 음모를 꾸미게 된다. 왕조는 쇠퇴하고, 왕
조를 보호하는 울타리도 망가진다. 군주가 온후한 정책을 펴고 백성의 결
점을 포용하면, 백성은 군주를 신뢰하고 그에게서 안식처를 찾으려 할 것
이다. 그들은 진정으로 군주를 사랑하고 전쟁터에서 기꺼이 목숨을 바치려
할 것이다. 선량한 지배권이라 함은 백성에게 친절과 보호를 베푸는 것이

15. 「해설: 이븐 할둔의 생애와 『역사서설』」, 『역사서설』, 566쪽에서 재인용. 읽기
편하게 문장을 손보았다. 토인비의 원문을 보려 했으나 이 책을 쓰면서 읽은 한국어판
『역사의 연구 Ⅰ·Ⅱ』(아놀드 J. 토인비 지음, 홍사중 옮김, 동서문화사, 2015)는 원서를
6분의 1로 축약한 것이어서 확인하지 못했다. 독자들의 너그러운 양해를 바란다.

다. 왕권의 진정한 의미는 군주가 백성을 보호할 때 실현된다. 백성에게 친절하고 선량하다는 것은 백성의 생활에 관심을 가지고 다정하게 대하는 것이다. 이는 군주가 백성에게 사랑을 보여주는 근본이다.

　　이슬람 세계의 군주는 합법적 폭력을 행사하는 세속의 권력자인 동시에 백성의 도덕과 정신생활을 관장하는 종교 지도자였다. 로마제국이나 중국 황제보다 더 강력한 권력을 행사했던 만큼 군주가 백성을 대하는 태도에 따라 백성의 성품이 바뀌고 왕조의 운명이 달라졌다. 할둔이 중국 제자백가의 책을 읽은 것 같지는 않지만, 군주와 백성의 관계에 대한 생각은 맹자의 '왕도정치론'과 판에 박은 듯 비슷하다. 맹자는 측은지심(惻隱之心, 궁휼히 여기는 마음)을 군주가 갖추어야 할 첫 번째 덕성으로 꼽았다. 측은지심을 바탕으로 세금과 군역을 줄여 백성의 경제생활을 개선하라고 권하면서 "백성이 가장 귀하고, 사직(社稷)이 그다음이며, 군주는 가볍다"고 말했다.[16] 군주가 백성을 사랑으로 대하고 보호할 때 진정한 의미의 왕권이 실현된다는 할둔의 견해와 일치한다.

　　14세기 이슬람 문명과 중국 문명은 만나지 않았다. 제9장에서 살필 헌팅턴의 이론을 미리 가져오면, 두 문명은 '단층선(斷層線)'을 공유하지 않았으므로 '조우'하지 않았고, '충돌'한 적도 없으며, '교섭'하지도 않았다. 언어, 문화, 종교, 정치 체제가 완전히 달랐다. 그런데도 두 문명의 지식인들은 국가 권력의 존재 의미, 군주와 백성의 바람직한 관계에 대해서 거의 동일한 윤리적 규범을 만들어 냈다. 무엇이 모든 문명에 공통적으로 존재하는 최소한

16. 「진심장구 하」 14, 『맹자』(맹자 지음, 우재호 옮김, 을유문화사, 2007), 900~901쪽.

의 윤리를 만들어 내는가? 바로 사피엔스의 본성이다. 그게 아니
라면 조우한 적이 없는 상이한 문명들에서 동일한 윤리적 규범이
나올 수 없다. 헌팅턴은 미래에 지구제국이 탄생한다면 그 정신적
기초는 이러한 최소한의 윤리가 될 것이라고 전망했다.

제4장
'있었던 그대로의 역사', 랑케

『근세사의 여러 시기들에 관하여』, 레오폴트 폰 랑케 지음, 이상신 옮김, 신서원, 2011.

강대 세력들·정치 대담·자서전』, 레오폴트 폰 랑케 지음, 이상신 옮김, 신서원, 2014.

타고난 역사가

역사학은 만인에게 유용하지만 권력자에게는 특별히 쓸모가 있
다. 현명하거나 현명해지려고 애쓰는 권력자일수록 명성 높은 역
사가를 가까이 둔다. 그런 군주들 중에는 빛나는 통치력뿐 아니라
역사가를 높이 존경하고 극진히 대우한 덕에 역사에 이름을 남긴
이도 있다. 19세기 중반 독일 바이에른 국왕이었던 막시밀리안 2
세(1811~1864)가 그런 인물이다.

역사가 레오폴트 랑케(1795~1886)는 1854년 9월 25일부터
10월 13일까지 독일 뮌헨에 있던 왕의 별장에서 로마제국의 흥망
부터 미국 독립 전쟁과 프랑스대혁명을 거쳐 나폴레옹 전쟁까지
2,000년 서구 역사에 대해 거의 매일 강의했다. 랑케는 이때 평민
이었지만 나중에 프로이센 왕에게 귀족 작위를 받아 '레오폴트 폰
(von) 랑케'가 되었다. '수강생'이었던 막시밀리안 2세는 속기사가
정리한 강의와 질의응답 기록을 랑케에게 보냈는데, 무슨 연유에
서 랑케는 그것을 바로 세상에 내놓지 않았다. 막시밀리안 2세의
사후 24년, 랑케가 세상을 떠난 지 2년이 지난 1888년에야 강의록
은 빛을 보았다. 랑케가 삶의 마지막 순간까지 집필했던 『근세사
의 여러 시기들에 관하여』의 부록으로 세상에 나왔기 때문이다.[1]

1. 랑케의 연속 강의와 대담을 담은 이 부록의 한국어판은 두 개가 있다. 세로쓰기
편집에 국한문을 혼용한 문고판 『젊은이를 위한 세계사』(장병칠 옮김, 삼성문화재단,
1976)와 『근세사의 여러 시기들에 관하여』(이상신 옮김, 신서원, 2011)이다. 이 책에 쓴
인용문은 독일 알프레드 도브 출판사의 1970년 판본을 번역한 『근세사의 여러 시기들에
관하여』에서 가져왔지만, 발췌 요약을 하는 과정에서 일본어판을 중역한 듯한 분위기가
나는 『젊은이를 위한 세계사』도 참고했다. 『근세사의 여러 시기들에 관하여』는 랑케의
역사철학과 세계관, 공화정과 군주정에 대한 입장을 분명하게 보여준다는 점에서 일독할
가치가 있다.

당대 유럽 최고의 명성을 누렸던 역사학자가 일국의 왕에게
한 강연이니만큼 흥미진진한 이야기가 나왔을 것이라고 기대했
다면 실망할 수 있다. 랑케는 사람들의 흥미를 일으키고 공감을
끌어내는 데 관심이 없었다. 말은 어땠을지 모르겠으나 글은 극히
무미건조하고 난해하다. 그는 '배운 사람'이라야 겨우 알아들을
수 있는 단어를 자주 썼으며 중문과 복문을 남발한 탓에 문장도 말
할 수 없이 복잡하고 지루하다.

다음은 랑케가 로마제국이 지배하고 있던 4세기 유럽 대륙에
엄청난 정치적·사회적 혼란을 불러들였던 고트족(Goths)의 대
이동을 묘사한 대목이다. 뜻을 해치지 않는 범위에서 최대한 군더
더기를 제거하며 발췌 요약했는데도 문장의 힘과 맛을 느끼기 어
렵다. 여기에 나오는 고트족은 스칸디나비아 남부에서 흑해 일대
로 이주해 거대한 국가를 세웠고, 훈족은 뛰어난 전투력을 지닌 몽
골 초원의 기마민족이었다. 훈족이 도대체 왜 서쪽으로 이동해서
흑해와 발칸 일대로 쳐들어왔는지는 확실하게 밝혀지지 않았다.

『근세사의
여러 시기들에
관하여』
73~75쪽

민족 이동을 일으킨 최초의 충돌은 고트족에게서 시작됐다. 고트족은 흑해
연안에서 훈족과 불화에 빠졌다. 훈족은 4세기에 동고트 왕국을 무너뜨리
고 서고트족을 압박해 로마제국으로 피난하게 만들었다. 고트족은 큰 무리
를 지어 도나우강을 건너와 로마 속주 지휘관들과 분쟁을 일으켰다. 로마
지휘관들이 자기네가 제공한 생필품의 대가로 어린이와 가축을 빼앗았기
때문이다. 고트족은 378년 아드리아노플[2] 전투에서 로마 황제 발렌스를 죽
이고 승리를 거두었다. 그들은 모에시아[3]에 정착했고 이곳에서 전투가 끊임

2. 아드리아노플은 오늘날 터키공화국의 유럽 쪽에 있는 도시 에디르네다.
3. 모에시아는 현재의 세르비아와 불가리아 일대를 가리킨다.

없이 벌어져 로마제국은 극도의 혼돈에 빠졌다. 거의 모든 게르만 부족들이 이동하게 되었다. 서고트족은 동로마제국으로 들어갔고, 5세기 초에 족장 알라리크가 등장해 동로마제국 군대를 괴롭혔다. 동로마의 아르카디우스 황제는 그들을 서로마제국으로 가도록 부추김으로써 위기를 모면했으며, 그들은 실제로 이탈리아에 침입했다. 그들은 돈과 생필품을 얻으려고 로마제국에 들어왔지만 아무것도 얻지 못하자 자기네 왕이었던 우두머리들 아래에서 하나의 전쟁 계급처럼 로마제국의 넓은 지역에 정착했으며 속주민들은 토지를 일부 내주는 방식으로 그들과 타협했다. 서고트족은 로마를 정복한 후 갈리아[4] 지방으로 넘어갔으며 스페인으로도 나아갔다.

랑케는 아무리 극적인 사건이라도 지극히 무미건조하게 서술하는 능력이 있었다. 타고난 성정 때문이었는지, 인생에 이렇다 할 드라마가 없었기 때문인지, 그도 저도 아니라면 역사는 재미있는 이야기가 되어서는 안 된다는 소신 때문이었는지 그 이유는 알 수 없다. 하지만 어쨌든 랑케가 쓴 역사에는 독자의 마음을 흔드는 극적 서사가 없다.

랑케는 전문 역사학자이자 역사가였다. '전문'이라고 하는 데는 그럴 만한 이유가 있다. 무엇보다도 역사 연구와 서술, 역사 강의가 유일한 직업이었다. 랑케는 어린 학생 시절부터 세상을 떠나기 직전까지 오로지 사료 연구와 강의, 저술 활동에 매진했다. 대학 공부를 마친 이후만 계산해도 무려 70년 가까운 세월 동안 역사를 껴안고 살았던 만큼 방대한 역사서를 남겼다.[5] 옥스퍼드 대학

---

4. 갈리아는 프랑스, 벨기에, 스위스 서부, 그리고 라인강 서쪽의 독일을 포괄하는 지역이다.

5. 이하 랑케의 생애에 대한 서술은 『강대 세력들·정치 대담·자서전』(이상신 옮김, 신서원, 2014, 161~299쪽)에 수록된 『자서전』을 참조. 이 책은 1863년 가을부터

교 도서관이 디지털 버전으로 엮은 '랑케 전집'은 『자서전』까지
포함해 54권이나 된다. 그는 영락없이 역사가로 살 운명을 지니고
지구 행성에 온 사람이었다.

전문 역사학자의 시대

랑케는 민주주의 혁명과 왕정복고의 반혁명이 교차하는 가운데
유럽 전역에 사회주의 혁명의 열기가 들끓었던 격동의 시대를 살
았다. 그가 독일 동부 작센 주 튀링겐의 성직자 집안에서 태어났던
1795년 무렵, 독일은 수백 개의 왕국과 귀족령, 자유시로 분열되
어 있었다. 소년 랑케는 독일을 점령하고 러시아로 쳐들어가는 나
폴레옹 군대와, 원정에 실패하고 퇴각하는 프랑스 군대를 추격했
던 제정 러시아의 카자크 군대를 직접 보았다. 1830년과 1848년
에는 프랑스에서 시작해 유럽 전역을 휩쓴 민중혁명의 물결을 목
격했다. 또한 1871년 파리를 점령한 프로이센 왕 프리드리히 빌헬
름 1세가 베르사유 궁전에서 독일제국 황제 취임을 선포했을 때도
왕성한 활동을 하고 있었다. 하지만 그의 삶은 이 모든 역사의 격
랑에서 한 걸음 떨어져 있었다.

   랑케의 첫 저서는 1824년에 발표한 『1494년부터 1514년까
지 라틴족과 게르만족의 역사』(Geschichten der romanischen
und germanischen Völker von 1494 bis 1514)다. 왜 하필 첫 저
서로 라틴족과 게르만족의 역사를 썼을까? 랑케는 독일 사람이었
고 유럽의 문명사가 로마제국 수립에서 시작되었다고 보았기 때

1885년 가을까지 랑케가 자신의 생애에 관해 네 차례 구술한 것을 모은 기록이다.

문으로 추측할 수 있다. 유럽인이라면 누구나 로마에 관심이 있었는데다 나폴레옹 전쟁 이후 독일에는 민족주의에 입각한 통일 국가 수립 운동이 벌어지고 있던 터여서 이 책은 단번에 독일 귀족 사회와 유럽 역사학계의 관심을 끌었다. 프로이센 왕국의 프리드리히 빌헬름 3세는 랑케를 베를린 대학교 교수로 초빙함으로써 안정된 환경에서 연구할 기회를 제공했다.[6]

　　랑케는 독일이 통일 국가를 형성한 1871년까지 무려 45년 넘게 베를린 대학교에 재직하면서 여러 도시의 대학과 문서보관소를 방문했고 숱한 제자를 길러냈으며 유럽 각국의 역사를 탐사한 책을 꾸준히 발표했다.[7] 또한 그는 엄청나게 많은 문헌 자료를 손수 발굴하고 검증했으며, 그 자료를 바탕으로 삼아 노년기에 들어서도 계속 역사서를 썼다.[8] 1886년 세상을 떠나기 직전까지 스스로 '가장 훌륭한 작품'이라고 평했던 아홉 권짜리 『근세사의 여러 시기에 관하여』를 집필했으니, 이런 인생을 산 인물에게는 '전문' 역사학자 말고는 다른 합당한 칭호가 있을 수 없다.

　　랑케를 '전문' 역사학자라고 하는 이유가 또 있다. 그는 철두

---

6. 프로이센 교육부 장관 빌헬름 폰 훔볼트가 1810년에 세운 베를린 대학교의 이름은 원래 프리드리히 빌헬름 대학교였고 이후 훔볼트 대학교로 바뀌었다. 훔볼트 대학교는 교육과 연구를 결합한 시스템을 도입해 두 분야 모두에서 세계적인 명성을 얻었는데, 랑케가 교수직을 받았을 때 이 대학에서는 프리드리히 헤겔의 철학 강의를 카를 마르크스와 프리드리히 엥겔스가 듣고 있었다.

7. 랑케의 초기 저작으로는 지중해 패권을 둘러싸고 오스만제국과 스페인이 벌인 경쟁과 대결을 다룬 『16~17세기 남유럽의 영주들과 민중』, 가톨릭교회를 단순한 종교 조직이 아니라 국가기구로 간주하고 쓴 『16~17세기의 로마 교황, 그들의 교회와 국가』 등이 있다.

8. 1840년대 이후 30여 년 동안 랑케는 『종교개혁 시대의 독일 역사』, 『프로이센 역사』, 『16~17세기 프랑스 역사』, 『16~17세기 영국사』, 『독일 권력과 군주 동맹』, 『1791년과 1792년 혁명 전쟁의 기원과 시작』, 『하르덴베르크와 1793~1813년의 프로이센 역사』 등의 역사서를 집필했다.

철미하게 역사와 역사학에 깊은 관심을 가진 지식인과 지배층 독
자를 염두에 두고 글을 썼다. 오늘날 기준으로 말하자면, 대중적
교양서가 아니라 학술지에 실리는 역사학 논문과 학술서를 쓴 것
이다. 이것은 특별히 비난할 일도 칭송할 일도 아니다. 랑케는 그
저 자신이 의미 있다고 여긴 일을 자기가 잘하는 방식으로 했을 뿐
이다. 그는 도시의 장바닥에서 역사 토크쇼를 열어 청중을 불러 모
을 필요가 없었고, 죽간에 글을 새겨 명산에 감추어 둘 이유도 없
었으며, 후원한 권력자에게 필사본을 헌정하지 않아도 되었다. 대
학 당국이 주는 봉급을 받으면서 글을 쓰기만 하면 그만이었다. 당
시 유럽에는 발전한 제지 산업과 출판 기술이 있었다. 또한 중세의
특권을 상속받은 귀족들뿐 아니라 충분한 구매력을 가진 신흥 부
르주아지가 교양과 지식을 원하는 상황이었다. 랑케는 이러한 19
세기 유럽 지식 시장의 요구에 성실하게 응답했다.

역사학뿐만 아니라 지식 탐구의 모든 분야에서 비슷한 모습
이 펼쳐졌다. 19세기는 사회혁명의 시대였고 제국주의 시대였으
며, 산업화와 과학혁명의 시대였다. 랑케가 중세 유럽의 역사를 껴
안고 있었던 시기에 카를 마르크스(1818~1883)와 프리드리히 엥
겔스(1820~1895)는 『공산당 선언』을 썼고, 찰스 다윈(1809~
1882)은 『종의 기원』을 발표했다. 물리학, 화학, 천문학, 지질학,
의학, 심리학, 생리학, 생물학 등 자연과학과 공학이 폭발적 발전
을 이루었고 경제학, 사회학, 정치학, 고고학, 인류학, 언어학 등 사
회과학과 인문학도 문학, 역사학, 철학의 울타리를 넘어 인간과 사
회에 관한 모든 영역으로 확산되었다. 식민지 쟁탈전과 부국강병
정책에 몰입한 유럽 산업국들이 앞을 다투어 대학을 설립하고 과
학 기술 연구를 장려한 덕에 인류 역사에 전례가 없었던 대규모의

지식 시장이 형성되어 있었기 때문에 랑케는 순탄하게 전문 역사학자의 길을 걸을 수 있었다.

전문 역사학자는 사실과 정보를 압축 서술하는 경향이 있다. 그 주제에 관해 충분한 정보를 가진 전문가들끼리 읽고 토론하려면 그래야 한다. 하지만 바로 그 때문에 연구자가 아닌 독자는 문장을 이해하고 맥락을 파악하는 데 어려움을 겪는다. 그런데 랑케는 여느 전문 역사학자보다 더 어렵게 글을 썼다. 랑케의 이름은 알지만 50권이 넘는 저서 가운데 단 한 권이라도 읽은 이가 드문 것은 바로 그 때문이다. 그의 책은 '유럽사 연구자 전용 역사서'라고 해도 과언이 아니다. 다음은 랑케가 1789년 일어난 프랑스대혁명의 가장 극적이고 결정적인 국면을 서술한 대목이다.

네케르(Necker) 대신은 이제, 1789년 5월에 삼부회가 개최될 것이며, 여기에서는 제3신분이 다른 두 신분을 합한 것만큼의 많은 구성원들을 갖게 될 것이라고 공표했다. [중략] 그러나 그것도 충분하지 않았다. 즉, 정부는 여론이 프랑스 헌법은 어떻게 가장 훌륭하게 조직될 수 있는지에 관한 견해를 표명할 것을 공개적으로 요구했다. 이러한 조치는 여론이 나라를 극도의 선동 속으로 빠뜨리는 데 완벽하게 기여했다. 이러한 상황 아래에서 삼부회가 1789년에 열렸으나, 사람들은 이 회의에서 무엇이 나와야 할 것이며, 여기에서는 표결이 어떻게 이루어져야 할 것인지에 관해서 아는 바가 없었다. 머릿수에 따른다면, 제3신분이 우세할 수 있을 것이며, 신분들에 따른다면, 귀족과 성직 계급이 유리할 것이다. 네케르는 이것을 결정할 용기를 갖고 있지 못했다. [중략] 국왕은, 신분들이 잠정적으로는 함께 통합되어야 할 것이며, 그다음으로는 양원 체제에 기반을 두는 헌법을 제시해야 할 것이라고 생각했다. 그러나 이 잠정적인 통합조차도 더 이상 실현될 수 없었다. 미라보(Mirabeau)는 제3신분의 이름으로, 우리는 민족의 대표들이다, 어떤 누구도 우리에게 명령할 수 없다, 우리는 그러나 국왕과 하나의 협정을 맺고자 한다고 선언했다. 이러한 모든 혼란들이 종합되어서 결국 국왕은, 앞서 제3신분을 자신의 지지 세력으로 만들기 위해 그 수를 배가시킨 바 있지만, 자신이 창안했던 것에 대해 경악했고, 제3신분의 태도 때문에 특권 신분들의 편으로 가세하게 되었다. 제3신분은 이제, 북아메리카에서처럼, 삼부회에 대해서뿐만 아니라 국왕에 대해서도 반대한다는 것을 선언했으며, 또한 저 유명한 사건이 일어났다. 즉, 파리의 주민들이 제3신분에 열광하여 베르사유 궁으로 행진했고, 국왕에게 파리로 갈 것을 강요했으며, 그곳에서 그를 말하자면 포로처럼 만들었던 것이다.[9]

이런 글을 재미있게 읽을 사람이 얼마나 있겠는가? 지독히 재미없게 글을 썼던 랑케가 '역사의 역사'에서 빠뜨릴 수 없는 인물이 된 데는 두 가지 이유가 있는데, 하나는 학문적 업적이지만 다른 하나는 치명적이고 중대한 인식의 오류다. 랑케의 업적은 오류

---

9. 『근세사의 여러 시기들에 관하여』, 256~257쪽. 옮긴이가 원문을 그야말로 기계적으로 직역한 탓에 번역문에는 유럽어의 수동태 문장과 랑케가 즐겨 쓴 복잡한 문장 형식, 꼭 필요하지 않은 접속사를 비롯한 군더더기가 그대로 살아 있다. 랑케의 서술 방식과 문장 스타일을 감상하는 데는 이런 방식의 번역문이 오히려 적절하다고 보아, 발췌 요약한 다른 인용문과 달리 문장에 손을 대지 않고 번역문 그대로 실었음을 밝혀 둔다.

덕분에 빛나며, 오류는 업적 때문에 돋보인다. 19세기 중반 이후 서구 역사학은 그가 이룬 업적의 토대 위에서 그가 저지른 오류를 극복하면서 가지를 뻗고 꽃을 피웠다. 이런 인물을 빠뜨리고 역사의 역사를 이야기할 수는 없는 노릇이다.

'문서고 깨기'의 달인

랑케는 확실한 사실을 바탕으로 역사를 써야 한다고 주장했다. 전적으로 옳은 말이다. 사실이 없으면 역사도 역사가도 존재할 근거가 없다. 그렇지만 이것은 새로운 견해나 창의적인 제안이 아니었다. 투키디데스와 할둔도 상충하는 문헌 정보와 전언을 비교·검토하고 경험적·논리적으로 검증해 사실일 가능성이 높은 정보를 가려냈고, 검증한 사실을 중심으로 역사를 서술하려고 노력했다. 랑케의 업적은 옳은 주장을 펼친 데 있는 것이 아니라 진지하고 치열하게, 완벽하지는 않았지만 누구와도 비교하기 어려울 만큼 높은 수준에서 그 주장을 실천했다는 데 있다.

앞서 말했듯이 랑케는 역사가에게 꼭 필요한 재능을 타고났으며 역사를 서술하는 일에 적합한 환경과 기회를 얻었다. 과거의 사실을 탐사하는 데 무엇보다 큰 의미를 부여했고 자신이 찾은 사실로 역사를 쓰면서 보람을 느꼈다. 누구나 랑케와 같은 역사학자가 될 수 있는 것은 아니다. 랑케의 『자서전』을 보면, 그가 얼마나 특별한 사람이며 19세기 유럽 역사학계를 사로잡은 비결이 무엇이었는지 알 수 있다.

랑케의 아버지는 법률가였고 어머니는 인근 시골 귀족의 딸

이었다. 랑케는 친구들과도 잘 놀았지만 혼자 생각하면서 시간 보
내기도 좋아한, 그리고 무엇보다 '공부를 너무 많이 하는' 어린이
였다. 그는 어릴 때부터 아버지와 교장 선생님한테 라틴어를 배웠
다. 열한 살에 입학한 수도원 학교에서는 그리스어를 익혀 호메로
스의 작품을 읽었다. 열다섯 살에 다른 수도원 기숙학교로 옮긴 후
에는 『구약성서』에 정통한 교장 선생님에게 히브리어를 배워 히
브리어 문헌을 라틴어로 번역하는 연습을 했고, 고대 그리스와 로
마 시대의 고전을 통독했으며, 독일 역사와 문학 서적을 읽었나.
마음에 드는 그리스어와 라틴어 서적을 취미 삼아 독일어로 번역
해 지인들에게 선물할 정도로 청소년기에 이미 고대와 중세 유럽
의 문헌을 독해할 능력을 갖추었다.

    1814년 라이프치히 대학교에 진학해 정식으로 역사 공부를
시작한 랑케는 신학에 집중했는데 『구약성서』와 『신약성서』를
종교 경전이 아니라 역사 문헌으로 보고 연구하는 데 흥미를 느꼈
고, 교회사 강의를 들으면서 강력한 지적 자극을 받았다. 그는 라
이프치히 대학교의 여러 교수들 가운데 문헌학자들이 제일 유능
하다고 생각했고, 투키디데스를 '강력하고 위대한 정신의 소유자'
로 존경하게 되었다. 문헌학자 또는 사료 연구자로 대성할 가능성
을 엿볼 수 있는 대목이다.

    랑케는 1818년부터 8년 동안 독일 동부 프랑크푸르트(Fran-
kfurt an der Oder)[10]에 위치한 학교에서 그리스 고전, 세계사, 문
법론을 가르치면서 자연 연구자, 고고학자, 그리스어 연구자들과

---

10. 이 도시는 독일 동부 오데르 강변에 있다. 서부 마인 강변 헤센 주 수도
프랑크푸르트(Frankfurt am Main)와 구별하기 위해 이름 뒤에 '안 데어 오데르(an der
Oder)'를 붙인다.

교류하고 유럽사를 연구했다. 그리스와 로마의 역사와 중세사를 공부하고 신성로마제국 황제권의 역사를 들여다보았으며 도서관에 있던 『게르만 연대기』를 분석하고 프랑스에 관한 옛 자료를 뒤졌다. 모국어는 독일어였지만 그리스어, 히브리어, 라틴어, 프랑스어, 영어, 이탈리아어 문헌을 읽는 데 어려움이 없었다.

베를린 대학교 교수가 된 랑케는 유럽 각지 대학 도서관과 공공 문서보관소의 문헌 자료를 섭렵했다. 합스부르크제국의 수도 빈에서 베네치아 자료를 찾았고, 알프스를 넘어가 베네치아 문서보관소를 뒤졌으며 베를린, 프랑크푸르트(암 마인), 바이마르, 드레스덴 등 독일 주요 도시의 문서보관소를 빠짐없이 방문했고, 문헌 사료를 엄격하게 검증하고 해석하는 세미나를 열었다. 이 과정에서 랑케는 믿기 어려울 정도로 큰 특권을 누렸다.

19세기 중반 유럽의 군주제는 바람 앞의 등불처럼 흔들리고 있었다. 프랑스 왕은 반세기 전 단두대에서 목이 날아갔고, 영국은 입헌군주제로 바뀌었다. 유럽 대륙의 전제군주들은 '신성동맹'을 체결해 나폴레옹 군대를 물리침으로써 민주주의 혁명의 확산을 저지하는 데는 성공했지만 공화제를 주장하는 자유주의자들과 계급혁명의 기치를 든 사회주의자들은 거센 도전을 멈추지 않았다. 그런 상황에서 군주제를 옹호하는 저명 역사학자 랑케를 반기지 않을 권력자가 있었겠는가? 그러니 막시밀리안 2세가 랑케를 초대해 강의를 들은 것도 그리 놀랄 만한 일이 아니었다.

랑케는 군주국의 권력자들과 넓고 깊게 교류했는데, 마지막으로 생애를 구술한 1885년 11월의 기록에서 가져온 다음 글은 그가 문서를 열람할 때 얼마나 대단한 특권을 누렸는지 보여준다. 랑케는 '신성동맹'의 지휘자로 나폴레옹 전쟁 이후 유럽의 낡은 질서

를 복구했던 오스트리아 총리 메테르니히한테도 언제든 청을 넣
을 수 있는 사람이었다.

『강대 세력들·
정치 대담·
자서전』
275~276쪽

베를린의 문서 목록은 방대했지만 이탈리아 주요 도서관과 문서고(文書
庫)에 틀림없이 있을 자료에 비하면 별로 대단하지 않을 것이라고 추측했
다. 나는 귀중한 소장품을 발견하는 데 필요한 지원을 확보했다. 우선 빈으
로 간 것은 베네치아가 점령당할 때 문서고의 중요한 일부가 빈 문서고로
옮겨졌기 때문이었다. 당시 그 문서고 출입을 허락받는 게 얼마나 어려웠
는지 요즘 사람들은 상상할 수 없을 것이다. 메테르니히는 나에게 문서고
이용을 허락함으로써 영원한 공적을 세웠다. 나는 이 문서고를 철저하게
활용했다. 바로 이곳에서 보물 같은 베네치아 보고문들과 연대기 작가 마
리노 사누토의 방대한 비망록 원본을 찾았다. 궁정 도서관에는 터키와 독
일에 관한 베네치아의 믿을 만한 보고문이 있었다.

　　랑케는 '도장 깨기'를 이어가는 무협 소설 주인공처럼 유럽
주요 도시의 문서보관소 문을 열었다. 불온한 혁명의 기운이 낡은
세상을 뒤흔든 시기에, 유럽의 주요 언어에 통달한 역사학자가 군
주정 국가 권력자들의 호의에 힘입어 주요 도시의 문서보관소를
뒤졌고, 거기서 찾아낸 문헌 자료를 활용해 유럽의 왕조와 민족과
교회와 교황의 역사를 서술했으니 어떤 유럽사 연구자가 감히 그
권위에 도전할 수 있었겠는가? 문서고 이용을 허락한 것을 두고
메테르니히가 "영원한 공적을 세웠다"고 할 정도로 랑케는 드높
은 자부심을 지니고 있었다.

역사와 신학

랑케는 유럽 군주정의 권력자들에게 그들이 지배한 시대가 신과 직접 맞닿아 있으며 다가올 시대와 동등한 가치를 지닌다는 '신학적·역사학적 축복'을 내렸다. 이 복음은 과학 기술과 물질의 힘은 진보하지만 인간 정신은 진보하지 않는다는 특유의 역사철학을 담고 있는데 역사가로서 랑케가 범한 중대한 오류도 바로 여기에서 비롯했다. 랑케는 문명의 진보를 절반만 인정했다. 그에게 역사는 진보하지 않는 것과 진보하는 것이 씨실과 날실처럼 엮인 옷감과 같았다. 씨실은 도덕이고 날실은 물질이다. 인류의 물질 생산 능력은 발전하지만 인간 정신과 도덕이 발전한다는 증거는 없다. 아래와 같은 랑케의 논리는 어찌 보면 명쾌하다.

우리가 역사를 추적할 수 있는 한, 물질적 관심의 영역에서는 무조건적인 진보 또는 지극히 결정적인 상승을 인정할 수 있다. 여기서는 어떤 전반적이고 엄청난 변혁이 없어도 후퇴가 일어날 수는 없다. 그러나 도덕적인 면에서는 진보를 확인할 수 없다. 물론 도덕적 이념도 외연이 확장될 수는 있다. 정신적인 면에서, 예를 들어 위대한 예술품과 문학작품을 오늘날 예전보다 더 많은 사람들이 향유한다고 주장할 수는 있다. 그러나 호메로스보다 더 위대한 서사 시인이거나 소포클레스보다 더 위대한 비극 작가이기를 원한다면 가소로운 일이 될 것이다.

『근세사의 여러 시기들에 관하여』 36쪽

랑케는 막시밀리안 2세에게 '역사적 자부심'을 주려고 했다. 만약 역사의 진보가 인류의 정신적·도덕적 향상을 의미한다면 자유와 평등 또는 공화정과 사회주의를 추구하는 진보 세력에 맞서 군주정을 지키려고 하는 자는 도덕의 향상을 가로막는 세력이 되고 만다. 스스로의 행위를 그렇게 평가할 경우 도덕과 인간 정신의 고귀함을 존중한다고 스스로 믿는 왕이 죄의식을 느낄지도 모른다. 도덕과 정신의 진보를 부정하는 소극적 논리만으로는 그들을 도덕적 열패감과 죄의식에서 구해 낼 수 없다. 그래서 랑케는 역사에 대한 신학적 해석으로 나아갔다. 아래 문장은 모든 시대가 다른 시대와 동등한 가치를 지니며 신과 직접 만난다는 랑케의 논리가 '공평한 신'이라는 관념에 근거를 두고 있음을 보여준다.

『근세사의
여러 시기들에
관하여』
34~35쪽

인류의 생활이 모든 시기에 더 향상된다는, 모든 세대가 앞선 세대를 완전히 능가한다는, 따라서 앞선 세대는 단지 후속하는 세대의 운반자에 불과하다는 것이 진보라는 견해를 수용한다면, 신은 불공평한 존재로 보이게 될 것이다. 이렇게 말하면 모든 세대는 그 자체로서가 아니라 후속하는 세대의 준비 단계로만 의미를 가질 뿐이어서 신성과는 직접적인 관계를 맺지 못하게 되기 때문이다. 그러나 나는, 모든 시대는 신과 직접 접해 있다고 주장한다. 어떤 시대의 가치는 그 시대에서 출현한 무엇이 아니라 그 시대의 실존 그 자체, 그 시대 자체의 고유함에 있다는 것이다. 이렇게 보아야 역사를 서술할 때 개별적인 생에 대한 관찰이 전적으로 고유한 매력을 가지게 된다. 모든 시기는 그 자체로 가치 있는 대상으로 간주해야 한다는 것이다.

　　여기서 랑케는 일종의 배리법(背理法)을 써서 자신의 주장을 논증했다. 배리법은 어떤 명제의 부정(否定)이 모순임을 증명함으로써 그 명제가 참이라는 것을 증명하는 방법이다. 그러나 랑케는 논리학을 제대로 공부하지 않았던 듯하다. '모든 시대는 동등한 가치가 있다'는 명제가 참이라고 증명하고 싶었던 그는 그 명제

의 부정을 "앞선 세대는 단지 후속하는 세대의 운반자에 불과하
다"로 설정하고, 이 부정 명제가 '신은 공평하다'는 전제와 모순된
다고 주장했다. 이 논증이 성립하려면 '신은 공평하다'는 전제가
참이어야 한다. 그런데 이것을 무신론자는 인정하지 않는다. 신의
존재도 증명되지 않았고, 그 신이 공평하다는 것 역시 증명된 바
없기 때문이다.

막시밀리안 2세는 괴팅겐 대학교와 베를린 대학교에서 공부
한 지식인이어서 랑케의 엉성한 논증을 인정하지 않았던 것 같다.
게다가 그에게는 막기 어려운 역사의 격랑을 온몸으로 견뎌 낸 경
험이 있었다. 1848년 파리에서 타오른 민중혁명의 불길이 독일에
옮겨 붙었을 때 바이에른 왕국의 자유주의자들은 기계 도입으로
위기에 처한 수공업자와 공장 노동자들의 불만을 부추겨 의회 설
립과 헌법 제정을 요구하는 무장 투쟁을 벌였는데, 그 혼돈 속에서
부친 루트비히 1세가 퇴위해 왕위를 물려받은 막시밀리안 2세는
권력을 내각에 나누어 주고 언론 자유를 확대함으로써 위기를 수
습했다. 예술가와 학자 들을 늘 가까이 두고 바이에른 과학 아카데
미에 과학, 기술, 역사 분과를 만들어 학문을 진흥했던 그는 군주
정의 시대가 끝날 것임을 예감하고 있었다. 그래서 랑케의 강의에
만족하지 않고 물었다. "우리 세기의 지도적 경향은 무엇입니까?"
랑케는 아래와 같이 대답했다. 그러나 왕이 고개를 끄덕였을 것 같
지는 않다.

우리 시기의 지도적 경향성으로 군주제와 국민주권이라는 두 원리의 대립
을 들 수 있습니다. 다른 대립은 모두 이것과 연관되어 있습니다. 다음으로
는 물질적 힘의 끝없는 전개와 자연과학의 지나치게 다면적인 발전입니다.

『근세사의
여러 시기들에
관하여』
269~271쪽

국가와 관계가 있는 분쟁의 다른 편에서는 종교적 경향성도 계속 등장하고 있습니다. 영국이 형성했고 같은 계열인 앵글로·아메리카의 이념들이 증폭한 이와 같은 힘은 한 번도 존재하지 않았던 것입니다. 영국인들은 무역으로 세계 전체를 지배합니다. 동인도와 중국을 유럽에 개방시켰습니다. 이런 것이 바로 입헌제·공화제 원리의 강점입니다. 이 라틴−게르만의 정신은 자유로운 문화로서 전 세계로 확장되고 있습니다. 거대한 대중이 정신생활에 참여하고 지식이 무한 팽창하며 공적 분야에 참여가 활발한 것은 우리의 시대를 특징짓는 모습입니다. 그러나 국민주권이 모든 것을 지배하게 되리라는 것을 세계사의 경향성으로 보는 사람은 괘종이 무엇을 쳤는지 모릅니다. 국민주권을 위한 노력에는 아주 많은 파괴적 경향이 결합되어 왔기 때문에 그것이 우세를 확보했더라면 문화와 기독교 세계를 위협했을 것입니다. 그래서 군주제도 현실의 근거를 다시금 확보하게 됩니다. 군주제는 마치 거대한 홍수처럼 범람하는 파괴적인 원리를 절멸하는 데 필요하기 때문입니다.

   랑케는 국민주권이라는 공화제의 원리에 파괴적 경향이 있기 때문에 문명과 기독교 세계를 지키는 힘이 필요하며, 그것이 바로 군주제가 존속할 수 있는 현실의 근거가 될 것이라고 주장했다. 그는 평생 과거를 들여다보았지만 현재를 이해하지 못했으며, 현재를 직시하지 못했으니 미래를 옳게 예측할 수도 없었다. 북아메리카는 18세기에 이미 영국 식민지에서 벗어나 연방공화국이 되었다. 19세기 영국의 군주제는 껍데기만 남았으며 프랑스도 짧은 왕정복고기를 지나 다시 공화국이 되었다. 20세기에 들어서기 무섭게 유라시아 대륙의 거대 제국 러시아와 중국의 청 왕조가 혁명으로 무너졌다. 제1차 세계대전이 끝난 직후에는 독일제국이 무너지고 바이마르공화국이 들어섰다. 민족주의 열풍이 세계를 강타한 가운데 유럽과 중동의 마지막 군주국이었던 오스트리아–헝가리제국과 오스만제국이 해체되었고 그 자리에 수많은 국민국가가 우후죽순처럼 생겨났다.

군주제는 랑케의 연속 강의 이후 70년이 채 지나지 않아 지구 표면에서 거의 완전히 사라졌으며 인류 문명의 향방에 큰 영향을 주지 못하는 몇몇 국가에서 겨우 잔명을 유지할 뿐이다. 다시 말하자면, 국민주권은 19세기 유럽의 명백한 '지도적 경향'이었다. 괘종이 무엇을 쳤는지 알지 못한 사람은 공화주의자와 자유주의자가 아니라 군주정을 옹호한 랑케 자신이었다. 그는 역사학자였지만 신학에 눈이 가렸다. 역사학은 현재를 이해하고 미래를 예측하는 데 도움이 되지만, 신학은 그렇지 않다.

'있었던 그대로'의 생명력 없는 역사

발표한 저서들의 성격만 보면 랑케는 역사가이지 역사학자나 역사 이론가는 아니다. 50권이 넘는 저서 중에 역사철학이나 역사 이론을 따로 밝힌 책은 없으며, 여러 역사서의 서문이나 본문에 논란의 여지가 많은 역사철학과 역사 이론을 밝혔을 뿐이다.

가장 유명한 것이 첫 저서 『1494년부터 1514년까지 라틴족과 게르만족의 역사』 서문인데, 여기에는 그가 쓴 역사서를 다 합친 것보다 더 강력한 힘으로 역사가들을 사로잡은 문장이 들어 있다. 랑케의 시대에 막강한 위력을 떨쳤던 그 문장은, 그가 세상을 떠난 후에도 한동안 유럽 역사학계를 지배했으며 지금도 그 힘이

다하지는 않았다.

> 흔히들 과거를 평가하고 미래에 대비하도록 사람들을 일깨
> 우는 것이 역사 서술의 과업이라고 하지만 이 책은 그처럼 고
> 매한 과업을 추구하지 않는다. 이 책은 단지 과거를 '있었던
> 그대로(wie es eigentlich gewesen)' 보이려 할 뿐이다.[11]

과거를 '있었던 그대로' 보여준다니, 얼마나 매력적인가? 그
런데 이것이 과연 '과거를 평가'하거나 '미래를 대비'하는 것보다
덜 고매하거나 더 소박한 목표일까? 그렇지 않다. 오히려 훨씬 더
이루기 어려운 목표다. 어려운 정도가 아니라 실현 불가능하며, 설
사 가능하다고 해도 의미가 없다. 그런데 왜 랑케는 이런 말을 했
으며, 왜 이 말은 그토록 많은 추종자를 얻었을까? 무지(無知)와
정치적 유용성 때문이었다.

우리는 몸담고 사는 현재의 세상을 있는 그대로 인지하지 못
한다. 70억이 넘는 인간이 복잡한 관계를 맺고 살아가는 지구촌의
현재 상황을 있는 그대로 볼 수 있는 사람은 없다. 주민이 몇 만 명
정도인 도시 하나도 거기서 벌어지는 모든 사건을 다 파악하기란
불가능하다. 현재를 '있는 그대로' 인지할 수 없다면 과거를 '있었
던 그대로' 인지하기는 더 어렵다.

---

11. 이것은 내가 한 번역이다. 워낙 유명한 말이어서인지 인용하는 사람마다 번역이
조금씩 다르다. 독일어에 관심이 있는 독자를 위해 구글에서 검색할 수 있는 디지털 버전
Geschichten der romanischen und germanischen Völker von 1494 bis 1514(1824)의
서문 후반부에 있는 고색창연한 문장을 그대로 적어 둔다. Man hat der Historie das
Amt, die Vergangenheit zu richten, die Mitwelt zum Nutzen zukünftiger
Jahre zu belehren, beigemessen: so hoher Aemter unterwindet sich gegen-
wärtiger Versuch nicht: er will blos zeigen, wie es eigentlich gewesen.

랑케가 타임머신을 타고 B.C. 44년 3월 15일의 로마 원로원에 가서 율리우스 카이사르(B.C. 100~ B.C. 44)의 최후를 목격한다고 가정해 보자. 브루투스가 단검으로 카이사르의 등에 마지막 일격을 가하는 광경을 본다 할지라도, 그가 생명의 은인이자 어머니의 옛 연인이었으며 자신을 아들처럼 대했던 카이사르를 죽이는 일에 나서게 만든 책략의 전모를 '있었던 그대로' 파악할 수는 없다. 2,000년 세월이 지난 시점에서야 말해 무엇 하겠는가? 시간이 지배하는 역사의 왕국에서 모든 사건은 일어난 그 순간 곧바로 상실과 망각과 소멸의 운명을 맞는다. 문헌 자료가 아무리 풍부하다고 해도 카이사르 암살 사건을 '있었던 그대로' 볼 수는 없다.

랑케의 역사 이론에 대한 비판은 제7장에서 카의 『역사란 무엇인가』를 다루면서 상세하게 살피기로 하고, 여기서는 요지만 간단하게 짚어 본다. 역사가는 과거의 모든 사실을 수집할 수 없다. 유적과 유물은 과거의 파편을 보여줄 뿐이다. 문헌 기록 역시 완전히 믿을 수는 없는 일부 사실만 담고 있다. 게다가 역사가는 사료를 통해 수집한 사실을 전부 기술하지 않으며, 아는 사실을 다 기술한다고 해서 역사가 되는 것도 아니다. 역사가는 중요하다고 판단한 사건을 중심으로 의미 있다고 여기는 사실을 엮어 이야기를 만든다.

그렇다면 역사가는 어떤 기준으로 중요한 사건과 그렇지 않은 사건을 나누며, 어떤 원칙으로 의미 있는 사실과 그렇지 않은 사실을 구분할까? 만인이 동의할 수 있는 완전무결하고 합리적인 기준이 있는가? 없다. 역사가는 저마다 다른 기준에 따라 중요하고 의미 있는 사실을 선택하며 같은 사실로도 각자 다른 이야기를 만든다. 사실의 선택은 역사가의 주관적 판단 영역에 속하며, 역사

가의 주관은 개인적 기질, 경험, 학습, 물질적 이해관계, 사회적 지
위, 역사 서술의 목적을 비롯한 여러 요인이 좌우한다.

　　인간은 다른 인간과 개별적·집단적 관계를 맺고 공동체를 형
성하며 살아가는 동안 서로 협력하고 경쟁한다. 그래서 인류 역사
는 개인과 집단의 성취, 협력, 갈등, 대립, 투쟁, 억압, 착취, 정복 전
쟁과 크고 작은 살육 행위로 점철되었다. 그렇다면 이 모든 일을
객관적이고 공평한 관점으로 서술할 수 있는 역사가가 있을까? 더
근본적으로 객관적이고 공평한 관점이 존재할 수는 있는가? 없다.
그 증거가 바로 '있었던 그대로' 과거를 보여주겠다고 한 랑케 자
신이다.

　　21세기에 랑케처럼 말하는 역사가가 있다면 마초 인종주의
자라고 비난받을 것이다. 그는 로마－게르만 민족은 진보하지만
모든 인류가 그런 것은 아니라면서 아시아에는 한때 문명이 있었
지만 야만족 몽골의 침입으로 완전한 종말을 맞았다고 주장했
다.[12] 유럽 밖의 사피엔스를 미개인으로 간주했을 뿐만 아니라 여
성을 동등한 존재로 존중하지 않았다. 문서보관소에 잠들어 있는
문서들을 가리켜 "그토록 많은 아름다운 공주들이 저주에 걸려 누
군가 구해 주기를 바라고 있다"고 했고, 처음 발굴한 자료집에 대
해서도 비슷한 표현을 썼다. "손끝 하나 닿지 않은 처녀. 나는 그녀
에게 다가서는 순간을 고대한다. 그녀가 예쁜지 안 예쁜지 따위는
중요하지 않다."[13]

　　랑케를 흠보려고 하는 말이 아니다. 역사가의 세계관과 인간

---

12. 『근세사의 여러 시기들에 관하여』, 32~33쪽.

13. Bonnie G. Smith, *The Gender of History: Men, Women, and Historical
Practice* (Cambridge, Mass.: Harvard University Press, 1988), p. 116, p. 119.
『역사, 진실에 대한 이야기의 이야기』, 170쪽에서 재인용.

관은 그 시대의 지배적인 사상과 환경에 영향을 받을 수밖에 없으므로, 절대적으로 객관적이고 보편타당한 기준이 있을 수 없다는 자명한 이치를 확인하기 위해 랑케도 지니고 있었던 당대 유럽 남자들의 지배적 관념을 들추어냈을 뿐이다.

　게다가 역사는 '언어의 그물로 길어 올린 과거'다. 달리 말하면 역사는 문자 텍스트로 재구성한 과거 이야기다. 언어는 말과 글로 이루어지며, 인류는 문자를 발명하기 전에 먼저 말을 했다. 말에 담은 과거 이야기는 시간의 흐름을 견뎌 내지 못하며 압축, 누락, 과장, 왜곡, 각색을 거쳐 입으로 전해진다. 그래서 역사는 인류가 문자를 발명한 후에야 나타났다. 하지만 문자 텍스트도 사람의 생각과 감정을 완전하게 표현할 수 있는 수단은 아니다. 설령 완전하게 표현했다고 해도 읽는 사람이 쓴 사람의 의도대로 똑같이 해석한다는 보장은 없다.

　과거를 있었던 그대로 보여주겠다는 랑케의 야심, 그리고 그런 방식으로 쓴 역사를 과학적 역사라고 한 추종자들의 호언은 인간 정신과 문자 텍스트의 한계에 대한 인식 부족이 빚어낸 착각이었을 뿐이다. 그렇지만 랑케의 역사 이론은 역사가에게 명분 있는 도피처를 마련해 주었다. 과거를 평가하는 일에서 손을 떼고 미래를 예측하고 대비하도록 동시대인을 일깨우는 과업을 외면하면, 역사가는 역사 서술 작업에 따르는 정치적 위험을 피할 수 있다. 사라져 버린 문명의 파편을 탐사하고 이미 죽고 없는 사람들이 남긴 문서를 뒤져 지나간 시대의 '고유한 가치'를 탐사하는 것으로 역사가의 임무를 다할 수 있다면, 굳이 그 과거의 연장선 위에서 벌어지고 있는 현재의 사건에 개입하거나 끌려 들어가지 않아도 된다.

　일제강점기에 조선의 역사가들이 우리 민족사를 우리 스스

로 연구한다는 취지 아래 1934년 진단학회를 결성하면서 사실을
사실 그대로만 기술한다는 랑케의 구호를 차용한 것은 영리한 선
택이었다. 일제의 식민사관 구축에 협력한 학자들도 같은 이론을
내걸었기 때문에 나중에 도매금으로 친일파라는 비난을 받긴 했
지만, 이러한 실증주의 역사관을 표방함으로써 총독부의 감시와
박해를 피하는 데 잠시 효과를 보았다.

　　랑케는 거의 전적으로 문헌 사료에 의지해 역사를 서술했다.
권력자들이 만들고 유지한 문서보관소의 사료는 대체로 그것을
만든 사람들이 중요하다고 여겼거나 영원히 남기를 원했던 사실
을 담고 있다. 랑케의 작업 방식을 순수한 마음으로 추종할 경우
역사 서술은 자칫 문헌 사료를 가위로 오려서 풀로 이어 붙이는 편
집 작업으로 전락하며, 역사가는 이미 죽고 없는 사람들의 꼭두각
시가 될 위험에 빠진다. 제6장에서 신채호가 김부식을 비판한 이
유를 들여다볼 때 문헌 사료를 무비판적으로 따르는 것이 얼마나
어리석은 행위가 될 수 있는지 다시 짚을 것이다.

　　그렇다면 랑케는 왜 그런 주장을 했을까? 타고난 보수 성향
때문이었을 수도 있고, 현실의 권력자들이 좋아하는 역사를 쓰면
명예와 지위를 얻기 수월하다는 처세술이 작동했을 수도 있다. 다
만 그가 어려서부터 문헌학과 사료 연구에 깊게 빠진 것이 중요한
원인이었다는 추측을 할 수는 있다. 어쨌든 이런 태도로 역사를 서
술했기 때문에 랑케의 역사는 인간이 없는, 열정과 미학을 느낄 수
없는, 지나간 시대에서 사실의 시신(屍身)을 건져 올린 글이 되고
말았다. 그런 점에서 랑케의 역사학에 대한 수많은 비판 가운데서
가장 아픈 것은 아마도 철학자 니체의 다음과 같은 지적이 아닐까
싶다.

그들은 사건을 거울처럼 그대로 반영하라고 주장한다. 그들은 목적론을 거부한다. 더 이상 어떤 것을 '증명'하고 싶어 하지도 않는다. 판사 역할을 맡는 것도 경멸한다(이 점에서 그들은 수준 높은 취향을 보여준다). 그들은 긍정도 부정도 하지 않는다. 그저 확인하고 묘사할 뿐이다. 이 모든 것은 매우 금욕적이다. 근대 역사가의 시선은 슬프고 완고하며 단호하다. 그 시선은 북극의 고독한 탐험가보다 더 고독하다. 그곳엔 눈밖에 없고, 생명체의 낌새라곤 전혀 느낄 수 없다.[14]

랑케는 배울 것이 많지만 반면교사(反面教師)로 삼기에도 좋은 역사가다. 역사가는 해부학을 배우는 학생이 아니라 노련한 과학수사대 요원과 법의학자가 시신을 다루는 자세로 역사의 사실을 대면해야 한다. 시신을 해부해서 거기 무엇이 있는지를 기록하는 것만으로는 충분하지 않다. 시신의 상태를 보고 사망 원인과 시간을 알아낼 뿐만 아니라 망자의 직업과 생활환경, 생전의 건강 상태와 습관까지 추론해 내야 하며, 유류품이 담고 있는 정보를 연결해 그 사람의 인생 행로를 추측할 수 있어야 한다. 니체가 아프게 지적한 것처럼, 랑케는 역사의 사실에서 인간의 이야기를 끌어내지 못했다. 그래서 그가 쓴 책들은 대중의 사랑을 받지 못하고 귀중한 문헌을 보관하는 도서관 깊은 곳에 잠겨 있는 것이다.

---

14. Friedrich Nietzsche, *The Birth of Tragedy and The Geneology of Morals, Francis Golffing*(trans)(NY: Doubleday Anchor, 1956), p. 293. 『역사, 진실에 대한 이야기의 이야기』, 132쪽에서 재인용.

제5장
역사를 비껴간 마르크스의 역사법칙

제5장에서 함께 읽는 주요 역사서는 카를 마르크스의 『공산당 선언』이다.
이 책은 여러 한국어판으로 출간되어 있지만, 저자는 독일어 원전을 읽고 인용했다.
새로운 번역과 독자를 기다리며 비어 있는 책을 펼쳐 놓는다.

해석에서 변혁으로

랑케가 문서보관소를 순례하며 과거를 '있었던 그대로' 보여주려고 애쓰던 바로 그 시기에, 전혀 다른 목적을 품고 전혀 다른 시선으로 역사를 들여다본 사람이 있었다. 그가 관심을 기울인 대상은 지나간 시대도 그 시대를 재구성한 문자 텍스트도 아니었다. 철학자의 임무는 세계를 해석하는 것이 아니라 변혁하는 것이라고 믿었던 그는 사회 변화를 일으키는 동력이 무엇이며 어떤 조건을 충족할 때 사회가 질적으로 변화하는지 탐색한 끝에 인간 사회의 발전 과정 전체를 지배하는 역사법칙을 찾아냈다고 주장했다. 프롤레타리아트가 폭력으로 국가 권력을 장악해 계급 제도를 타파하고 국가를 소멸시킴으로써 종국적으로는 역사 그 자체의 종말을 실현하는 공산주의 혁명이 반드시 일어난다는 것이었다. 그는 바로 랑케가 베를린 대학교 교수로 부임했을 때 그 교정에서 헤겔의 철학 강의를 듣던 카를 마르크스(1818~1883)였다.

　마르크스는 역사가도 역사학자도 아니었다. 사람들은 그를 철학자, 경제학자, 사회학자, 정치학자 또는 혁명가라고 한다. 생애가 특별히 길지 않았는데도 누군가와 견주기 어려울 정도로 많은 글을 남겼으나 역사서 혹은 역사 이론서라고 할 만한 책은 하나도 쓰지 않았다. 그나마 역사서와 비슷해 보이는 『루이 보나파르트의 브뤼메르 18일』도 정치비평서로 보아야 한다.[1]

---

1. 『루이 보나파르트의 브뤼메르 18일』(최형익 옮김, 비르투, 2012)은 1851년 말부터 1852년 초 사이에 써서 뉴욕의 독일어 월간지 『혁명』(Die Revolution)에 기고한 글이다. 제목의 브뤼메르(안개의 달) 18일은 프랑스혁명력 8년(1799년) 11월 9일 나폴레옹 보나파르트가 쿠데타를 일으켜 권력을 장악한 날이다. 여기서 마르크스는 1848년 2월혁명으로 대통령이 된 나폴레옹의 조카 샤를 루이 나폴레옹 보나파르트가

　　그렇지만 마르크스는 사회 변화의 원리에 대해 일찍이 누구도 입에 올리지 않았던 사상과 이론을 펼쳤기 때문에 역사학을 포함한 인문학과 사회과학 전반에 강력한 충격을 주었다. 그가 제시한 사상과 이론은 현실 사회주의 국가의 이데올로기가 되어 20세기 후반 한때 지구 표면의 절반을 지배했으며, 나머지 절반에서도 다양한 분야의 마르크스주의자 집단을 만들어 냈다. 오늘의 세계에는 마르크스의 이론을 따르는 이가 많지 않다. 그러나 사회와 역사를 연구하는 지식인들은 그를 무시하거나 건너뛰지 못하는데, 다음『공산당 선언』첫 단락을 보면 그 이유를 알 수 있다.

　　지금까지 모든 사회의 역사는 계급 투쟁의 역사다. 자유인과 노예, 고대 로마의 귀족과 평민, 중세 귀족과 농노, 길드의 장인(匠人)과 도제, 간단히 말해 억압하는 자와 억압받는 자는 끊임없이 대립하면서 때로는 은밀하게 때로는 공공연하게 투쟁했으며, 이 투쟁은 사회 전체의 혁명적 개조나 투쟁하는 계급의 공도동망(共倒同亡)으로 종결되었다. 지난 시대 역사는 어느 곳에서나 전체 사회가 완벽하게 신분으로 나뉘었고 다양하고 복잡한 사회적 지위의 위계를 형성하고 있었다는 것을 보여준다. 봉건 사회가 몰락함으로써 출현한 현대의 부르주아사회는 계급 대립을 폐지하지 않았다. 낡은 계급과 낡은 억압의 조건, 낡은 투쟁의 형태를 새것으로 바꾸었을 뿐이다. 우리의 시대, 부르주아 시대의 두드러진 특징은 계급 대립을 단순화했다는 것이다. 사회는 더욱더 극심하게 적대

쿠데타를 일으켜 의회를 해산한 1851년부터 새 헌법을 만들어 제정으로 복귀한 1852년까지 프랑스 정세를 분석·평가했다.

적이고 거대한 두 진영으로, 피할 길 없이 마주 선 두 계급으로 분화한다. 부르주아지와 프롤레타리아트로.[2]

　　인간 공동체를 이런 관점에서 바라본 역사가는 일찍이 없었다. 사회를 대립하는 계급의 통일체로 보고 그들의 투쟁과 그 투쟁이 초래한 사회의 변화 과정을 역사라고 할 경우, 왕과 왕조, 국가, 민족을 중심으로 서술한 그때까지의 역사는 모두 반쪽짜리가 된다. 『공산당 선언』은 역사가들의 관심 밖에 놓여 있던 노예, 농노, 농민, 노동자를, 마르크스의 표현으로는 피지배계급을 역사의 주역으로 소환했다. 권력과 부를 독점한 지배계급이 아니라 억압과 착취에 맞서 투쟁하는 피지배계급이 사회를 변혁하고 역사를 만드는 주역이라고 했으니, 유럽 모든 나라의 정부가 마르크스를 감시하고 추적하고 박해한 것은 이해할 만한 일이었다.

　　마르크스는 사상의 동지이자 후원자였던 엥겔스(1820~1895)와 함께 1847년 12월부터 1848년 1월 사이에 이 선언문을 집필했다. 1848년 2월 런던에서 최초로 독일어판 『공산당 선언』이 출간된 이후 영어와 프랑스어를 비롯한 유럽 주요 언어로 번역되어 빠르게 세계로 퍼져 나갔다. 마르크스가 세상을 떠난 직후인 1883년, 엥겔스는 『공산당 선언』의 핵심 사상을 아래와 같이 정리했다.

---

2. 마르크스와 엥겔스가 직접 서문을 쓴 1872년 독일어판 『공산당 선언』 제1장의 첫 단락이다.
　　이 책에서 인용한 마르크스의 저작 원문은 모두 인터넷 마르크스주의자 아카이브 (www.marxist.org)에서 영문 pdf 파일로 볼 수 있다. 제5장에서 인용 또는 발췌 요약한 『공산당 선언』은 모두 내가 번역한 것이다.

모든 시대는 지배적인 경제적 생산양식과 교환양식, 그리고
필연적으로 뒤따르는 사회적 위계가 토대를 이루며 그 시대
의 정치사와 지성사는 이 토대 위에 수립된다. 토지에 대한
원시적 공동 소유가 소멸한 이래 인류 역사는 사회 발전의 다
양한 단계에서 착취계급과 피착취계급, 지배계급과 피지배
계급이 벌이는 투쟁의 역사가 되었다. 이 투쟁은 이제, 착취
당하고 억압받는 계급(프롤레타리아트)이 사회 전체를 착취
와 억압과 계급 투쟁에서 영원히 해방시키지 않고서는 착취
하고 억압하는 계급(부르주아지)에게서 스스로를 해방할 수
없는 단계에 이르렀다. 이러한 기본 사상은 전적으로 마르크
스의 것이다.[3]

엥겔스가 『공산당 선언』에 깔린 역사철학을 이렇게 요약할
수 있었던 것은 마르크스가 1859년에 발표한 『정치경제학 비판
을 위하여』 덕분이다. 마르크스는 그 책 서문에 사회의 구조가 변
화하는 원리에 대한 생각을 『공산당 선언』보다 더 구체적으로 적
었다. 마르크스의 책을 읽은 적이 없는 독자들은 단번에 이해하기
어렵겠지만, 알고 보면 크게 난해한 이론은 아니다. 다음에 인용
한 글의 의미는 뒤에서 유물사관을 이야기하며 '비속하지만 쉽게'
설명할 것이니 일단 이해할 수 있는 수준에서 읽고 지나가기를 권
한다.

인간은 사회적 생산에 참여할 때 특정한, 불가피한, 자신의
의사와는 무관한, 물질적 생산력의 특정한 발전 단계에 맞는

3. 엥겔스가 쓴 세 번째 독일어판(1883)의 서문 pdf 파일을 번역했다.

생산관계에 들어간다. 이러한 생산관계의 총체가 사회의 경제적 구조 또는 물질적 토대를 형성하며, 그 위에 법률적·정치적 상부 구조가 들어서고 그에 부합하는 특정한 형태의 사회적 의식이 만들어진다. 사회적·정치적·정신적 생활 과정 전반을 물질적 생활의 생산양식이 규정한다. 인간의 의식이 존재를 규정하는 게 아니라 거꾸로 사회적 존재가 의식을 규정하는 것이다. 사회의 물질적 생산력은 일정한 발전 단계에서 기존의 생산관계와, 법률적 용어로 표현하면, 그때까지 생산력의 작동을 제어했던 소유관계와 충돌한다. 생산관계가 생산력 발전의 족쇄로 바뀌면 사회혁명의 시대가 찾아든다. 경제적 토대의 변화와 더불어 거대한 상부 구조 전체가 천천히 또는 급속하게 전환되는 것이다.[4]

이것은 특정한 사회나 국가, 왕조, 민족의 역사에 대한 구체적인 이야기가 아니라 모든 시대 모든 사회의 변화 원리를 밝히는 추상적 이론이다. 우리가 오감으로 인지할 수 있는 물체의 모든 운동에 작용하는 뉴턴의 물리법칙처럼 이 역사법칙도 우리가 그 존재를 아는 동서고금 모든 사회에서 작용한다. 하지만 겉모양이 자연과학의 법칙과 닮았을 뿐, 뉴턴의 물리법칙과 달리 마르크스의 역사법칙은 진리인지 아닌지 실험으로 증명할 수 없다. 그렇다면 역사가는 이런 이론을 어떻게 대해야 할까? 역사의 사실을 수집하고 검토해 이 법칙으로 인간과 사회의 과거를 잘 설명할 수 있는지

4. Karl Marx, *Zur Kritik der Politischen Ökonomie*, pp. 2~3.
한국어판은 『정치경제학 비판을 위하여』(김호균 옮김, 중원문화, 2017)의 서문을 참조했다.

살펴야 한다. 옳다고 여기는 점은 인정하고 그렇지 않은 점은 비판하면 된다.

그런데 마르크스의 역사 이론은 사회의 과거를 해명하기 위해서가 아니라 현재를 분석하고 미래를 변화시킬 목적으로 만들었기 때문에 그렇게 하기 어려웠다. 산업혁명이 만들어 낸 19세기 중반 유럽의 사회 상황을 생각해 보라. 한편에서 엄청난 부가 쌓이는데, 다른 한편에서는 노동자들이 집단적 궁핍과 중노동과 정치적 억압에 신음하고 있었다. 이런 세상을 더는 참을 수 없었던 사람들은 마르크스의 이론을 '인간 해방의 복음'으로 받아들였다. 이것을 절대 진리로 받아들일 경우 역사가의 임무는 매우 단순해진다. 이론에 부합하는 역사의 사실을 찾아내 그 이론이 진리임을 논증하는 방식으로 역사를 서술하면 되기 때문이다.

마르크스가 세계의 모든 대륙에서 헤아릴 수 없이 많은 사상적·정치적 추종자를 얻은 데는 그만한 이유가 있었다. 단지 사회주의 혁명의 필연성을 논증한 것이 아니라, 그 혁명이 노동자 계급과 공산주의자에게 권력을 안겨 주는 것을 넘어 계급 대립과 착취의 역사를 완전히 종식함으로써 인류에게 완전한 해방을 가져다줄 것이라고 말했기 때문이다. 만약 이것이 확실한 진리라면 얼마나 가슴 뛰는 일인가? 마르크스의 사상과 이론은 종교적 광신에 버금가는 열광을 불러일으켰고 혁명가와 정치가 들은 그 열광을 솜씨 있게 활용했다. 대표적인 인물이 블라디미르 일리치 레닌(1870~1924)과 이오시프 스탈린(1879~1953)이다. 레닌은 1917년 제정 러시아에서 일어난 민중혁명의 파도를 타고 인류 역사 최초의 사회주의 국가를 세웠고, 스탈린은 피비린내 나는 권력 투쟁 끝에 후계자 자리를 쟁취해 자기 자신을 숭배의 대상으로 만들었다.

소련 정부는 1929년 레닌의 유고 『국가론』(The State)을 공식 출판했는데, 여기서 레닌은 인류 역사가 원시공산 사회, 노예제 사회, 봉건제 사회, 자본주의사회로 단계적 발전을 이루었다고 주장했다. 이미 죽고 없는 레닌의 정치적 후광을 탐낸 스탈린은 1938년 발표한 「변증법적 유물론과 사적 유물론」에서, 인류 역사는 원시공산제에서 출발해 노예제와 봉건제, 자본주의를 거쳐 사회주의로 하나의 선을 따라 차례로 발전했으며 하나의 단계가 완료되어야 다음 단계가 시작된다고 주장했다.

이러한 단선적·기계론적 역사 이론은 스탈린이 사망한 1950년대까지 소련과 국제 공산주의 조직의 '정통 이론'으로 군림했다. 정통 이론을 의심하거나 비판하는 모든 견해에 '수정주의'나 '사이비'라는 딱지를 붙였으며, 그런 견해를 펴는 지식인을 '반동', '혁명의 적', '부르주아지의 앞잡이'로 몰아 숙청했다. 소련과 동유럽 사회주의 국가의 공산당 중앙위원회 직할 과학 아카데미는 스탈린의 이론에 맞추어 세계사와 혁명사 교과서를 만들었고, 마르크스의 역사 이론은 '유물사관(唯物史觀)' 또는 '역사적 변증법'이라는 '영예로운 이름'을 얻었다. 소련과 동유럽 밖의 마르크스주의자들도 이 교의에 따라 자기 나라의 역사를 서술했다. 나는 청년기에 이런 책을 읽으며 마르크스주의와 유물사관을 공부했는데, 그게 사회주의 국가의 '국정 교과서'라는 사실을 그때는 몰랐다.

유물론, 변증법, 유물사관

마르크스는 체류했던 모든 나라에서 정보기관의 감시를 받았다.

수배, 도피, 망명이 이어지는 가운데 때로는 극심한 가난에 시달렸으며 딸아들과 아내가 병으로 죽어 가는 것을 대책 없이 지켜보아야 했다. 그러나 마르크스는 타고난 악당이 아니었고 그의 사상과 이론도 악마의 속삭임은 아니었다. 그는 인간다운 열망을 품고 진지하게 역사를 탐구했으며 사람이 다른 사람을 착취하거나 억압하지 않는, 자유롭고 평화로운 세상을 꿈꾸었다. 그의 사상과 이론은 다른 훌륭한 사상과 이론 들이 그런 것처럼 귀중한 진리를 밝혔지만 심각한 오류도 안고 있었다.

유물사관을 떠받치는 철학은 유물론(唯物論, materialism)이고, 인식의 방법론은 변증법(辨證法, dialectic)이다. 유물론은 물질세계가 인간의 관념과 상관없이 존재한다고 보는 철학이다. 유물론에 따르면, 물질이 먼저고 인간 정신과 의식은 나중이다. 달리 말하면, 의식은 물질의 산물이다. 인류가 지금까지 발견한 과학적 지식은 이 관점이 옳다는 것을 분명하게 입증한다. 인간은 오랫동안 신이 우주와 인간을 창조했다고 믿었고 지금도 그렇게 믿는 사람이 많다. 그러나 그것은 어디까지나 믿음일 뿐이다. 진리인지 아닌지 검증할 방법이 없다.

오늘날 사람들은 신과 같은 초자연적인 존재나 세계정신 또는 절대이성과 같은 비물질적인 힘이 역사를 이끌어 나가는 게 아니라 인간의 생각과 행동이 역사를 만들어 낸다는 견해를 당연하게 받아들인다. 그러나 19세기에는 그렇지 않았다. 그런 시대에 마르크스는 인간 생활의 기본은 물질을 생산하는 활동이며 물질적 이해관계가 사람의 생각과 행동을 좌우한다고 주장했다. 사람들이 높은 가치를 부여하는 정치와 법률, 문화, 예술은 주어진 물질적 생산 활동의 토대 위에 그에 맞는 형태로 구축된 상부 구조에 지나지 않는다고 했으니 분명 낯설고 불경스러운 이론으로 여겨질 수밖에 없었다.

유물사관의 방법론은 '변증법'이다. 변증법의 의미는 다른 개념들이 흔히 그렇듯 시대와 장소에 따라 달라졌다. 고대 아테네에서는 대화와 문답을 통해 진리를 찾는 방법이었고, 중세 유럽에서는 논리학과 거의 같은 뜻으로 쓰였다. 변증법이라는 말에 새로운 의미를 부여한 이는 관념론 철학자 헤겔이었다. 헤겔은 세계의 역사를 '절대이성' 또는 '세계정신'이 스스로를 실현하는 과정이라고 생각했다. 세계정신은 자유의 실현을 위해 인간을 도구로 삼는다. 인간 스스로는 자신이 세운 목적을 이루기 위해 열정적으로 행동한다고 믿지만 사실은 필연적인 역사의 과정에 들러리를 설 뿐이다. 개인은 주어진 역할을 마치면 역사의 무대에서 사라지며 세계정신은 살아서 계속 전진한다. 이것이 '이성(理性)의 간지(奸智)'라는 것이다.[5]

그런데 헤겔은 사물을 대립하는 것의 통일로 간주했다. 세계가 내부의 대립과 모순을 동력으로 삼아 변화한다면 세계를 인식하는 방법도 그와 같아야 한다고 생각했고, 이러한 인식의 방법론을 변증법이라고 했다. 마르크스는 변증법적 방법론을 헤겔의 관념론 철학에서 떼어 내 유물론 철학과 결합함으로써 유물사관의 뼈대를 세웠다.

자연법칙을 닮은 마르크스의 역사법칙은 구조가 완벽해 보인다. 사회 변화를 일으키는 에너지는 지속적으로 발전하는 생산력이다. 우리 인간을 자연의 일부로 보고 동물계에 넣은 생물학자

5. '이성의 간지'에 관해서는 독일어 위키피디아(de.wikipedia.org)의 'List der Vernunft' 항목 참조.

린네는 분명 '슬기로운 사람'이었다. 사피엔스는 왕성한 호기심과 뛰어난 소통 능력을 가진 종이어서 물질세계의 운동 법칙을 이해하려고 노력한다. 끊임없이 새로운 도구와 기술을 발명하고 새로운 조직을 구축해 생산 능력을 키운다. 여기에서 사회 변화의 동력을 찾아낸 마르크스 역시 '슬기로운 사람'이었다.

『정치경제학 비판을 위하여』 서문에서 마르크스가 펼친 사회혁명 이론을 '비속하지만 알아듣기 쉽게' 해설해 본다. 인류 역사에서 생산력은 지속적으로 발전하며 모든 사회에는 그 사회의 생산력 발전 수준에 맞는 생산관계가 형성된다. 인류학자와 생물학자들의 견해가 옳다면 사피엔스는 20만 년 전 아프리카에서 출현한 이후 19만 년 동안 수십 명 규모의 작은 혈연 공동체를 이루고 수렵과 채집으로 생존했고, 약 7만 년 전에 아프리카를 벗어나 지구 표면 전체로 퍼져 나갔다. 생산력이 빈약했기에 인간은 하루하루 생존을 도모하는 데 모든 에너지를 쏟았다. 사유재산을 축적할 만한 경제적 여유가 없어서 소유 제도나 사회적 계급이 생길 수 없었던 시기를 '원시공산제 사회'라고 한다.

그런데 약 1만 년 전쯤 지구의 몇몇 지역에서 농업혁명이 일어났다. 사피엔스가 몇몇 식물을 재배하고 소와 양 같은 대형 포유류를 사육하는 데 필요한 기술과 도구를 획득하게 된 것이다. 농업혁명과 더불어 사회적 분업과 기술적 협업이 생겨나고 생산력이 발전하자 사유재산과 소유권 개념이 발생하고 계급과 국가가 출현했다. 집단 내부에서는 육체적·정서적·지적 능력이 강한 사람들이 그렇지 못한 사람을 노예로 만들었고, 강한 집단은 다른 집단을 무력으로 정복해 노예로 삼았다. 노예의 강제 노동이 생산 활동의 핵심을 이룬 노예제 사회가 나타난 것이다. 우리가 아는 고대 그리스 도시국가와 로마제국은 모두 노예 소유자와 노예라는 '대립하는 계급'의 통일체였다. 노예 소유자와 노예는 "특정한, 불가피한, 자신의 의사와는 무관한, 물질적 생산력의 특정한 발전 단계에 맞는 생산관계에 들어갔다." 노예제를 유지하기 위한 법률과 제도가 탄생했고 노예제를 정당화하는 사상과 철학이 나타났으며, 노예제 사회에서 부와 권력을 누리는 지배계급의 예술과 문화가 출현했다.

생산 기술이 계속 발전하면서 노예제는 생산력 발전을 가로막는 족쇄가 되었다. 정복 전쟁을 무한정 계속할 수 없었기에 노예의 신규 공급이 어려워졌고 기존의 노예들은 열심히 일할 동기가 없었을 뿐 아니라 왕왕 반란까지 일으켰다. 노예제의 붕괴와 새로운 생산관계의 출현은 필연적이었다. 서로마제국이 무너진 후 유럽에는 중세 봉건제가 들어섰다. 고대의 강력한 중앙집권 국가가 사라진 자리를 저마다 군대와 토지 소유권을 보유한 봉건 영주와 교회가 차지했다. 노예와 달리 결혼을 하고 자식을 낳고 동산을 소유하고 농업 생산에 종사하지만 귀족 영주에게 예속된 신분인 농민 또는 농노가 생산 활동의 주역이 되었다. 1,000년이나 지속된 유럽의 봉건 사회는 토지와 신분적 특권을 가진 영주와 그들에게 속박되어 착취당하는 농민, 대립하는 두 계급의 통일체였다.

봉건제 생산관계도 결국 생산력 발전의 족쇄가 되었다. 수공업과 상업이 발전하면서, 결정적으로는 산업혁명 이후 생산력이 비약적으로 발전한 결과 봉건제 사회의 태내에서 새로운 계급이 형성되었다. 자본과 새로운 생산 기술을 보유한 자산계급(부르주아지)이 그들이었다. 과학자와 기술자 들이 창안한 새로운 생산 기술을 적용하려면 신분제의 예속에서 벗어나 '자유로운 인격체'

로서 근로계약을 맺고 일할 수 있는 무산계급(프롤레타리아트)이 필요했다. 중세적 특권을 누리던 봉건 영주들은 자본가로 변신해 살아남거나 변신에 실패해 몰락하는 운명을 맞았다. 부르주아지는 민주주의 혁명으로 봉건 귀족 계급에게서 국가 권력을 빼앗아 새로운 지배계급이 되었고 농민은 중세적 신분제의 속박에서 풀려나 '자유로운' 노동자가 되었다. 부르주아지와 프롤레타리아트는 새로운 자본주의적 생산관계에 들어갔고 유럽의 봉건제 사회는 현대의 자본주의사회로 변모했다. 봉건제의 족쇄에서 풀려난 생산력은 단기간에 혁명적 진전을 이루었다. 마르크스는 그 양상을 장엄한 필치로 다음과 같이 묘사했다.

『공산당 선언』
(Dietz Verlag,
Berlin, 1974)
제1장

부르주아지는 인간이 무엇을 이룰 수 있는지 보여주었다. 그들은 이집트의 피라미드, 로마의 수로, 중세의 고딕 성당과는 아주 다른 기적을 이루었으며 민족 대이동이나 십자군 원정과는 전혀 다른 원정을 벌였다. 부르주아지는 생산 도구와 생산관계, 그리고 사회적 관계 전체를 끊임없이 혁신해야 생존할 수 있다. 그들의 시대를 다른 시대와 구별하는 것은 부단한 생산의 혁신, 모든 사회 상황의 지속적인 동요, 영원한 불안과 격동이다. 부르주아지는 생산물의 판로를 확장하려는 욕구를 안고 지구 전체로 진출해 뿌리를 내려야 한다. 그들은 세계 시장을 착취함으로써 생산과 소비를 세계화했다. 오래된 민족적 산업의 기반을 허물고 소멸시켰다. 그들이 만든 새로운 산업은 본국이 아니라 먼 지역의 원자재를 가공하며 모든 대륙에서 동시에 소비되는 상품을 생산한다. 국산품으로 충족하던 낡은 욕구를 대체한 새로운 욕구를 충족하려면 아주 멀리 있는 나라의 산물이 필요하다. 지역적이고 일국적인 자급자족을 여러 국민의 전면적 교류와 상호 의존이 대체한다. 물질적 생산뿐만 아니라 정신적 생산도 마찬가지다. 개별 공동체의 지역적 문학이 하나의 세계 문학으로 융합된다. 부르주아지는 생산 도구의 급속한 개선과 신속한 교류를 통해 가장 미개한 민족들까지 문명으로 끌어들인다. 저렴한 상품 가격은 만리장성을 무너뜨리고 완고한 외국 혐오를 제압하는 대포와 같다. 부르주아지는 자기 자신의 모습을 본떠 하나의 세계를 창조했다. 100년도 되지 않는 지배 기간에 지나간 모든 세대를 합친 것보다 더 거대한 생산력을 만들었다. 자연의 정복, 기계 장치 도입, 화학의 산업적 응용, 기선 항해, 철도, 전신, 모든 대륙의 개간, 운하 건설, 갑자기 땅에서 솟아난 듯 증가한 인구, 이런 생산력이 사회적 노동의 무릎을 베고 잠들어 있었다는 것을 누가 알았겠는가?

　1848년에 쓴 글이라는 사실이 믿기지 않는다. 마르크스가 묘사한 문명의 변화 양상을 우리는 오늘날 '세계화'와 '과학혁명'이라는 말로 표현한다. 그런데 마르크스는 부르주아지가 민주주의 혁명으로 봉건제의 사슬을 해체함으로써 생산력의 폭발적 발전을 이루어 냈지만 '자본주의 생산관계'도 결국 생산력 발전을 가로막는 족쇄가 될 것이라고 보았다. 끝없이 반복되는 경제공황 때문에 자본주의사회는 '지속적으로 동요'하며, 항구적으로 착취당하는 노동계급의 저항 때문에 '영원한 불안과 격동'에 휩쓸린다. 생산력의 지속적 발전을 보장하려면 이런 문제가 없는 새로운 생산관계가 들어설 수밖에 없다. 『정치경제학 비판을 위하여』 서문에서 마르크스가 말하고자 한 것은 바로 이런 이야기였다.

공산주의 혁명과 역사의 종말

마르크스는 자본주의를 극도로 혐오했으며 부르주아지를 내놓고
경멸했다. 자본주의사회의 지배계급인 부르주아지가 이룩한 산
업 발전과 세계화를 찬양한 것은 머지않아 다가올 마지막 혁명, 계
급과 계급 착취와 국가와 역사를 모두 종식할 프롤레타리아트 혁
명과 천년왕국의 도래를 돋보이게 만드는 장치였을 뿐이다. 마르
크스는 부르주아사회를 전복하는 혁명의 필연성을 다음과 같이
논증했다.

『공산당 선언』   부르주아사회는 자신이 마법의 주술로 불러낸 어둠의 힘을 통제하지 못하
제1장
는 마법사와 비슷하다. 지난 수십 년간 산업과 상업의 역사는 오늘의 생산
관계에 대해서, 부르주아지와 그들의 존재 조건인 소유관계에 대해서 현대
의 생산력이 일으킨 반란의 역사일 뿐이다. 주기적으로 반복되는 공황은
생산품과 생산력을 파괴한다. 예전이라면 불합리해 보일 과잉 생산이라는
전염병이 출현하고 사회는 일시적 야만 상태로 돌아간다. 부르주아 생산관
계는 자신이 만든 부를 포용하기에 너무 좁아져 버렸다. 부르주아지는 한
편에서는 생산력을 파괴하면서 다른 한편에서 새로운 시장을 획득하고 기
존의 시장을 더 철저히 착취함으로써 공황을 극복하지만, 그렇게 함으로써
더 강력한 공황을 준비한다. 부르주아지가 봉건제를 쓰러뜨린 무기들이 이
제 부르주아지 자신을 겨눈다. 부르주아지는 자신을 죽일 무기를 버리고
그것을 쓸 사람도 만들어 낸다. 현대의 노동자, 프롤레타리아트다. 현대 공
업은 장인의 작업실을 거대한 공장으로 바꾸어 놓았다. 공장 노동자는 군
대식으로 조직된다. 산업 사병인 그들은 부사관과 장교의 감시 아래 놓인
부르주아지와 부르주아 국가의 노예이며, 또한 개별 자본가의 노예이다.

소상공인, 수공업자, 농민 등 모든 계급이 프롤레타리아트로 전락한다. 프롤레타리아트는 공업 발전과 더불어 그저 증가하는 게 아니라 더 큰 대중으로 모이며 더 큰 힘을 이루고, 그 힘을 인식하게 된다. 기계가 노동의 차이를 없애고 임금을 모든 곳에서 같은 수준으로 떨어뜨리기 때문에 프롤레타리아트의 이해관계와 생활 상태는 균등해지며, 노동자와 자본가의 충돌은 계급 충돌로 나아간다. 프롤레타리아트는 점점 더 강력하게 계급과 정당으로 조직된다. 부르주아지에 대항하는 모든 계급 가운데 프롤레타리아트가 현실적으로 유일한 혁명적 계급이다. 부르주아지는 자기의 무덤을 파는 사람을 만들어 낸다. 부르주아지의 몰락과 프롤레타리아트의 승리는 똑같이 불가피하다.

이 예언이 거의 모든 면에서 현실을 비껴갔다는 사실을 우리는 안다. 기계는 노동의 차이를 완전히 없애지 않았으며 임금을 모든 곳에서 같은 수준으로 떨어뜨리지도 않았다. 소상공인과 수공업자가 모두 프롤레타리아트로 전락하지도 않았고, 프롤레타리아트가 계급과 정당으로 결속하지도 않았다. 결국 이것은 논증이 아니라 희망 사항이었을 뿐이다. 그러나 19세기에는 경제학과 사회학이 초보적 발전 단계에 있었기 때문에 마르크스의 이론을 승인하거나 배척하는 데 필요한 실증적 데이터가 없었다. 그래서 사람들은 이해관계와 직관적 판단에 따라 그것을 수용하거나 배척해야 했다.

그런데 현실이 마르크스의 전망과 다르게 펼쳐졌다는 것이 유물사관의 근본적인 문제는 아니다. 유물사관의 약점은 현실의 변화를 예측하지 못한 데 있는 게 아니라 그 자체가 내포한 논리적 모순에 있다. 다음은『공산당 선언』2장의 마지막 문장이다.

계급과 계급 대립이 있던 낡은 부르주아사회 대신에, 각자의
자유로운 발전이 모든 이의 자유로운 발전을 위한 조건이 되
는 연합체가 들어선다.

사회가 대립하는 계급의 통일체이고 사회 변화의 동력이 대
립하는 계급 사이의 투쟁이라고 할 경우, 계급과 계급 대립의 폐지
는 곧 사회 변화의 동력 소멸을 의미한다. 변화의 동력을 잃으면
사회는 영원히 같은 상태가 지속되는 '천년왕국'이 된다. 공산주
의 혁명이라는 역사의 마지막 사건을 통해 인류 역사는 공산주의
사회라는 최종 단계에 들어가고 역사는 종말을 맞는 것이다. 그런
데 실제로 그렇게 된다고 해도 마르크스의 역사법칙이 진리가 되
지는 못한다. 공산주의 혁명 이전의 사회에는 적용할 수 있지만 공
산주의 사회에는 적용할 수 없다면, 그 역사법칙을 보편적 진리라
고 할 수 없기 때문이다.

마르크스가 이런 결함을 알고 있었는지 여부는 알 수 없다.
논리의 천재 마르크스가 자신의 이론이 내포한 논리적 모순을 인
지하지 못했다면, 그건 아마도 열정 때문이었을 것이다. 그는 자본
주의사회의 불평등과 인간에 대한 인간의 억압을 지독하게 혐오
했으며 그만큼 간절하게 계급적 억압과 착취가 없는 세상을 원했
다. 그런 세상을 이루려고 헌신하는 사람들에게 확신과 용기를 주
려면 이론 자체의 논리적 모순을 덮어 두어야 한다고 생각했을지
도 모른다. 물론 이렇게 추정하는 사실적 근거는 없다.

마르크스는 어떤 사람이었기에 세상에 대한 섬뜩한 저주일
수도 있고 미래에 대한 가슴 벅찬 복음일 수도 있는 역사 이론을
창안했을까? 나는 그가 '사회적 감수성이 예민한 문과 천재'였다

고 생각한다. '사회적 감수성이 예민한 문과' 기질을 타고났고, 지적 재능은 '천재'라는 말로밖에 표현할 수 없을 만큼 뛰어났다.

먼저 그의 재능부터 살펴보자. 마르크스는 다른 사람의 사상과 이론을 빠르게 흡수하면서도 그 결점과 한계를 정확하게 파악해 자신만의 사상과 이론을 구축하는 데 활용했다. 유물사관의 방법론인 변증법은 헤겔에게서, 철학적 토대인 유물론은 신의 존재를 부정한 논문『그리스도교의 본질』(Das Wesen des Christentums)을 발표해 젊은 지식인들을 매료시켰던 철학자 루트비히 포이어바흐(1804~1872)에게서 가져왔다. 마르크스의 대표작『자본론』(Das Kapital)의 핵심인 잉여가치론은 고전파 경제학자 애덤 스미스(1723~1790)와 데이비드 리카도(1772~1823)의 노동가치론을 개정 증보한 것이었다. 게다가 그는 글도 잘 썼다.『공산당 선언』같은 정치적 격문과『루이 보나파르트의 브뤼메르 18일』을 비롯한 정치비평,『자본론』처럼 방대한 학술서를 모두 최고 수준으로 쓴 지식인은 문명사에 흔치 않다.[6]

과거와 씨름했던 랑케와 달리 마르크스가 당대의 노동자들

---

6. 마르크스는 다양한 장르에 걸친 많은 분량의 글을 썼다. 1842년부터 자유주의 성향의 신문에 칼럼을 쓰기 시작했고, 1843년 예니 폰 베스트팔렌과 결혼한 후 프로이센 정부의 탄압을 피해 파리로 가서 「경제학·철학 초고」와『신성 가족』(엥겔스와 공저)을 집필했다. 프랑스 정부가 추방령을 내리자 브뤼셀로 이주해『포이어바흐에 관한 테제』를 썼으며,『독일 이데올로기』(엥겔스와 공저)를 쓰고 프랑스 혁명가 프루동의『빈곤의 철학』을 비판하는『철학의 빈곤』을 집필했다. 1847년 말 공산주의자동맹의 요청으로 『공산당 선언』을 썼으며, 1849년 런던으로 망명한 이후 '프랑스의 계급 투쟁'과 '루이 보나파르트의 브뤼메르 18일'이라는 제목으로 나중에 출간한 신문 기고문을 썼다. 생계를 위해『뉴욕 데일리 트리뷴』을 비롯한 여러 나라의 신문에 기고했으며 15년 동안 경제학 연구에 몰두하면서『정치경제학 비판을 위하여』와『정치경제학 비판 요강』을 썼고, 1867년에는『자본론』제1권을 출판했다. 1883년 사망할 때까지『자본론』후속 작업을 했으나 완성하지 못했다. 엥겔스가 미완성 유고를 수습해『자본론』제2권과 제3권을 출간했다.

이 겪은 고통과 절망에 감응해 혁명운동에 뛰어들었고 세상을 변혁하는 데 필요한 사상과 이론을 탐구한 것은 예민한 사회적 감수성을 지닌 사람이었기 때문이다. 1818년 그가 독일 라인 지방의 트리어에서 태어났을 때 봉건 지주 계급이 지배했던 독일 사회는 프랑스대혁명이 몰고 온 자유주의와 민족주의 열풍에 뿌리가 흔들리고 있었다.

트리어에서 김나지움을 마치고 본 대학교에서 인문학을 공부하던 마르크스는 법학과 철학에 끌려 베를린 대학교로 이적했다. 여기서 급진 성향의 청년들과 어울리면서 프로이센 경찰의 감시를 받는 '위험인물'이 되었으며, 평생 감시와 박해를 받으면서도 착취와 억압이 사라진 세상에 대한 꿈을 버리지 않았다. 역사가 그의 역사 이론을 비껴갔고, '현실의 사회주의 국가'가 착취와 억압이 없는 자유로운 세상과는 거리가 먼 사회였다고 해서 마르크스가 타인의 고통과 사회의 모순에 예민하게 반응한 사람이었다는 사실까지 부정할 필요는 없을 것이다.

마르크스가 랑케처럼 로마 시대부터 19세기까지 유럽의 역사를 쓰거나 하라리처럼 인류사를 집필했다면 어땠을까? 유물사관이 지닌 치명적인 논리적 모순과 사소한 결함들을 스스로 충분히 인지했을 것이다. 뛰어난 문장력의 소유자였던 만큼 대단한 역사서를 남겼을지도 모른다. 그러나 마르크스는 미래를 바꾸는 데만 관심을 쏟았고 과거를 텍스트로 재구성하는 작업에는 손을 대지 않았다. 그래서 유물사관에 입각한 역사를 서술하는 작업은 그의 철학을 따르는 역사가들이 떠맡아야 했다.

마르크스주의 역사가들이 해야 할 일은 단순했다. 역사법칙의 진리가 이미 확정되어 있었기 때문에 그에 맞는 사실을 수집해 그에 맞는 이야기를 꾸미면 충분했다. 그들은 지역, 민족, 사회 또는 국가의 과거 상태를 보여주는 유적, 유물, 언어, 풍속, 문헌 등 모든 종류의 사료에서 필요한 정보와 사실을 찾아내 원시공산제에서 노예제와 봉건제를 거쳐 자본주의에 이르는 역사의 과정을 재구성했다. 그렇게 쓴 역사가 어떠한지 굳이 들여다볼 필요는 없을 것이다. 한마디로 평하면, 천편일률이고 지루하다. 그래서 이 책에서는 제6장에서 일제강점기 조선의 마르크스주의자 백남운의 저서를 살펴보는 것으로 대체한다. 백남운은 유럽 마르크스주의자들이 고민하지 않았던 문제를 다루는 데 많은 지면을 소모했다. 그런 면을 제외하면, 그의 책도 유물사관에 입각해 서술한 유럽 마르크스주의자들의 역사서와 별로 다를 게 없다.

후쿠야마의 변종 역사종말론

역사종말론을 폈다고 해서 마르크스를 특별히 비판하는 것은 지나친 처사일지도 모른다. 역사의 종말을 이야기한 인물은 마르크스 이전에도 있었고 이후에도 있었다. 세상의 종말과 심판의 날에 대한 믿음을 가진 기독교를 문화의 토대로 삼는 서구 문명에서 역사종말론은 문화 유전자에 깊이 새겨진 사고방식이라 할 수 있다. 20세기 막바지에 역사종말론 열풍을 일으켰던 프랜시스 후쿠야마(1952~)는 그런 사고방식이 얼마나 큰 위력을 지녔는지 다시 확인해 주었다. 후쿠야마는 유물사관의 단선적 역사 발전 도식의 네 번째 단계인 자본주의 체제가 역사의 마지막 단계가 될 수 있다고 주장했다.

  1952년 시카고에서 태어난 일본계 미국인 후쿠야마는 코넬, 예일, 하버드 대학교에서 서양 고전과 비교문학을 공부하고 소련과 중동 지역을 연구한 지식 엘리트다. 미국 정부의 군비 축소 관련 업무를 한 적이 있고, 워싱턴 D.C.에 있는 랜드연구소 정책 고문으로 일하다 스탠퍼드 대학교에서 철학과 정치경제학을 강의했다. 그는 1989년 여름 미국 외교 안보 전문지에 「역사의 종말?」[7]이라는 논문을 기고해 서구 언론의 눈길을 끌었다. 여기서 후쿠야마는 '자유민주주의(liberal democracy)'가 '이데올로기 진화의 종점' 또는 '인류 최후의 정부 형태'가 될지 모르며, 만약 그렇다면 이것이 '역사의 종말'이 될 것이라고 주장했다. 자유민주주의는 이전 여러 형태의 정부와 달리 내적인 결함이나 불합리성, 근본적인 내부 모순을 지니고 있지 않으며, 더 개선할 여지가 없을 정도로 완벽하다는 게 그 근거였다.[8]

  미국에서 피어오른 찬반론은 순식간에 대양을 건너 유럽과 아프리카, 아시아로 번졌다. 1992년 후쿠야마는 이 논쟁에 대한 생각을 정리한 『역사의 종말』을 출간했다. 이 책은 논문보다 더 큰 화제가 되었고, 한국에서도 베스트셀러가 되었다. 『역사의 종말』은 역사서도 역사 이론서도 아니다. 『공산당 선언』과 비슷한 정치 팸플릿이다. 다만 『공산당 선언』과 결론이 정반대되고 분량이 훨씬 많다는 점에서 다르다. 애써 긍정적으로 평하자면, 매우 논쟁적인 주제를 다룬 철학서라고 할 수는 있다. 문장 스타일과 분위기는 제8장에서 살펴볼 슈펭글러의 『서구의 몰락』을 떠올리게 한

---

7. Francis Fukuyama, "The End of History?", *The National Interest* 16 (Summer 1989), pp. 3~18.
  8. 『역사의 종말』(이상훈 옮김, 한마음사, 1997), 7~8쪽.

다. 그럼에도 여기서 소개하는 것은 후쿠야마가 오래되었지만 중
요한 역사학의 이슈를 되살려 냈기 때문이다. 그의 대답이 만족스
럽지 않았다고 해도 이 질문을 살려 낸 것만큼은 가치 있는 일이
다. 그 질문이 무엇인지 우리는 안다. 역사의 진보라는 것이 과연
있는가? 인류는 일관된 방향성을 가진 보편적 역사를 구축할 수
있는가? 랑케와 막시밀리안 2세가 진지하게 묻고 대답했던 바로
그 질문이다.

　　후쿠야마는 랑케와 달리 확실하고 긍정적인 대답을 내놓았
다. 그러한 답변을 했던 이유는 두 가지였다. 첫째, 자연과학의 발
전은 인류 사회를 자본주의로 인도한다. 자연과학의 지배력이 사
라지지 않을 것이기 때문에 인류가 자본주의 이전과 같은 '야만 상
태'로 되돌아가는 역사의 순환은 일어날 수 없다. 둘째, 사회 변화
의 동력은 타인과 동등하게 또는 우월한 존재로 인정받으려는 인
간의 욕망인데, 계급과 신분으로 나뉘었던 이전의 정치 체제는 이
욕망을 충족해 주지 못한다는 근본적 모순 때문에 무너지고 사라
졌다. 자유민주주의는 무결점은 아니지만 현실에서 이 욕망을 충
족할 수 있는 가능성을 최대화하는 체제다. 남보다 우월한 존재로
인정받고자 하는 인간의 욕망을 사회가 어느 정도 다스릴 수만 있
다면 세계 모든 국가의 정부 형태는 자유민주주의로 수렴될 것이
며 경제적으로는 세계 전체가 하나의 공동 시장이 될 것이다. 자본
주의와 자유민주주의가 안착한 세계에서 인류는 전쟁이나 혁명
이 없는 평화로운 삶을 누릴 수 있다. 거대한 역사적 투쟁은 사라
지고 작은 사건만 일어나는 안정적인 세계가 출현한다. 소련과 동
유럽 사회주의 체제 붕괴로 인한 냉전의 종식은 영원한 평화의 시
대가 왔음을 의미한다. 후쿠야마는 이런 생각을 다음과 같은 지성

적인 문장으로 표현했다.

『역사의 종말』
8~9쪽 역사를 단 하나의 일관성 있는 진화 과정으로 간주하는 것은 헤겔의 사상에서 유래했으며 마르크스가 상식으로 만들었다. 두 사상가의 견해에 따르면, 인간 사회는 노예 제도와 자급자족 농업에 기초한 단순한 부족 사회에서 여러 종류의 신권 제도, 군주 제도, 봉건적인 귀족 제도를 거쳐 자유민주주의와 기술 본위의 자본주의에 이르기까지 일관성 있게 발전했다. 헤겔과 마르크스는 인간 사회의 진화가 한없이 계속되는 게 아니라 인류가 가장 심오하고 근본적인 동경을 충족해 주는 사회를 실현했을 때 종말을 맞으리라고 믿었다. 둘 모두 '역사의 종말'을 기정사실로 받아들인 것이다. 인간 사회 진화의 종말은 더는 아무런 사건도 일어나지 않는다는 뜻이 아니다. 역사의 근거를 이루는 여러 원리나 제도가 더는 진보하거나 발전하지 않는다는 것을 의미한다.

『역사의 종말』에서 후쿠야마는 단 하나의 실증 데이터도 제시하지 않았고, 구체적인 사실이나 역사적 사건에 대한 서술도 거의 하지 않았다. 주석이 많지만 역사학자와 역사서는 아주 가끔 등장할 뿐이다. 자주 인용한 저자는 헤겔, 마르크스, 니체, 플라톤, 애덤 스미스, 토머스 소웰, 레오 스트라우스, 토크빌, 슘페터, 막스 베버, 루소, 러셀, 탤컷 파슨스, 월트 로스토, 헌팅턴, 대니얼 벨 같은 철학자, 경제학자, 사회학자, 정치학자 들이다. 헤겔과 마르크스, 니체의 철학을 중요하게 여긴 후쿠야마는 멋진 표현으로 역사에 대한 정의를 내렸다. 역사는 '최초의 인간'이 '최후의 인간'으로 변모하는 과정이라는 것이다. 역사를 시작한 주역은 욕망을 충족하기 위해 만인이 만인에 대해 수단과 방법을 가리지 않고 피비린내

나는 투쟁을 벌였던 '최초의 인간'이었다. 그러나 그 기나긴 투쟁을 거쳐 찾아든 역사의 종말, 즉 비로소 찾아든 평화로운 세계에서 인간은 아무런 욕망에 휘둘리지 않으며 행복하게 살아간다. 그들이 바로 '최후의 인간'이다.

『역사의 종말』은 철학, 경제학, 정치학을 뒤섞은 사변적 정치 선언문으로, 역사와 역사학에 대한 구체적이고 진지한 질문에는 전혀 응답하지 않는다. 헌팅턴의 표현에 따르면, 이 책은 서구 중심주의에 사로잡힌 지식인이 터뜨린 '환상과 편견의 꽃망울'일 뿐이다. 그러나 후쿠야마가 되살려 낸 질문은 여전히 유효하다. 인간은 일관된 방향을 가진 역사를 구축할 수 있는가? 그렇다면 그 역사의 방향은 어디를 향하고 있는가? 많은 역사가들이 대답을 제시했지만, 실제 역사는 그 모든 대답을 비껴갔다. 결국 후쿠야마의 대답 역시 터무니없는 것으로 밝혀질 것이다. 그러나 그가 되살려 낸 질문은 기억해 둘 필요가 있다. 마지막 장에서 우리는 하라리의 크게 다른 대답을 듣게 될 것이다. 그 역시 정답이라는 보증은 없지만.

제6장
민족주의 역사학의 고단한 역정, 박은식·신채호·백남운

『조선상고사/한국통사』, 신채호·박은식 지음, 윤재영 역해, 동서문화사, 2012.
『한국독립운동지혈사 (상)·(하)』, 박은식 지음, 남만성 옮김, 서문당, 1999.
『조선사회경제사』, 백남운 지음, 박광순 옮김, 범우사, 1999.

제국주의 시대의 민족주의 역사학

이 책에서 지금까지 만난 역사가들은 모두 독립적인 사회의 지식인이었다. 그들은 지식 계급의 일원으로서 당대 최고 수준의 교육을 받았거나 지적으로 매우 뛰어났으며 자신이 사는 곳이 가장 높은 수준의 문명사회라고 믿었다. 그랬기 때문에 그들은 인간의 보편적 본성에 관심을 기울였고 사회와 역사의 일반 법칙을 탐색했으며 인류 전체를 생각하면서 역사를 썼을 것이다.

그들이 19세기 말이나 20세기 초 한반도에 살았다면 어땠을까? 전혀 다른 시각으로 크게 다른 역사를 썼을 것이다. 500년 세월을 이어 왔던 조선은 이 시기에 일본제국주의 식민지가 되었다. 외교권을 넘겨줌으로써 사실상 주권을 빼앗겼던 1905년의 을사늑약부터 일본의 태평양 전쟁 패전과 민족의 광복까지, 우리 민족은 40년 동안 수탈과 억압을 겪어야 했다. 그렇다면 이런 상황에서 높은 수준의 교육을 받았거나 뛰어난 지적 능력을 가지고 있었던 사람은 어떤 감정을 품고 어떤 생각을 하면서 역사를 마주했을까?

투키디데스라면 다음 세대를 위해 직접 보고 들은 일제의 주권 강탈 과정과 조선인에 대한 폭압의 실상을 기록했을 테고, 헤로도토스라면 조선 사람들이 일제 강점에 맞서 총을 들고 싸운 모습을 마라톤 평원의 전투 장면처럼 정확하고 상세하게 이야기했을 것이다. 사마천이라면 조선의 지배층이 세계정세의 변화를 읽어 내지 못하고 우물 안 개구리처럼 현실에 안주했던 이유를 천착하지 않았을까?

실제로 조선의 역사가들은 그런 작업을 했다.[1] 그들이 역사를

1. 70년 넘게 분단 시대를 살고 있는 탓에 때로 용어를 정하는 일이 어렵다. 고종은

연구하고 서술하게 한 동력은 조선 사람의 각성과 단결을 촉진하고 항일 투쟁을 북돋우려는 의지와 목적의식이었다. 이런 감정과 소망에 끌려 민족을 중심으로 과거를 재구성하고 현실을 기록한 작업을 '민족주의 역사학'이라고 한다. 앞에서 말한 바 있지만, 인간은 역사에 도덕적 감정을 투사한다. 일본제국주의자들은 조선 사람들에게 민족의 역사에 대한 열등감을 주입함으로써 식민 지배를 받아들이게 하려 했다. 조선의 민족주의 역사학자들은 정반대인 목적의식을 품고 조선 민중이 용기와 자부심을 느낄 수 있도록 역사를 재구성했다.

19세기는 제국주의(帝國主義, imperialism) 시대였지만 제국주의가 새로운 현상이었던 것은 아니다. 넓게 보면 제국주의는 다른 지역을 정복해 큰 나라를 만드는 경향 또는 현상이며, 이런 의미에서 인류 역사에 언제나 존재했다. 페르시아 전쟁의 직접 원인은 그리스 세계를 정복하려는 페르시아 왕의 야심이었고, 펠로폰네소스 전쟁의 원인 역시 다른 도시국가를 지배하려고 했던 아테네와 스파르타 사람들의 욕망이었다. 마케도니아의 젊은 왕 알렉산드로스가 유럽을 제패하고 이집트 원정에 나선 것도 마찬가지였다. 로마를 유럽 최초의 제국으로 만든 율리우스 카이사르, 콘스탄티노플 성벽을 무너뜨리고 오스만제국을 세운 메메트 2세

1897년 국호를 조선에서 '대한제국'으로 변경하고 황제 즉위식을 했다. 한일병합조약에도 국호를 '한국'이라고 썼다. 대한제국의 역사적 정통성을 인정한다면 이때부터는 우리 민족 전체를 '한국인'이라 해야 할 것이다. 그러나 대한민국 건국 시기를 우리 민족이 3·1독립 투쟁에 이어 상해 임시정부를 수립한 1919년으로 보면, 그 이후부터 '한국'과 '한국인'을 쓰는 게 맞다. 그러나 광복 이전까지 우리는 '조선'과 '조선 사람'이라는 말을 썼다. 3·1독립선언서도 마찬가지였다. 북한에서 '조선'을 쓰기 때문에 우리나라에서 이를 기피하는 경향이 있지만, 박은식을 제외하면 그 시대 역사가들 대부분이 조선이라고 했다. 이 책에서는 광복과 분단 이전의 우리나라를 '조선'으로, 우리 민족을 '조선 사람'이라고 썼다.

도 같은 욕망에 끌렸다. 중국인도 강력한 통일 국가를 형성할 때마다 이웃 나라를 지배하려 했다. 히틀러는 유럽 전체를 하나의 제국으로 만들려 했고, 스탈린도 동유럽을 소련이 지배하는 '사회주의 제국'에 편입시켰다.

그렇지만 19세기 제국주의는 특수한 면이 있었다. 유럽인은 로마제국이 무너진 후 1,000년 넘는 세월 동안 제국을 세우지 못했다. 어느 나라도 인접 국가를 정복할 수 있을 정도로 압도적인 군사력을 구축하지 못한 그들은 이웃 나라를 침략하기보다는 밖으로 나가는 길을 선택했다. 16세기 이후 포르투갈, 스페인, 영국, 프랑스, 네덜란드 같은 나라들은 발전한 산업 기술과 압도적인 군사력을 앞세워 아메리카 대륙과 아시아, 호주, 아프리카를 점령해 저마다 본국과 식민지로 이루어진 제국을 구축했다. 유럽의 제국주의 국가들은 산업혁명을 거치며 완전하게 자리 잡은 자본주의 경제 체제를 식민지에 이식해 자원을 수탈하면서 기독교 문명으로 야만인을 교화한다는 논리를 폈다. 그런데 정복할 수 있는 땅이 얼마 남지 않았던 19세기 중반부터 한때 영국의 식민지였던 미국을 포함해 러시아, 이탈리아, 독일, 일본 등이 식민지 쟁탈전에 가세했다. 제국주의 열망을 버리지 못한 강대국들이 마침내 자기네끼리 전쟁을 벌이기 시작했으니, 그것이 바로 20세기 세계를 피로 물들인 두 차례 세계대전이었다.

후발 제국주의 국가였던 일본의 식민지가 된 조선의 역사가들은 크게 세 갈래로 민족적 열정을 표현했다. 첫째, 민족해방 투쟁의 정당성을 입증하기 위해 일제의 불법적·폭력적인 조선 강점 과정과 조선 사람들이 벌인 해방 투쟁을 세세히 기록했다. 둘째, 조선 사람들이 민족적 자부심과 자주성을 북돋우는 데 도움이 되

는 방향으로 과거 역사를 재구성하고 재해석했다. 셋째, 우리 민족
이 다른 민족에 비해 어딘가 못난 점이 있거나 우리 사회와 역사가
스스로 발전할 수 없는 결함을 지니고 있는 게 아니라는 것을 증명
하려 했다. 식민지 조선의 수많은 지식인들이 이런 작업에 참여했
는데, 나는 박은식, 신채호, 백남운이 민족주의 역사학의 세 갈래
를 대표하는 역사가라고 생각한다.

박은식의 『한국통사』

박은식(1859~1925) 선생[2]은 황해도 시골 훈장의 아들로 태어나
성리학을 공부했다. 청년기에는 다산 정약용의 제자들에게 실학
과 양명학을 배웠으며 향시에 합격해 능참봉이라는 말단 관리로 6
년 정도 일했다. 1898년 독립협회에 가입했고 만민공동회 간부로
활동했으며, 『황성신문』과 『대한매일신보』 주필을 차례로 맡아
애국계몽운동을 벌였다. 한일합병조약이 체결되었을 때 52세였
던 그는 만주로 가서 독립 투쟁에 뛰어들었다. 1915년 상해에서
조선 망국 과정을 정리한 『한국통사』[3]를 출간했으며, 『이순신전』
과 『안중근전』을 비롯한 역사 인물 전기를 썼다. 1920년에는 또

2. 박은식, 신채호, 백남운 등 일제강점기 민족의식을 북돋우려고 노력한 역사가에
대해서는 '선생'이라는 존칭을 붙이는 관례를 따르는 것이 합당하지만, 이 책에서 소개하는
다른 역사가들과 균형을 맞추기 위해 앞으로는 존칭을 모두 생략한다.
　　박은식의 생애를 더 깊이 알고 싶은 독자에게는 『백암 박은식 평전』(김삼웅 지음,
채륜, 2017)을 추천한다.
　　3. 이 책에서는 『조선상고사/한국통사』(신채호·박은식 지음, 윤재영 역해,
동서문화사, 2012)를 인용 또는 발췌 요약했다. 『한국통사』는 발췌 번역본이지만 핵심
내용은 대부분 들어 있기에 완역본과 큰 차이가 있는 것은 아니다.

하나의 당대사인 『한국독립운동지혈사』를 발표했다. 임시정부 기관지 『독립신문』의 사장과 대한민국 임시정부 제2대 대통령을 지낸 그는 광복의 꿈을 이루지 못한 채 1925년 상해에서 눈을 감았다.

박은식은 순 한문체로 글을 썼다. 어릴 때부터 배운 글이 한문이어서 순 한글체나 국한문 혼용체로는 생각과 감정을 표현하는 데 어려움을 느꼈던 게 아닌가 싶다. 대부분의 책을 중국에서 출판한 것이 또 다른 이유였을 수 있다. 『한국통사』는 제목 그대로 우리 민족이 당한 아픈 역사를 재현한 책이어서 갈피마다 피가 뚝뚝 떨어지는 듯하다. 1895년 8월 20일 새벽, 일본 군인과 낭인들이 명성황후를 시해한 을미사변에 대한 서술이 특히 흥미롭다. 본문에는 경과만 간단히 썼다. "일본인은 왕후를 칼질하여 죽였다. 그들은 평복 차림으로 환도를 소지하였으며, 호신용 총을 휴대하고 입궐한 자, 자객, 고문관, 순사 등 60여 명이었다고 한다."

그런데 묘하게도 그 장면을 매우 상세하게 서술한 법무협판 권재형의 1896년 4월 보고서를 길게 실어 두었다. 왜 그렇게 했을까? 명성황후 시해 장면을 자신의 문장으로 쓰고 싶지 않았기 때문이 아니었을까? 예전에는 '민비'라 했고, 요즘은 '명성황후'라고 하는 민자영의 정치 행위를 박은식은 매우 나쁘게 평가했다. 명성황후의 비참한 최후를 자신의 문장으로 기록하다가 자칫 인간적 연민의 감정을 내비치게 될까 두려워 그랬던 게 아닌가 추측해 본다. 권재형의 보고서에 따르면, 그날의 상황은 다음과 같았다.

날이 밝기 전에 일본군은 큰 소리로 외치고 총을 쏘면서 광화문을 따라 궁궐에 들어갔다. 궁을 지키던 조선군은 이를 막지 못했다. 일본군은 임금과   『한국통사』 437~438쪽 왕후가 기거하는 전각까지 쳐들어갔다. 일본군 장교는 군인들에게 명령하여 편전 앞문을 포위하도록 하고 자객들이 왕후를 찾아 시해할 수 있게 지원했다. 자객 이삼십 명이 칼을 빼어 든 채 전당에 들어와 밀실을 뒤집었고, 나인의 머리채를 끌며 왕후가 있는 곳을 캐물었다. 왕궁 시위병은 도망하여 흩어졌고 임금께서는 저들의 주의를 돌리게 하여 왕후가 피신하기를 바랐다. 어떤 일본인은 임금의 어깨와 팔을 잡아끌었고 또한 한 일본인은 방 안에서 임금이 있는 쪽으로 육혈포를 쏘기도 했다. 그들은 부상을 당한 궁 내부 대신 이경직을 임금 앞에서 찔러 죽였다. 왕태자는 머리채를 잡혀 끌려가다 관과 신발이 벗겨졌다. 칼을 들이대고 왕후 처소를 물었으나 다행히 어소(御所)로 달려가 몸을 피했다. 자객은 더 깊숙한 방에서 왕후를 찾아내 칼로 내리쳐 현장에서 시해했다. 비단 이불에 둘둘 말아 송판 위에 봉안하고는 녹원 숲 속으로 옮겨 석유를 뿌리고 그 위에 장작을 쌓고 불을 질러 태워 버렸다. 그래도 뼈 몇 조각이 다 타지 않고 남았다.

박은식은 중요한 역사적 사실을 기록하는 데 초점을 두고 『한국통사』를 썼으며 후속작인 『한국독립운동지혈사』도 다르지 않았다. 그는 우리나라를 가리켜 '조선'이라고 했던 다른 민족주의 역사가들과 달리 일관되게 '한국'이라는 국호를 썼다. '한국'은 고종이 표방했던 '대한제국'의 약칭일 수도 있고, 군주국 조선과는 다른 국민 국가를 세워야 한다는 정치철학의 표현이었을 수도 있다. 『한국통사』와 『한국독립운동지혈사』는 짝을 이루어 조선 망국과 민족해방 투쟁의 아프고 고단했던 과정을 생생하게 전해 준다. 『한국통사』「서언」에서 그는 과거사가 아닌 당대사를 쓴 이유를 아래와 같이 밝히면서 자신의 역사철학을 압축적으로 표현했다.

옛사람이 이르기를 나라는 멸할 수 있으나 역사는 멸할 수 없다고 하였다. 나라는 형체이고 역사는 정신이다. 이제 한국의 형체는 허물어졌으나 정신만을 홀로 보존하는 것이 어찌 불가능하겠는가. 이것이 『통사』(痛史)를 짓는 까닭이다. 정신이 보존되어 멸하지 아니하면 형체는 반드시 부활할 때가 있을 것이다.[4]

『한국통사』 제1편은 한반도의 지리와 역사, 주요 도시를 간략하게 소개하고 상고 시대부터 삼국 시대, 통일신라, 고려와 조선에 이르는 민족의 역사를 요약했다. 제2편은 열두 살 소년 고종이 즉위하고 대원군이 섭정을 시작한 1863년부터 대한제국을 선포한 1897년까지 조선의 쇄국 정책과 천주교 탄압, 국정 부패와 정치적 혼란, 일본의 침탈 과정을 서술했다. 개항, 임오군란, 갑신정변, 동학혁명, 청일전쟁, 을미사변, 항일의병전쟁을 비롯한 주요 사건이 들어 있다. 제3편은 1897년 대한제국 선포에서 러일전쟁과 을사늑약을 거쳐 합방늑약에 이르는 상황을 담았다. 마지막 항목은 안명근 의사의 일본 총독 데라우치 살해 미수 사건과 총독부가 105명의 민족 지사를 체포한 1911년의 '105인 사건'을 다룬다.

박은식은 조선 사람의 민족정신을 북돋우는 데, 긴요한 역사적 사실을 기록하는 데 힘을 쏟았으며 한일병합조약 체결 과정을 특별히 상세하게 적었다. 『한국통사』에 따르면, 1910년 8월 22일 데라우치가 순종을 겁박하여 합병을 강요했고 시종 윤덕영이 나라를 일본에 양여한다는 조칙에 임금 모르게 옥새를 찍었으며, 이완용이 그것을 데라우치에게 전달했다. 박은식은 "한국 황제 폐

4. 『한국통사』, 359쪽.

하는 한국 전부에 관한 일체 통치권을 완전히 또 영구히 일본 황제 폐하에게 양여하며"(제1조), "일본 황제 폐하는 제1조에 게재한 양여를 수락하고 또 완전히 한국을 일본제국에 병합하는 것을 승낙한다"(제2조)는 조문을 포함한 조약 전문도 수록했다. 불법 조약에 항의하기 위해 목숨을 끊은 민족 지사들의 이름을 집필 당시 확인한 만큼 최대한 정확하게 기록했고, 협력한 대가로 총독부 관직이나 일본의 작위, 일본 왕의 은사금을 받은 자들의 이름을 적어두었다. 그들을 절대 잊지 말자고 조선 사람들에게 고한 것이다. 아래는 박은식의 기록이다.

한국인으로 순절한 이가 많았으나 신문이 이미 폐간되어 천지가 캄캄했으니 발표할 곳이 없었다. 또 일본 순사들이 가족을 위협하여 사건을 누설하지 못하게 했다. 이때 전해 들어 알게 된 사람은 대략 다음 28명이었다. 금산군수 홍범식, 주러시아 공사 이범진, 승지 이만도, 진사 황현, 환관 반학영, 승지 이재윤, 승지 송종규, 참판 송도순, 판서 김석진, 참판 정모(금구 사람), 의관 백 모(흥덕 사람), 의관 송익면, 정언 정재건, 감역 김지수, 감찰 이 모(보은 사람), 영양 유생 김도현, 동복 송완명, 태인 김천술, 김영세, 익산 정동식, 선산 허 모, 문의 이 모, 충주 박 모, 공주 조장하, 연산 이학순, 전의 오강표, 김영상, 홍주 이근주 등이다. 그 외 죽은 사람들도 전하는 이야기는 있으나 그 이름은 알 수 없다. 순절자들은 대개 명문 집안 출신으로 학문이 깊은 원로였으며 유림에서 인망이 두터운 사람들이었다. 목매어 죽은 사람도 있고, 할복한 사람, 물에 빠져 죽은 사람, 약을 먹고 죽은 사람도 있었다. 절명

사(絶命詞)나 유서를 남긴 사람도 있었다. 진실로 모든 역사가들이 대서특필하여 전해야 할 것이다.[5]

중추원 의관 김윤식, 이완용, 박제순, 고영희, 조중응, 이용직, 이지용, 권중현, 이하영, 이근택, 송병준, 임선준, 이재곤, 조희연, 이근상(중추원은 총독 자문 기관으로 병합조약에 따라 대신들을 우대하는 차원에서 이들을 임용하고 이용했다.)

작위나 은사금을 받은 자(황족 후예는 공작·후작, 합방에 공이 있는 자는 백작·자작, 합방 전 대신을 지낸 자는 남작으로 임명했다.)

공작 이강, 이희, 이준용
후작 이재완, 이재각, 이해창, 이해승, 윤택영, 박영효
백작 이지용, 민영린, 이완용(李完用)
자작 이완용(李完鎔), 이기용, 박제순, 고영희, 조중응, 민병석, 이용직, 김윤식, 권중현, 이하영, 이근택, 송병준, 임선준, 이재곤, 윤덕영, 조민희, 이병무, 이근명, 민영규, 민영소, 민영휘, 김성근
남작 윤용구, 홍순형, 김석진, 한창수, 이근상, 조희연, 박제빈, 성기운, 김춘희, 조동희, 박기양, 김사준, 장석주, 민상호, 조동윤, 최석민, 한규설, 유길준, 남정철, 이건하, 이용원, 이용태, 민영달, 민영기, 이종건, 이봉의, 윤웅렬, 이근호, 김가진, 정낙용, 민종묵, 이재극, 이윤용, 이정로, 김종한, 조정구,

5. 『한국통사』, 523쪽.

김학진, 박용대, 조경호, 김사철, 김병익, 이주영, 정한조, 민형식(김석진은 자살했고, 조정구도 자살을 기도했으나 죽지 않았다. 윤용규, 한규설, 유길준 등은 작위를 받지 않았다.)[6]

개명 유학자에서 민주주의자로

박은식은 이른바 개명(開明) 유학자였다. 나라가 망한 것을 분하게 여겼고 광복의 꿈을 품었지만, 광복 이후 왕정을 복고하지 말고 민주공화국을 세워야 한다는 생각을 뚜렷하게 드러내지는 않았다. 『한국통사』의 서술 방식도 사마천 이후 중국 문명권에 뿌리내린 전통을 답습해 객관적 사실 기록과 주관적 해석을 분명하게 나누었으며, 해석을 적을 때는 '안(按)'이라는 표시를 했다. 사마천이 『사기』에서 자신의 주관적 평가를 말하기 전에 '태사공은 말한다'고 적은 것과 비슷하다. 다음은 박은식이 고종이 왕권을 직접 행사하겠다고 나서기 전 10년 동안 조선을 통치했던 대원군을 평가한 대목인데, 그가 대원군의 능력을 높게 평가하면서도 큰 아쉬움을 느꼈다는 것을 보여준다.

『한국통사』
363~364쪽

〈안(按)〉 대원군은 나랏일을 할 만했으나 배운 바가 없어 나랏일을 도모하지 못했다. 용맹 과감하고 번개처럼 빠르고 변통에 능하여 옛일에 얽매이지 않았으며, 일을 곧장 단행하여 다른 사람 말을 돌아보지 않았다. 권세 있는 인척을 배제하고 문벌을 타파하며 군포 제도를 고치고 서원을 철폐한 것은 모두 뛰어나게 굳센 힘에서 나왔다. 대대로 내려오던 철벽 같은 관습을

6. 『한국통사』, 525~526쪽.

부수었으니 진정 정치의 대혁명가였다. 무릇 대원군은 그 '지위'가 큰일을 할 수 있었고, '재주'가 큰일을 할 수 있었으며, 또 시운(時運)도 큰일을 할 수 있었는데, 꼭 필요한 것은 '배움'이었다. 고금을 두루 통하고 세상을 관찰할 만한 학식으로 힘센 팔을 걷어붙이고 새로운 조선을 건설하여 문명한 열강과 같이 바다와 육지로 함께 달리며 여유로워야 했다. 그러나 애석하게도 대원군은 배운 바가 없어 안으로는 사사로운 지식으로 나라를 다스려 거동이 지나쳤으며, 밖으로는 쇄국을 행하여 스스로 소경이 되었다. 마침내 매우 가까운 고종 왕후 민씨와 민씨 세력에서 변란이 발생하여 화가 나라에 미쳤으니, 반도 중흥의 기운이 회복되지 못했다. 아! 애석하도다. 아픈 역사[痛史]가 여기에서 비롯되었다.

    박은식은 망국의 역사가 아니라 광복의 역사를 쓰고 싶었기에 3·1운동 이후 독립 투쟁에 초점을 맞추어 당대사를 새로 썼다. 국제연맹에 우리 민족의 독립 지원을 요청하기 위해 상해 임시정부가 만든 사료편찬회에 참여한 그는 『한일관계사료집』을 만들면서 모은 자료를 토대로 1884년 갑신정변부터 1920년까지의 독립 투쟁을 담은 『한국독립운동지혈사』를 썼다. 상편은 사실상 『한국통사』의 요약본이고, 하편이 본론에 해당한다. 박은식은 하편에서 3·1운동 직전 국내외의 독립운동 상황과 3·1운동의 전개 과정을 정리했으며 집회 시위 건수, 검거 투옥된 조선인의 수, 부상자와 사망자 수를 비롯한 각종 통계를 수록했다. 임시정부의 수립과 재외 한국인의 활동, 청산리전투를 비롯한 무장 투쟁, 청년운동과 여성운동, 서간도와 북간도 지역에서 일제 군경이 저지른 만행 등 3·1운동 직후의 국내외 독립 투쟁 상황도 입체적으로 그려 냈다.[7]

7. 『한국독립운동지혈사 (상)·(하)』(남만성 옮김, 서문당, 1999) 참조.

　　『한국통사』와『한국독립운동지혈사』는 같은 시대 같은 대상을 다루었지만 형식과 내용에 적지 않은 차이가 있다.『한국통사』를 쓴 박은식은 개명 유학자였지만『한국독립운동지혈사』를 쓴 박은식은 민주주의를 신봉하는 민족주의자였다. 그렇게 달라진 것은 3·1운동과 임시정부 활동 경험 때문이었던 듯하다. 그의 철학과 사상이 어떻게 바뀌었는지는 갑오농민전쟁 또는 동학혁명에 대한 서술에서 잘 드러난다.『한국통사』의 소제목 '동학란'을『한국독립운동지혈사』에서는 '동학당의 대풍운'으로 변경했고 내용도 크게 바꾸었다. 먼저『한국통사』의 '동학란' 관련 부분을 보자.

『한국통사』 동학의 발단은 미미했으나 그 결과는 매우 컸다. 작은 불씨가 번져 광야를
405~412쪽   불태우고 물방울이 흘러 강을 이루는 것 같이 국가 대란과 청일전쟁이 이로 말미암아 시작되었다. 철종 때 지체 낮은 경주 사람 최제우가 동학을 창도했는데, 기이하게도 수십 년도 지나지 않아 전국에 보급되었으니 그 원인은 세 가지였다. 첫째, 이씨의 국운이 500년에 끝나고 진인(眞人)이 출현해 중생을 구한다는『정감록』(鄭鑑錄) 같은 예언서에 대한 미신이 성행했다. 둘째, 계급의 구별이 있어서 양반이 상민을 노예처럼 대했으며, 토호들은 백성을 힘으로 수탈하고 가혹하게 억압했기에 수백 년 동안 상민들은 양반을 뼈에 사무치는 원수로 여겼다. 셋째, 관리의 탐욕과 포악함이 수십 년 계속되어 지방 서리들이 백성을 후려쳐 재물을 빼앗아 상부에 바치는 일을 주업으로 삼았다. 1894년 봄, 호남 고부에서 동학이 난을 일으킨 것은 군수 조병갑의 가렴주구가 격발시킨 것이었다.
　　〈안(按)〉 갑오동학란은 그 허물이 백성이 아니라 정부에 있다는 것은 천하가 모두 아는 바이다. 그런데 정부가 중국에 원병을 요청하면서 "백성

들의 습성이 흉악하고 사나우며 성질이 거짓되고 간사하다"고 했는데, 이 것이 도대체 할 수 있는 말인가. 우리 백성은 윤리를 돈독히 지키며 질서에 순응해 아랫사람이 윗사람에 복종하고 천한 사람이 귀한 사람에 굴복하는 것을 하늘의 도리로 알고 있었다. 관리의 압제와 가렴주구가 그치지 않았 지만 감히 배척하거나 항의하지 못했다. 국민이 죄가 있다면 나약했던 것 인데, 이를 모질고 사납다 한 것은 옳지 않다. 자유를 생명으로 삼는 유럽이 나 미국 사람들이라면 어찌 이런 '악한 정부'를 하루라도 용납하였겠는가.

백성을 탓하지 않고 정부를 비판했지만, 여기서 박은식은 조 선의 신분 제도를 받아들이는 듯한 태도를 보였다. "우리 백성은 윤리를 돈독히 지키며 질서에 순응해 아랫사람이 윗사람에 복종 하고 천한 사람이 귀한 사람에 굴복하는 것을 하늘의 도리로 알고 있었다"고 할 때의 그는 전형적인 유학자였다. 그랬던 그가 『한국 독립운동지혈사』에서는 다음과 같이 동학혁명을 계급 제도를 타 파하려 한 '평민의 혁명'이라 하며, 이 혁명이 '새로운 독립 국가' 수립으로 이어지지 못한 것을 안타까워했다.

그들을 분기하게 만든 동력은 양반의 압제와 관리의 탐학이었다. 그러니 우리나라 평민의 혁명이다. 다만 그들 가운데 어리석고 무식한 자가 많았 고, 행동도 난폭하고 기율이 없어 정치를 개혁하기는 어려웠다. 그러나 묵 은 관습을 파괴하는 결과를 낳았다. 외부의 간섭이 없고 그들 가운데 유능 한 인물이 나왔다면 새로운 독립 국가를 건설할 수도 있었을 것이다. 그랬 다면 남에게 파괴를 당하는 꼴은 없었을 것이다.

『한국독립운동 지혈사(상)』 23~24쪽

동학혁명에 대한 시각 변화는 박은식이 개명 유학자에서 전

투적 민주주의자로 바뀌었다는 사실을 보여준다. 그렇지만 이런
변화가 특별한 것은 아니다. 모든 역사가들뿐 아니라 모든 사람들
이 그러한 변화의 가능성을 안고 살아간다. 역사가는 시간의 흐름
에 따라 사건을 추적하지만 흘러가는 것은 사건만이 아니다. 역사
가 자신도 사건과 함께 흘러가며, 그렇게 흘러가는 동안 역사가의
생각도 끊임없이 변화한다.

　　박은식은 당대사를 기록하는 데 모든 열정을 쏟았지만 고대
사를 새로 써야 한다는 확신을 가지고 있었다. 나라의 형체가 무너
진 것은 19세기 말이었지만 정신이 무너진 것은 훨씬 오래되었다
고 판단했기 때문이다. 1911년에 발표한 소설 『몽배금태조』(夢拜
金太祖)에 이런 생각이 잘 드러나 있다. 소설의 주인공은 12세기
초 금나라를 세운 여진족의 왕 아골타와 조선 사람 무치생(無恥
生, 부끄러움을 모르는 자)이다. 무치생은 금태조 아골타에게 우리
민족의 비참한 현실을 하소연하면서 그렇게 된 원인을 물었다. 공
부를 할 틈이 없었다고 하면서도, 금태조는 다음과 같이 준엄한 어
조로 조선 사람을 꾸짖었다.

　　황제가 말씀하셨다.
　　"짐은 무인(武人)이라 배운 것이 본래 없었고 사방을 정벌하
느라 바빠 문학을 배울 틈이 없었다. 경전과 역사를 학습하지
않아 마음에 걸리던 터에 문사(文士)를 상대하니 크게 위로
가 되는구나. 짐을 위하여 평소 읽은 것을 한 번 외워 보거라."
　　무치생이 어릴 때 처음 배운 사략(史略)과 통감(通鑑)[8]의 첫

---

　　8. '사략'은 몽골제국의 증선지가 『사기』 이후 나온 중요한 역사서를 편집해 전설
시대부터 송나라까지 중국 역사를 정리한 『십팔사략』(十八史略)이고, '통감'은 송나라

편을 가려 외우니, 황제가 물어보셨다.

"그것이 조선의 고대사인가?"

"아닙니다. 중국의 고대사입니다."

"나라의 모든 사람이 처음 배우는 교과서가 모두 이런 것이냐?"

"그렇습니다."

"조선 인민의 정신에 자기 나라의 역사는 없고 다른 나라의 역사만 있으니, 이는 자기 나라를 사랑하지 않고 다른 나라를 사랑함이라. 천여 년 조선은 형식만 조선일 뿐, 정신의 조선은 망한 지가 이미 오래되었구나. 처음 배우는 교과서가 이러하니 어릴 때부터 노예 정신이 뇌수에 박혀 평생 학문이 모두 노예 학문이요, 평생 사상이 노예 사상이다. 이처럼 비열한 사회에 소위 영웅은 누구이며 유학의 현자는 누구인가. 소위 충신은 누구이며 공신은 누구인가. 모두 노예에 지나지 않는다. 이 비열한 근성을 뿌리 뽑지 않고는 조선 민족이 자강자립 정신을 품을 수 없다. 이것을 빨리 바꾸어 인민의 뇌수에 조선 역사가 들어서게 하면 민족이 어떤 곳에 표류할지라도 조선은 망하지 않을 것이며, 미래의 희망도 여기서 생겨날 것이다. 그렇게 하지 않으면 아무런 희망도 없을 것이니 명심하고 분발하여라."[9]

사마광이 B.C. 5세기 전국시대부터 송나라 성립기까지 중국 역사를 편년체로 서술한 『자치통감』(資治通鑑)이다. 인용문에서 말하는 '사략'과 '통감'은 원본이 아니라 어린이 역사교육을 위해 만든 요약본을 가리키는 듯하다. 조선의 사대부들은 천자문을 뗀 어린이들에게 이를 암기하게 했다.

9.『몽배금태조』(이동보 옮김, 윤세복 교열, 국학연구소(gukhak.org)) 참조.

여기서 무치생은 사대주의를 벗어던지지 못한 조선의 지식인이고 금태조는 박은식 자신이다. 그는 청나라의 전신인 금나라 태조의 입을 빌려 천 년 넘는 세월 동안 제 민족의 역사를 지우고 중국을 숭배한 권력자와 지식인들을 꾸짖은 것이다. 특히 "인민의 뇌수에 조선 역사가 들어서게 하면 민족이 어떤 곳에 표류할지라도 조선은 망하지 않을 것이며, 미래의 희망도 여기서 생겨날 것이다"는 말은 그가 역사를 쓴 목적을 보여준다. 박은식은 조선 민중의 뇌수에 조선 역사가 들어서게 하려고 당대사인 『한국통사』와 『한국독립운동지혈사』를 쓴 것이다.

이 책들이 있었기에 우리는 선조들이 펼쳤던 민족해방 투쟁에 대해 기본적인 사실을 알 수 있었다. 투키디데스의 시대부터 박은식의 시대까지, 동서고금을 막론하고, 당대사를 기록하고 서술하는 것이 역사가의 가장 중대한 임무라는 것을 새삼 확인할 수 있다. 오늘의 한국 역사가와 역사학자 들 가운데 이 임무를 수행하는 데 열정을 쏟는 이가 많지 않은 것은 실로 안타까운 일이 아닐 수 없다.

아와 비아의 투쟁의 기록, 『조선상고사』

당대의 역사적 사실을 기록한 박은식과 달리, 신채호(1880~1936)는 집요하게 고대사를 파고들었다. 같은 시대에 같은 문제의식을 품고 조국 광복을 위해 싸웠던 신채호는 박은식이 금태조의 입을 빌려 말했던 바를 행동으로 옮겼다. 망한 지 오래인 조선의 정신을 살려 내기 위해 조선의 고대사를 새로 쓴 것이다. 그는 조선의 정신을 자기 손으로 지워 버렸던 조선 역사가들의 행위를 격렬하게 비판했다. 다음은 조선 사람의 뇌수에서 조선 역사를 비틀고 지워 버린 조선 역사가들의 행위를 규탄한 대목인데, 날카로운 논리가 잘 벼린 칼날처럼 서늘한 기운을 내뿜는다.

안정복이 『동사강목』을 짓다가 잦은 내란과 외적 출몰로 우리나라 옛 역사가 흔적도 없이 사라진 것을 슬퍼했다. 그러나 조선사는 내란이나 외침보다는 조선사를 저술한 바로 그 사람들 손에 없어졌다. 여태까지 조선 역사가들은 자기 목적에 따라 역사를 바꾸려고 도깨비도 떠옮기지 못한다는 땅을 떠옮기는 재주를 부렸다. 고구려 첫 도읍인 졸본을 떠다가 평양 바로 북쪽 성천(成川) 또는 영변에 갖다 놓았고, 요동의 고구려 안시성을 떠다가 평안남도 용강 또는 안주에 갖다 놓았다. 『삼국유사』에는 불교 교리가 한 글자도 들어오지 않은 왕검 시대부터 인도 범어로 만든 지명, 인명이 가득하다. 유학자 김부식이 지은 『삼국사기』에는 공자·맹자의 도덕을 무시했던 삼국 무사들이 경전 문구를 관용어처럼 입에 올린다. 수백 년 동안 조선의 인심을 지배했던 영랑, 술랑, 안상, 남석행의 논설은 볼 수 없고, 중국 유학생 최치원만 세세히 서술했다. 『삼국유사』는 신라 왕을 인도 왕족이라 하며, 『삼국사기』는 고구려 추모왕을 중국 오제의 하나인 고신씨 후손이라 한다. 『동국통감』은 조선 민족을 진(秦)과 한(漢)의 유민이라고 한다. 임금을 높이고 백성을 천대하는 『춘추』의 도끼질 아래 자라난 후세 사람들은 그런 마음과 습속으로 삼국 풍속을 이야기하고, 문약한 조선 사람들이 좁은 땅에 만족하며 상고 시대의 지리를 그리니, 이는 단군조선, 부여, 삼국, 발해, 고려, 조선에 이르는 5,000년을 한 도가니로 부어 낸 것과 같다. 조선사를 지은 과거의 역사가들은 조선의 눈과 귀와 코와 머리를 혹이라 하여 베어 버리고 어디서 수많은 진짜 혹을 가져다 붙여 놓았다. 조선인이 읽

『조선상고사』 17~19쪽

는 조선사나 외국인이 아는 조선사는 모두 옳은 조선사가 아니었다.

　　『몽배금태조』에서 박은식은 조선 왕실과 사대부 집단이 오랑캐라 경멸했던 여진족의 왕에게 커다란 존경심을 드러냈다. 신채호는 한 걸음 더 나아가 고대 우리 민족의 생활 터전이 압록강이나 대동강 이남이 아니라 만리장성 바로 너머 요동 지역이었다는 사실을 밝혔다. 우리가 원래 한반도 작은 땅에 만족하며 살아온 것이 아니라 중국의 왕조에 맞서 굴하지 않고 힘을 겨루었던 민족임을 강조하기 위해서였다. 『조선상고사』는 김부식의 『삼국사기』에 대한, 우리 민족의 역사를 압록강 남쪽에 가두어 버렸던 고려와 조선의 역사가들에 대한 전면적이고 치열한 투쟁이었다.

　　신채호는 수양제와 당태종의 침략을 물리친 을지문덕과 연개소문 등 민족사의 군사 영웅에게 『조선상고사』의 지면을 아낌없이 내주었다. 나라가 패망해 절망과 도탄에 빠진 민중이 진취적 민족의식과 자부심을 가지도록 하기 위해서였을 것이다. 그는 고대사를 그렇게 쓰도록 만든 자신의 역사철학을 아래와 같이 표현했다.

『조선상고사』
13~14쪽

역사란 무엇인가? 인류 사회의 '아(我)'와 '비아(非我)'의 투쟁이 시간으로 발전하고 공간으로 확대되는 마음의 활동 상태의 기록이다. 세계사는 세계 인류가 그렇게 되어 온 상태의 기록이요, 조선사는 조선 민족이 그렇게 되어 온 상태의 기록이다. 무엇을 '아'라 하며 무엇을 '비아'라 하는가? 주관적 위치에 선 자를 아라 하고 그 밖의 것을 비아라 한다. 이를테면 조선인은 조선을 아라 하고, 영국·러시아·프랑스·미국 등을 비아라 한다. 하지만 영국·러시아·프랑스·미국 등은 저마다 자기 나라를 아라 하고, 조선을 비아라고 한다. 무산계급은 무산계급을 아라 하고, 지주나 자본가를 비아라고 한다. 하지만 지주나 자본가는 저마다 자기들을 아라 하고, 무산계급을 비아라 한다. 아와 비아의 접촉이 잦을수록 비아와 아의 분투가 더욱 맹렬해져 인류 사회의 활동은 끊임없이 계속되며 역사의 전도가 완결될 날이 없다. 역사는 아와 비아의 투쟁의 기록이다. 비아를 정복하여 아를 드러내면 투쟁의 승리자가 되어 미래 역사의 생명을 잇고, 아를 없애어 비아에 바치는 자는 투쟁의 패망자가 되어 과거 역사의 묵은 흔적만 남긴다. 이는 고금의 역사에 불변하는 원칙이다.

이 역사철학은 "역사는 아와 비아의 투쟁의 기록"이라는 문장으로 널리 알려져 있다. 역사가는 저마다 관점에 따라 '아'를 달리 설정할 수 있다. 민족, 국가, 종교, 인종, 계급, 무엇이든 '아'가 될 수 있다. 대립하는 것의 투쟁을 역사 발전의 동력으로 보았다는 점에서 신채호의 역사철학은 유물사관과 닮아 있다. 그러나 그는 역사를 계급 투쟁에 가두지 않았으며 역사의 '아'를 민족으로 설정했다. 항일투사이자 조선의 역사가로서 당연히 해야 할 선택이었다.[10]

걸출한 사료 연구자, 신채호

신채호도 처음에는 개명 유학자였지만 사상적으로 박은식보다 훨씬 멀리 나아가 공산주의와 아나키즘까지 일부 받아들였다. 그

---

10. 신채호에게 역사 서술 작업은 그 자체가 민족해방 투쟁이었다. 그러나 그는 역사 투쟁만 한 것이 아니라 무장 투쟁에도 참여했다. 1910년 나라 밖으로 가서 중국과 러시아에서 무장 투쟁을 할 독립군 기지를 세우는 사업에 참여했고 독립운동 단체 광복회를 결성했다. 또한 1921년 이회영과 함께 만주와 시베리아 일대에서 독립 전쟁을 벌일 통일사령부 설치를 추진했고, 의열단의 『조선혁명선언』을 집필했다. 1928년에는

러나 그의 삶에서 확고한 중심을 차지한 것은 언제나 민족의 각성
과 해방에 대한 소망이었다. 1880년 충남 대덕군(지금은 대전광역
시 중구)에서 태어나 여덟 살에 아버지를 여의고 할아버지 서당에
서 한학을 배웠던 그는 19세에 성균관에 입학했으나 독립협회에
참여해 활동하다 투옥을 당했으며, 그 이후 성균관 박사를 사직하
고 낙향해 애국계몽운동을 시작했다. 장지연의 권유를 받고 『황
성신문』 논설위원으로 일하면서 을사늑약을 규탄하는 「시일야방
성대곡」 집필을 도왔으며, 장지연이 투옥된 후에는 『대한매일신
보』 주필로 활동했다. 1908년 민족주의 사관에 입각해 쓴 고대사
『독사신론』을 발표했다.

　　식민지로 전락한 조선을 떠나 나라 밖으로 간 신채호는 비타
협적인 태도로 독립 투쟁을 벌였다. 특히 유명한 사건이 국제연맹
에 신탁통치 청원을 했다는 이유로 상해 임시정부 대통령 이승만
을 비판한 일이다. 그는, 이완용은 그나마 있는 나라를 팔아먹었는
데 이승만은 존재하지도 않는 나라를 팔아먹으려 했다며 맹공을
퍼부었다. 한때 공산주의에도 매력을 느꼈지만 조선인의 자주적
무장 단체를 인정하지 않는 소련의 패권주의에 환멸을 느껴 결별
했다. 불교를 연구한 끝에 1924년 북경의 사찰에서 정식 승려가
되기도 했으며, 말년에는 아나키즘 사상에 기울었다.

　　신채호는 서간도 환인현 홍도천에 위치한 학교에서 국사를
가르쳤던 1914년 무렵, 그 지역의 고구려 유적을 답사하면서 민족
의 고대사를 새로 써야 한다는 확신을 얻었다. 독립운동가 이회영

북경에서 '무정부주의동방연맹 북경회의'를 조직하고 일제 관공서를 폭파하기 위한 폭탄
제조소 설립을 추진했다. 자금을 마련하려고 위조화폐를 제조하다가 타이완에서 체포된
신채호는 치안유지법 위반과 유가증권 위조 혐의로 징역 10년 형을 받았다.

의 권고에 따라 1915년부터 1919년까지 북경에 체류할 때 북경 대
학(현 베이징 대학교) 도서관의 조선 관련 역사 문헌을 샅샅이 뒤
지면서 준비한 끝에 1931년『조선일보』에『조선상고사』를 연재
하기 시작했다. 이것을 11편으로 나누어 엮은 책이 나온 것은 1948
년이었다. 그는 우리 민족의 문자와 시가(詩歌)의 변화 과정, 이두
문자 해석법을 비롯해 고대사 연구에 필수적인 사료 연구법을 파
고들었는데,『조선상고사』제4장에 서술한 사료 수집과 검증 방법
을 보면 그의 잘 훈련된 사료 연구자의 면모를 확인할 수 있다. 다
음은 그가 어떤 사료를 주로 활용했는지 보여주는 제4장의 소제목
을 순서대로 추린 것이다.

  1   옛 비석 참조에 대하여
  2   각 서적의 상호 증명[互證]에 대하여
  3   각종 명사(名辭) 해석에 대하여
  4   위서(僞書) 판별과 선택에 대하여
  5   만주·몽골·터키 여러 종족의 언어와 풍속 연구

    비석을 활용하는 방법에 관한 이야기가 맨 먼저 나오는 것은
우리 고대사의 문헌 자료가 극히 빈약하다는 현실을 반영한다.
"서적의 상호 증명"을 중시한 이유는 조선의 문헌뿐만 아니라 중
국의 조선 관련 기록에도 거짓이 너무나 많았기 때문이다. 투키디
데스와 할둔처럼 신채호도 상충하는 문헌 기록을 비교·검토해서
사실 개연성이 높은 것을 채택했다. 언어가 살아 있는 화석으로 고
대사의 사실을 반영하는 경우가 많은 만큼 언어 연구에도 큰 관심
을 기울였다. 한글을 만들기 전 우리 민족은 한자를 차용한 이두를

쓰기도 했고, 고려 시대 이후 공식 기록은 한문을 썼던 만큼 언어 연구는 고대사 연구에 필수적이다.

『조선상고사』는 미완성 역사서다. 단군왕검의 건국에서 시작해 하얼빈, 안시, 평양을 거점으로 분립했던 삼조선 시대를 거쳐 부여, 고구려, 백제, 가야, 신라의 열국 시대를 서술한 다음 고구려 전성시대와 삼국 시대, 백제의 패망을 서술한 데서 끝났다. 만약 신채호가 역사 연구에만 집중했다면 통일신라와 고려, 조선 1,500년까지 모두 아우르는 민족의 통사(通史)를 썼겠지만 무장 독립 투쟁을 벌이다 옥중에서 순국했기에 그렇게 할 수가 없었다. 신라 의 삼국 통일 이전 민족사만 서술했으니 제목이 『조선상고사』가 된 것은 불가피한 일이었다.

『조선상고사』는 신채호의 민족주의 역사철학과 실증적 사료 연구 능력, 서사를 창조하는 문학적 재능을 모두 보여 준다. 아래 는 고구려 최고 권력자였던 연개소문이 성주 양만춘과 함께 당태 종의 침략을 물리친 안시성 전투 장면을 묘사한 대목이다. 김부식 은 『삼국사기』에서 안시성의 위치를 지금의 평안남도 안주 근처 라고 서술했지만, 신채호는 안시성이 압록강 너머 만리장성 바깥 의 랴오허강 근처에 있었다고 보았다.

『조선상고사』
294~297쪽

645년 6월, 당태종이 수십만 군사를 거느리고 와 성안을 향해 외치게 했 다. "항복하지 않으면 성을 함락하는 날 모조리 죽이겠다." 양만춘이 성 위 에서 통역을 시켜 당의 군사에게 소리쳤다. "너희가 물러나지 않으면 성에 서 나가는 날 모조리 죽이겠다." 연개소문은 요동 싸움을 양만춘과 추정국 에게 맡긴 다음 정예병 3만을 이끌고 열하 근처를 지나 남으로 만리장성을 넘어 북경 방면으로 쳐들어갔다. 당태종이 소식을 듣고 군사를 돌이키려

하자 추정국은 전군을 동원해 안시성 동남쪽 골짜기에서 적을 습격했고, 양만춘도 성문을 열고 나와 공격을 퍼부었다. 당의 군사는 사람과 말이 서로 짓밟으며 도망쳤다. 당태종은 말이 수렁에 빠져 꼼짝하지 못하고 양만춘의 화살에 왼쪽 눈을 맞아 거의 사로잡히게 되었으나 용장 설인귀가 달려와 말을 갈아 태우고 선봉 유홍기가 후미에서 혈전을 벌인 덕분에 겨우 달아났다. 그곳이 바로 『성경통지』(盛京通志)에 있는 '당태종의 말이 빠진 곳[唐太宗陷馬處]'이다. 지금까지도 그곳 사람들에게 "말이 수렁에 빠지고 눈에 화살을 맞아 당태종이 사로잡힐 뻔했다"는 이야기가 전해져 온다. 양만춘이 요수에서 많은 당나라 장수들 목을 베거나 사로잡자 당태종은 말을 몰아 수렁에 처넣고 그것을 다리 삼아서 밟고 수렁을 건너갔다. 연개소문이 당군의 퇴로를 끊고, 뒤에서는 양만춘이 번개같이 추격하자 당태종은 어찌할 바를 몰랐다. 때마침 눈바람이 크게 일어 지척을 분간할 수 없게 되어 양편 사람과 말이 서로 엎어지고 자빠져 크게 혼란해지니, 당태종은 그 기회를 틈타 도망쳐 돌아갔다.

마치 영화를 보는 것처럼 전투 장면이 눈앞에 선연하다. 창칼이 부딪치는 소리, 병사들의 고함, 쓰러진 말이 내뿜는 숨소리와 비명이 들리는 듯하다. 이 장면은 헤로도토스가 묘사한 테르모필레 고갯길 전투 장면 못지않게 역동적이다. 그런데 그냥 지나쳐도 좋을 만큼 사소해 보이지만 생각해 보면 흥미로운 문장이 하나 있다. 당태종은 그냥 "성안을 향해 외치게 했다." 통역 없이 중국 말로 소리 지르게 했다는 것이다. 그렇지만 양만춘은 "통역을 시켜" 소리치게 했다. 신채호는 왜 굳이 이렇게 적었을까? 전쟁 중에도 대국은 제 나라 말을 쓰고, 소국은 통역을 써서 알아들어야 한다는 것은 쓸쓸하지만 예나 지금이나 변하지 않은 국제 관계의 현실이다. 미국 사람이 한국인과 거래하려고 한국어를 배우는 경우는 흔치 않다. 그러나 한국 사람은 특별히 미국인을 만날 일이 없어도 영어를 배운다. 신채호는 고구려 군만 통역을 썼다는 사실을 명시함으로써 당태종의 거만함을 꼬집고 고구려의 승리를 돋보이게 만들려 했던 게 아니었을까?

신채호는 안시성 전투의 정치적 결과를 평가하는 대목에서 문헌 정보를 비교·검증하는 솜씨를 보여준다. 그는 조선의 사서에는 당의 사서에서 가져온 것 말고는 안시성 전투 관련 기록이 거의 없고 당의 기록 자체도 앞뒤가 맞지 않거나 사리에 어긋나는 게 너무 많다는 사실을 지적했으며, 조선의 역사가들은 사대주의에 빠져 연개소문의 승전 기록을 없애 버렸고 당의 사관들은 황제의 권위와 국가의 자존심을 지키려고 기록을 날조·왜곡한 것이 그 원인이라고 진단했다. 이 진단이 옳다면 안시성 전투 기록만 그랬을 리없다. 조선과 중국의 관계를 다룬 모든 역사 기록도 마찬가지 방식으로 삭제·왜곡·날조했을 것이다. 그런 점에서 안시성 전투 관련 문헌 기록을 비교·검증한 아래 글은 감상할 가치가 충분하다.

『조선상고사』 안시성 싸움은 역사적인 전투로 두 민족의 운명을 갈랐는데도, 당의 역사
297~301쪽 기록은 사리에 맞는 것이 별로 없다. 주변국을 모두 당의 속국으로 보는 주관적 자존심 때문에 사관들이 높은 이를 위해 숨기고, 친한 이를 위해 숨기고, 중국을 위해 숨기는 춘추필법을 쓴 탓이다. 양만춘의 화살에 당태종의 눈이 빠진 것은 전설이 되어 시가에 올랐다. 그러나 『삼국사기』와 『동국통감』 등 우리나라 역사서에는 당시의 전황을 『당서』(唐書)에서 뽑아 기록했을 뿐 이런 이야기가 없다. 사대주의 사학자들이 우리나라가 이긴 기록을 모두 삭제했기 때문이다. 중국 역사서 『구당서』의 「태종본기」와 『신당

서』, 『자치통감』을 보면 당태종의 병에 대한 진단 기록이 다 다르다. 당태종이 내종(內腫)으로 죽었다고도 하고 이질로 죽었다고도 하니, 한 시대의 황제가 죽은 병이 늑막염인지 장티푸스인지도 모르도록 모호하게 기록한 것이다. 고구려 독화살에 죽은 치욕을 숨기려다 보니 생긴 모순이다. 그러나 요동에서 병을 얻었다는 것은 모든 기록이 일치하니 양만춘의 화살 독으로 죽은 것이 분명하다.

연개소문이 중국에 침입한 사실도 기록에는 보이지 않는다. 그러나 북경 조양문 밖 7리쯤에 있는 황량대(謊糧臺)를 비롯하여 황량대라 일컫는 지명이 10여 곳이나 된다. 황량대란 당태종이 모래를 쌓아 군량인 것처럼 위장하고 고구려 사람이 공격해 올 때 복병으로 맞선 곳이라 하니, 이는 연개소문이 당태종을 북경까지 추격한 유적이다. 산동 지역에 드문드문 있는, 고려 두 글자를 위에 붙인 지명도 전해 오는 이야기로는 모두 연개소문이 점령한 곳이라 한다. 가장 두드러진 것이 북경 안정문 밖 60리쯤에 있는 고려진(高麗鎭)과 하간현 서북 쪽 12리쯤에 있는 고려성(高麗城)이다. 당의 사서를 보면, 안시성에서 도망쳐 온 당태종이 거의 해마다 군사를 일으켜 고구려 어느 성을 깨뜨렸다는 기록이 수없이 나온다. 그러나 이것은 고구려 때문에 눈이 빠지고 백성의 아들들이 패전으로 죽거나 상하여 제왕의 위엄이 땅에 떨어진 당태종이, 복수를 하지 않으면 웃음거리가 되겠고 다시 공격하자니 수양제 꼴이 될 것이기에 다달이 고구려 무슨 성을 점령했다는 거짓 보고를 올리게 하는 교활한 술책으로 허세를 부린 것일 뿐이다.

역사는 사람이 만들지만 모든 사람이 역사에 흔적을 남기지는 않는다. 남다른 성취를 이루거나 빛나는 선행을 한 사람, 세월이 아무리 흘러도 잊기 어려운 악행을 저지른 사람들이 역사에 이름을 남긴다. 그러나 역사는 모든 사람의 삶에 영향을 준다. 신채호의 삶도 시대 상황에 크게 비틀렸다. 그러나 그는 시대가 비튼 인생을 받아들이고 시대의 요구를 실현하려고 분투함으로써 역사에 뚜렷한 흔적을 남겼다. 신채호는 고대사 연구자로 활동하기에 적합한 재능을 가졌고 그에 필요한 교육을 받은 사람이었다. 오늘날 태어났다면 작가나 철학자로도 크게 성공했을 것이다. 그런데 그런 사람이 평생 일제 경찰과 헌병의 추적을 받으면서 무장 투쟁을 벌이는 일에 골몰했으니 화나고 안타까운 일이 아닐 수 없다.

치안유지법 위반과 유가증권 위조 혐의로 붙잡혀 법정에 선 신채호는 "민족을 위해서라면 도둑질도 정당하며 전혀 부끄럽지 않다"고 말했다. 그리고 1929년 뤼순 감옥 독방에 갇힌 후 영양실조와 고문 후유증, 동상으로 혹심한 고통을 겪다가 뇌일혈로 쓰러져 지켜보는 이가 아무도 없는 가운데 눈을 감았다. 1936년 2월 21일, 그의 나이 57세였다. 그런 인생이 좋아서 그렇게 살았던 게 아니다. 일제 강점이라는 시대 상황이 그런 삶을 요구했고, 그 요구를 피할 수 없어서 그렇게 살다 세상을 떠난 것이다. 그가 『조선상고사』를 남겼기에 우리는 그 책을 읽으면서 인간 신채호와 역사가 신채호를 느낄 수 있다. 다행이다.

김부식의 역사 왜곡

신채호가 『조선상고사』를 쓴 이유를 다시 돌아본다. 그는 이렇게 생각했을 것이다. 조국 광복 없이는 우리 민족 구성원 누구도 의미 있고 행복한 삶을 누릴 수 없다. 조국 광복을 이루려면 한두 사람이 아니라 모든 조선 사람이 투쟁에 나서야 하며, 무장 투쟁을 포함해 모든 수단을 거리낌 없이 동원해야 한다. 조선 민중이 그런 의지를 가지려면 '아(我)'에 대한 인식이 있어야 한다. 민족의 정체성을 인식하려면 역사를 알아야 하고 자부심과 자신감을 가져야 한다. 그런데 우리 역사를 담은 책은 고려 시대 이후 사대주의에 찌든 역사가들이 쓴 것뿐이라 민족의식 형성을 오히려 저해한다. 광복을 이루려면 우리 민족의 고대사를 자주적 민족의식에 입각해 다시 써야 한다.

그래서 신채호는 외부 침략을 물리친 전쟁 영웅에게 특별한 애정과 관심을 쏟았다. 을지문덕, 최영, 이순신 장군의 전기를 썼으며 평양 천도와 북벌을 주장했던 고려의 승려 묘청을 자주적이고 진취적인 정치가로 평가하는 논문을 발표했다. 그는 묘청의 난을 진압한 후 국가 공인 역사 교과서『삼국사기』를 편찬할 때 요동과 간도 지역을 민족사에서 삭제하고 중요한 사료를 다 폐기해 버린 김부식을 사대주의 역사관의 원흉으로 지목하기도 했다.

신채호는 지극히 어려운 환경에서 역사를 집필했다. 중국 각지를 떠돌며 민족해방 투쟁을 조직하느라 연구에 집중하기 어려웠는데다 북경에 머물며 중국의 조선 관련 문헌을 뒤진 기간에도 생활비를 벌기 위해 중국 신문에 글을 써야 했다. 게다가 감옥에 갇히는 바람에 민족의 통사를 완성하지 못하고 백제가 멸망한 장면에서 붓을 멈출 수밖에 없었다. 그 이전까지 나왔던 모든 조선사는 잘못되었다고 보면서 쓴『조선상고사』가 얼마나 정확한 사실을 담고 있으며 학술적으로 얼마나 완성도가 있는지는 평가하지 않겠다. 나로서는 그럴 능력도 없으며, 그게『조선상고사』를 읽는 목적도 아니다. 그러나 한 가지는 자신 있게 말할 수 있다.『조선상고사』는 개성이 뚜렷하고 흥미로우며 독자의 심금을 울리는 서사를 담고 있다.

　신채호에 대한 이야기를 마무리하면서 『조선상고사』에 나오는 인물평을 소개한다. 고구려의 연개소문과 신라의 태종무열왕 김춘추, 그리고 김유신에 대한 것이다. 이들은 우리가 어린이용 위인전에서 처음 만나는 역사 인물이다. 세 사람에 관해 널리 퍼져 있는 이야기와 비교해 보라. 역사가 쓰는 사람의 철학과 연구 방법에 따라 얼마나 크게 달라질 수 있는지 새삼 절감할 수 있을 것이다. 절대적으로 옳은 역사, 과거를 있었던 그대로 보여주는 역사란 존재할 수 없다는 사실도 다시 확인할 수 있다.

『조선상고사』
310~311쪽

시대를 가를 만큼 두드러진 문화적·정치적 진화를 몰고 온 인위적 대변혁을 혁명이라 한다. 연개소문은 봉건 세습 호족 정치를 타파하여 정치권력을 한곳에 집중시킴으로써 분열의 국면을 통일로 전환했다. 그 반대자는 군주와 호족을 가리지 않고 한꺼번에 소탕하여 영류왕 이하 수백 명의 관리를 죽였고, 침략해 온 당태종을 격파했을 뿐만 아니라 도리어 당으로 진격하여 중국 전역을 떨게 했다. 그는 혁명가의 기백뿐만 아니라 재능과 지략도 갖춘 인물이었다. 다만 죽을 때 어진 이를 골라 조선인 만대 행복을 꾀하지 못하고, 어리석은 자식·형제에게 대권을 맡겨 결국 이미 이룬 공적을 뒤엎어 버렸으니, 야심은 많고 덕은 적은 인물이었던가 싶다. 그러나 그 역사가 아주 없어지고 오직 적국 사람의 붓이 전하는 기록만 가지고 그를 논하게 되어 사태의 전모를 환히 알아볼 수 없다. 그러니 경솔하게 그 일부를 들어 전체를 논하기는 어렵다. 그런데도 수백 년 사대주의의 노예가 된 역사가들이 좁쌀만 한 눈으로 연개소문을 혹평하며, "신하는 임금에게 충성해야 한다"는 되지 못한 도덕률로 그의 행위를 규탄하고, "작은 나라가 큰 나라를 섬기는 것은 하늘의 도리를 따르는 것이다"는 노예근성으로 그 업적을 부인하여, 시대를 대표하는 인물의 송장을 살 한 점 남지 않게 씹어 대는 것을 나는 크게 원통히 여긴다.

신라가 고구려·백제 두 나라 사이에 고립된 한낱 약소국이 되자, 김춘추는 당에 들어가 당태종을 보고 힘닿는 데까지 자기를 낮추고 많은 예물로 구원병을 청했다. 아들을 당에 볼모로 두었고, 신라의 의복을 버리고 당의 의복을 입었으며, 신라의 연호를 버리고 당의 연호를 쓰기로 했다. 당태종이 편찬한 역사서와 『사기』, 『한서』, 『삼국지』 등에 있는 조선을 업신여기고 모욕하는 말들을 그대로 가져다 본국에 유포해 사대주의 병균을 퍼뜨리기 시작했다.

『조선상고사』 324쪽

고구려·백제가 망한 뒤 신라의 역사가들은 그 두 나라의 대표 인물인 연개소문과 부여성충의 전기 자료를 말살하고 오직 김유신만 찬양했다. 『삼국사기』 「열전」은 김유신 한 사람의 전기가 을지문덕 이하 수십 명의 전기보다 훨씬 더 길다. 김유신은 신라에 항복해 귀족에 준하는 대우를 받은 신가라 국왕 구해의 증손이다. 김유신은 어지간한 연줄이 없이는 출세하기 어렵다는 것을 알고 당시 최고 권세가였던 김용춘의 아들 김춘추와 사귀어 발판을 만들려고 했다. 제기를 차다가 일부러 춘추의 옷 단추를 떨어뜨리고 집으로 데려가 막냇누이를 불러 단추를 달게 했다. 누이 보희의 아름다움에 반한 춘추가 청혼해 유신의 매부가 되었다. 용춘이 죽고 춘추가 왕이 되자, 유신은 그 도움으로 군권을 손에 넣었다. 『삼국사기』 「김유신전」은 유신을 전략과 전술이 뛰어난 백전백승의 명장이라고 했지만, 패전을 숨기고 조그만 승리를 과장한 거짓 기록일 뿐이다. 김유신은 지혜롭고 용맹한 명장이 아니라 음험하고 사나운 정치가였다. 평생의 공은 싸움터에 있지 않았으며, 음모로 이웃 나라를 어지럽힌 사람이었다. 그는 스파이를 시켜 금화(錦花)라는 무당을 의자왕에게 보내 성충과 윤충 형제를 모함해 죽게 하

『조선상고사』 325~332쪽

고, 쓸데없는 토목 공사를 벌여 국가 재정을 파탄에 몰아넣게 했다. 결국 백제를 망하게 한 것이다.

백남운의 조선 역사 4단계 발전론

앞서 옛 소련과 동유럽 사회주의 국가 공산당 중앙위원회의 통제를 받았던 과학 아카데미 소속 지식인들이 레닌과 스탈린이 정해준 '역사 발전 5단계론'에 맞추어 자기 나라의 역사와 세계사 국정 교과서를 만들었다고 하면서 그 사례를 살펴보지 않았다. 누가 어느 나라 역사를 쓰든 이미 정해진 '진리'에 맞출 것이라 재미가 적고 감동도 느끼기 어려워 그렇게 했다. 그러나 사회주의 국가 밖의 마르크스주의자가 쓴 역사서는 유물사관의 결함과 그에 대한 고민을 보여주기 때문에 살펴볼 가치가 있다. 기왕이면 우리나라 역사를 다룬 책이 나을 것 같아서 경제사학자 백남운(1895~1979)이 일본어로 출판한 『조선사회경제사』와 『조선봉건사회경제사』를 살펴본다.[11]

백남운은 수원농고를 나와 교사로 일하다가 일본으로 건너가 도쿄상과 대학(현 히토쓰바시 대학)에서 경제사학을 공부했다. 1925년부터 연희전문학교 교수로 재직했으며, 1938년 경제연구회라는 사회주의 연구 조직을 만들어 반일 활동을 했다는 이유로 체포되어 2년 동안 옥살이를 했다. 해방 후에는 정치 활동에 뛰어

---

11. 『조선사회경제사』(박광순 옮김, 범우사, 1999)는 서점에서 구할 수 있으나, 두 권으로 나온 『조선봉건사회경제사 상·하』(하일식 옮김, 이론과실천, 1993)는 절판되었다. 이 책에서는 박광순의 번역본을 인용한다.

들어 김두봉, 여운형과 함께 중도좌파 정당에 몸담았다가 미군정이 사회주의자를 본격적으로 탄압하자 1947년 38선을 넘어 북으로 갔다. 여러 예술가와 학자들의 월북을 주선했으며, 1949년 11월에 일어난 '창경궁 장서각 조선왕조실록 절도 미수 사건'의 배후로 지목되기도 했다. 북한 첫 내각의 교육상, 과학원 원장, 최고인민회의 의장을 비롯한 고위 공직을 지냈다. 김일성 정권이 남로당과 연안파를 포함해 김일성의 절대 권력 구축에 걸림돌이 된 정적과 월북 지식인들을 거의 다 숙청했음에도 백남운은 천수를 누리고 평양 애국열사릉에 묻혔다. 그래서 민주화 이전 대한민국에서 그의 책은 금서로 묶여 있었다.

백남운은 『조선사회경제사』에 선사 시대부터 원시 부족 국가 시대와 삼국 시대를 거쳐 통일신라에 이르기까지 민족의 고대사를 서술했는데 처음부터 끝까지 철저하게 유물사관의 공식을 따랐다. 조선의 역사도 원시공산 사회−노예제 사회−봉건 사회−자본주의사회라는 인류의 보편 법칙에 따라 발전했다고 주장하면서 삼국 시대를 노예제 사회로 규정했다. 『조선봉건사회경제사』에서는 봉건제에 해당하는 통일신라 이후부터 조선 시대까지를 다루려고 했다는데, 결국 고려사를 담은 상권만 출간했다. 북한에서 고위직을 지내면서 하권을 썼는지 여부는 확인하지 못했다. 백남운은 당시 조선 역사의 결함과 한계를 아래와 같이 지적했다. 여기서 조선 역사란 조선 시대 역사가 아니라 선사 시대부터 19세기에 이르는 우리 민족 역사 전체를 말한다.

종래 조선 역사의 내용은 왕조의 흥망성쇠, 군주의 행동거지, 신하들의 진퇴, 법령의 개폐(改廢), 군주의 득실, 신하들의 포상과 징계 따위에 관한 전

『조선사회
경제사』
19~20쪽

제 정부의 일기와 전쟁사로 가득하다. 편찬의 체제는 중국의 강목식(綱目式)을 답습한 연대기적 분류사다. 역사의 주축이 되어야 할 민중 생활과 사회 구성의 발전 과정을 살피지 않았고, 역사적 사실을 단순하게 나열했을 뿐 역사 변동의 계기적인 법칙을 탐구하지 않았다.

백남운은 정통 유물사관을 견지했던 식민지 조선의 마르크스주의자였다. 스탈린이 정리한 '역사 발전 5단계' 도식은 유럽 역사에 그런대로 들어맞았다. 유럽은 사피엔스가 처음 나타난 아프리카와 가까워서 일찍부터 사람이 거주했던 만큼 거의 모든 지역에서 농업혁명 이전 시대의 생활 도구와 유적이 발견된다. 고대 그리스와 로마제국은 노예제 사회였다. 서로마가 멸망한 이후 강력한 제국이 없었던 유럽은 이베리아반도에서 러시아까지 1,000년이 넘는 세월 동안 인습적 토지 소유권을 보유한 귀족 계급이 신분 제도에 묶인 농민을 지배 착취하는 봉건제 사회 체제를 유지했다. 산업혁명 이후 새롭게 등장한 부르주아지는 민주주의 정치혁명을 통해 신분 제도를 허물고 정치권력을 장악했으며 자본주의를 지배적인 생산양식으로 안착시켰다. 그러나 유럽 밖의 지역은 이 도식에 들어맞지 않는다.

중국 대륙은 진시황이 최초의 통일 국가를 세운 B.C. 3세기부터 20세기 초까지 일곱 번의 통일 왕조 교체와 교체기 내전을 겪었지만 근본적으로 동일한 사회 구조를 유지했다. 철기를 사용하기 시작한 B.C. 11세기부터 춘추전국 시대의 혼란이 시작된 B.C. 7세기까지 존재했던 주(周)나라도 노예제가 아니라 봉건제 사회였다. 주무왕은 개국 직후부터 친족과 개국공신에게 봉토를 주어 다스리게 했고, 봉토를 받은 제후들은 그것을 자식과 친족에게 물려 주면서 반대급부로 왕실에 공납과 군사적 보호를 제공했다. 주 왕실이 패권을 상실하고 호경에서 낙읍으로 천도한 이후 제후들은 사실상 독립한 봉건국가의 군주가 되었다. 청나라가 신해혁명으로 무너진 20세기 초까지 중국의 봉건제는 큰 변화 없이 이어졌다.

한반도 역시 마찬가지였다. 다양한 신분 제도가 있었고 관노비와 사노비가 있었지만 고대 그리스나 로마제국처럼 노예가 생산 활동의 핵심적 지위를 차지했다는 증거는 없으며, 인구의 대부분이 좁은 토지를 경작하는 소농(小農)이었다. 인도는 수백 가지의 세부 카스트로 분화된 계급 사회였고, 북아메리카와 호주 대륙의 원주민 사회에는 사회적 계급이 생기지도 않은 상황이었다. 아프리카와 아랍 지역도 마찬가지다. 16세기 이후 유럽인들이 유럽 밖의 모든 지역을 식민지로 만들고 자본주의 체제를 이식했는데, 그들의 침략과 식민 지배가 없었다면 그곳에서 역사 발전 5단계에 맞는 사회 변화가 일어났을 것이라고 말하기는 어렵다.

식민사관과 유물사관

마르크스도 이런 문제가 있다는 것을 알았다. 그래서 그는 「자본주의적 생산에 선행하는 여러 형태」에서 '아시아적 생산양식'이라는 용어를 썼다. 지역에 따라서는 유럽과 다른 자본주의 이전 단계 생산양식이 있을 수 있다는 점을 인정한 것이다.[12] 유럽 마르크스주의 역사가들은 아시아적 생산양식이 노예제의 특수 형태인

12. 「맑스의 아시아적 생산양식에 대한 비판적 검토」(최재현 지음, 『역사비평』 1990년 가을호, 162~180쪽) 참조.

지 봉건제의 특수 형태인지를 두고 승패를 가리기 어려운 논쟁을
벌였다.

　　백남운은 왜 이처럼 큰 논란이 벌어진 역사 발전 단계론을 우
리 민족의 역사에 그대로 적용했을까? 정통 마르크스주의자 또는
스탈린 추종자여서? 그랬을 수도 있지만 다른 가능성도 배제하기
는 어렵다. 민족해방 투쟁의 수단으로 정통 마르크스주의를 받아들
였을 가능성이다. 이런 추정이 가능한 것은 유물사관이 일제가 퍼
뜨린 '조선특수사회론'에 맞서는 이론적 무기가 될 수 있어서다.

　　조선특수사회론의 취지는 간단하다. 조선은 자기 힘으로는
봉건제를 극복하고 자본주의로 이행할 수 없는 사회이기에 외부
에서 새로운 문명을 이식해 주어야 발전할 수 있다는 것이다. 이
이론이 옳다면 우리 민족은 스스로 문명을 발전시킬 수 없는 열등
민족이 되고 일제의 조선 병탄과 식민 지배는 역사의 축복이 된다.
조선특수사회론은 여러 각도에서 비판할 수 있다. 그러나 가장 간
단한 방법은 우리 민족의 역사도 보편적 역사법칙을 따라 발전해
왔으며 외부에서 이식하지 않아도 자본주의 단계로 이행했을 것
임을 논증하는 일이다. 백남운은 『조선사회경제사』 서문에 밝힌
연구 계획에서 그런 의도를 분명하게 드러냈다.[13]

　　첫째,　　원시 씨족 공동체의 양태.
　　둘째,　　삼국 정립 시대에 있어서의 노예 경제.
　　셋째,　　삼국 시대 말기 경부터 최근세에 이르기까지의
　　　　　　아시아적 봉건 제도의 특성.
　　넷째,　　아시아적 봉건 국가의 붕괴 과정과 자본주의

13. 『조선사회경제사』, 14~15쪽.

맹아 형태.

다섯째, 외래 자본주의의 발전 과정과 국제적 관계.

여섯째, 이데올로기 발전의 총 과정.

『조선사회경제사』는 이 계획의 첫 두 단계인 원시 씨족 공동체와 삼국 정립 시대를 살폈다. 두 권으로 낸 『조선봉건사회경제사』에서는 봉건제의 전반기라 할 수 있는 통일신라와 고려의 역사를 다루었다. 봉건제 후반기인 조선 시대 역사는 일제 경찰의 연구회 탄압과 해방 정국의 혼란 때문에 쓰지 못했다. 하지만 백남운은 조선도 인류사의 보편적인 법칙에 따라 발전해 온 '정상적인 사회'였음을 논증하는 것을 목표로 삼았기 때문에 계획대로 책을 완성했다면 틀림없이 신분 제도가 흔들린 조선 중기 이후 봉건제 사회의 태내에서 자본주의의 싹이 자라고 있었다고 하면서 그 주장을 뒷받침하는 역사적 사실을 제시했을 것이다. 요컨대 그는 유물사관에 입각해 민족사를 서술함으로써 우리 민족이 식민 지배에서 벗어날 자격이 있다는 희망을 퍼뜨리고 싶었던 것이다. 다음은 그런 뜻을 드러내 보인 문장을 추린 것이다.

우리 조선 역사 발전의 전 과정은 지리적인 조건, 인종학적 골상, 문화 형태의 외형적인 특징과 같은 약간의 차이를 인정하더라도 겉으로 보이는 특수성은 다른 문화민족의 역사적 발전법칙과 구별할 만큼 독자적이지는 않으며 세계사의 일원론적 역사법칙에 의해 다른 민족과 거의 같은 발전 과정을 거쳤다. 조선 민족의 발전 과정이 아무리 아시아적이라고 해도 사회 구성의 내면적 발전 법칙 그 자체는 오로지 세계사적인 것이다. 삼국 시대의 노예제 사회, 통일신라 이래의 동양적 봉건 사회, 오늘의 이식(移植) 자본주

『조선사회
경제사』
22~23쪽

의 사회는 조선 역사의 발전 단계 전체를 나타내는 보편사적 특성이다. 이러한 세계사적 방법론을 채택해야만 우리는 민족 생활의 발전사를 내면적으로 이해하고 현실의 위압적인 특수성에 절망하지 않는 적극적인 해결책을 찾을 수 있을 것이다.

　　여기서 핵심은 마지막 문장이다. "이러한 세계사적 방법론을 채택해야만 우리는 민족 생활의 발전사를 내면적으로 이해하고 현실의 위압적인 특수성에 절망하지 않는 적극적인 해결책을 찾을 수 있을 것이다." 백남운이 이렇게 모호하고 추상적인 문장을 쓴 이유는 일제의 검열과 탄압을 피하기 위해서였다. 두려움 없이 어떤 말이든 할 수 있는 상황이었다면 이렇게 쓰지 않았을까. "이러한 유물사관의 연구 방법을 채택해야만 우리는 조선도 다른 나라와 다름없이 정상적으로 발전해 왔다는 확신을 얻어 식민지의 비참한 현실에 절망하지 않고 민족의 광복과 인간 해방을 이루는 방법을 찾을 수 있을 것이다." 백남운은 마르크스주의자였고 민족주의자였는데 둘 중에 어느 쪽이 우선이었는지는 알 수 없다. 가장 절실한 소망은 민족의 광복이었고, 그 소망을 이루는 수단으로 마르크스주의를 받아들였을 수도 있다는 뜻이다.

　　『조선사회경제사』에는 사실을 이론에 끼워 맞춘 데가 많다. 예컨대 백남운은 한반도에 원시공산제 사회가 있었다는 것을 논증하려고 친족 관계를 나타내는 우리말의 어원을 추적해 군혼(群婚)의 흔적을 찾았으며, 『삼국사기』와 『삼국유사』를 비롯한 우리의 고대 문헌과 중국 역사서의 조선 관련 기록을 근거로 고구려·백제·신라가 모두 노예제 사회였다고 주장했다. 그렇지만 그가 무슨 말을 하려고 했는지 고려하면서 읽으면 크게 거슬리지 않는다. "조선 민족도 남들과 동등한 자격과 능력을 가지고 인류 사회의 주역이 될 수 있는 민족이다. 일제 강점이 없었더라도 조선 사회는 자본주의 발전의 길을 열어 나갔을 것이다. 조선 민족도 공산주의·사회주의 혁명의 길에서 스스로를 해방하고 자유로운 삶을 누릴 수 있다는 희망을 품자." 겉보기에는 몹시 따분한 사회경제사 책이지만 행간에는 이런 호소가 숨어 있다.

아래 글은 마르크스주의 역사가들이 사실을 이론에 끼워 맞출 때 사용한 전형적 추론 방법을 보여준다. 앞서 언급했듯이 백남운은 친족 관계를 나타내는 호칭을 원시 시대 군혼의 강력한 증거로 삼았고, 사노비의 존재를 알려 주는 몇몇 사실에서 삼국 시대가 노예제 사회였다는 결론을 이끌어 냈다. 논리적으로는 수긍하기 어려운 추론이지만, 어떻게든 우리 민족이 세계 문명의 보편적 발전 경로를 똑같이 밟아 왔다는 주장을 논증하기 위해 쏟은 열정만큼은 확실하게 느낄 수 있다.

친족 관계를 나타내는 말의 어원에는 원시적인 혼인의 흔적이 남아 있다. '마누라'와 '메누리(며느리)', '누이'는 어원이 같고 모두 '잠동무'를 가리킨다. 자기 남편인 '샤옹'과 딸의 남편 '사우'도 어원이 같다. 형제가 자매를 아내로 삼고, 어머니와 딸이 남편을 공유한 흔적이다. 후세의 관념으로 보면 해괴한 일이지만 태고에는 아버지와 아들이 아내를 공유하고 형제자매가 성교하는 야만적 군혼이 어디에나 있었다. 마르크스는 "태고의 관습에 따르면 누이는 아내였다"고 했다. 우리 원시 조선의 선조들은 극히 단순한 채취 경제를 영위하다가 정착 생활로 옮겨가면서 무질서한 성교에서 군혼 형태로 바뀌었을 것이다. 모든 문화민족이 거친 단계다. 중국, 인도, 일본, 유럽과 아메리카도 모두 그러했다. 특수하거나 기형적인 것이 아니라 세계사

『조선사회
경제사』
60~63쪽

의 정상 궤도를 밟은 것이다.

『조선사회
경제사』
378~382쪽

조선 예술을 말하면 누구나 신라 예술을 거론하지만 그 주요 동력이 노예 노동이었다는 것을 지적한 이는 아직 없었다. 비석, 묘석, 석굴, 석등, 범종, 불상을 비롯하여 건축, 그림, 춤과 음악이 모두 사원 예술이고 귀족 문화였다. 노예 소유자 계급 문화생활의 침전물인 것이다. 『삼국유사』를 보면, "신라 제35대 경덕왕이 황룡사종을 만들었는데 길이가 1장 3촌이요 두께는 9촌이요 무게는 49만 7,581근이다. 장인(匠人)은 이상택(里上宅) 하전(下典)이었다." 여기서 이상택은 노예 소유주인 상전이고, 종을 만든 장인 하전은 사노예(私奴隷)다. 큰 작품을 만들 때는 사노예, 관노예, 상민 중에서 기능이 뛰어난 자를 뽑아 일을 시켰는데, 당시 노동 편제의 특질을 보면 노예 기술자가 많았음을 알 수 있다. 금석공조각(金石工彫刻)과 건축, 그림, 벽돌, 기와 등 신라의 공예품은 주로 노예 노동의 산물이었던 것이다. 고구려나 백제보다 원시공산 사회의 특색이 강한 후진국 신라는 정복 국가를 형성하면서 아직 맹아 형태였던 노예 제도를 법률 제도로 만들어 사회적 생산 조직의 기반으로 삼았다. 5세기 초반에서 7세기 후반까지 전성기를 누렸던 신라의 노예 경제는 삼국 통일 이후 자체의 역사적 운동과 당나라 봉건 문화 수입으로 변질·분화하다가 아시아적 봉건제로 전환했다.

　　헤로도토스에게 역사 서술은 돈이 되는 사업이었고, 사마천에게는 실존적 인간의 존재 증명이었으며, 할둔에게는 학문 연구였다. 마르크스에게는 혁명의 무기를 제작하는 활동이었고, 박은식과 신채호에게는 민족의 광복을 위한 투쟁이었다. 사피엔스의 뇌는 생물학적 진화의 산물이지만 뇌에 자리 잡는 철학적 자아는 사회적 환경을 반영한다. 그들은 각자 다른 시대에 살면서 다른 경험을 하고 다른 이야기를 남겼다. 그 이야기들을 읽으면서 즐거움과 깨달음을 얻게 되는 이유가 무엇일까? 그들의 철학적 자아와 공명하기 때문이다. 민족주의자든 아나키스트든 마르크스주의자든, 식민지 시대 지식인들이 쓴 역사를 읽으면 가슴이 아리다. 그들이 살았던 사회적 환경과 오늘 내가 살아가는 세상이 같지 않은데도 이러는 이유가 무엇일까?

제7장
에드워드 H. 카의 역사가 된 역사 이론서

『역사란 무엇인가』가 난해한 이유

『역사』, 『펠로폰네소스 전쟁사』, 『사기』와 같은 역사서는 2,000
년 넘는 세월을 살아남았다. 그와 달리 역사 연구서, 역사 이론서,
역사 비평서는 생명이 그렇게 길지 않다. 학문적으로 아무리 훌륭
해도 세월이 많이 흐르면 전문 연구자들 외에는 그 존재를 잘 알아
주지 않는다. 사람들이 시와 소설, 희곡은 수백 년 세월이 흘러도
변함없이 사랑해 주면서도 문학평론이나 문예비평서는 그리 오
래 기억해 주지 않는 것과 같은 현상이다. 역사학 연구서가 가치
없어서 그런 게 아니다. 서사의 힘을 지니지 못한 책은 어느 장르
든 오래가지 못한다.

하는 일 자체만 놓고 보면 역사가보다는 역사학자를 우러러
보게 된다. 역사학자들은 종종 기적을 일으키기 때문이다. 그들은
흔적만 남은 집터와 몇 조각의 유물을 단서로 삼아 거대한 문명의
전모를 그려 내며, 첨단 과학을 동원해 수백 년 동안 중요한 사료
라고 믿었던 문서가 가짜임을 밝혀낸다. 글씨가 다 닳은 높은 산꼭
대기 비석의 주인을 찾아내고, 『신약성서』에서 예수가 말한 것과
신도들이 지어낸 것을 가려낸다. 역사란 무엇이며 역사가는 어떤
목적과 관점을 지니고 어떤 방법으로 역사를 서술해야 하는지, 수
준 높은 철학과 이론과 방법론을 설파한다. 이 모두가 흥미진진하
고 가치 있는 작업이다. 이처럼 고단한 작업을 하는 역사학자가 있
기 때문에 누군가는 그들이 연구하고 발견한 사실과 이론을 활용
해 감동적인 서사를 만들 수 있다. 그렇지만 망각의 철칙이 지배하
는 시간의 왕국에서 장수의 축복을 누리는 쪽은 역사학자가 아니
라 역사가였다. 불공평하지만 어쩔 수 없다.

가끔 예외도 있다. 1961년에 초판이 나온 에드워드 H. 카 (1892~1982)의 역사 이론서 『역사란 무엇인가』가 그런 경우다. 이 책이 『펠로폰네소스 전쟁사』와 『사기』만큼 오래 살지는 못할 것이다. 하지만 웬만한 역사책보다 이미 오래 살았고 앞으로도 한 동안은 독자를 다 잃지 않을 듯하다. 적어도 우리나라 서점에서는 1970년대부터 지금까지 꾸준히 스테디셀러 또는 베스트셀러 목록에 올라 있다. 읽기 편하거나 재미난 이야기가 있어서 그런 게 아니다. 이 책은 유럽 역사와 역사학, 철학에 대해 '좀 아는' 사람이라야 느긋하게 읽을 수 있다. 하지만 지적인 자극을 제대로 받으려면 누구든 여러 번 읽어야 한다.

그런데도 왜 사람들은 『역사란 무엇인가』를 읽을까? 첫째, 내용을 다 이해하지 못하면서 읽어도 어느 정도 재미를 느낄 수 있다. 둘째, 어렵긴 하지만 다른 역사 이론서만큼 어렵지는 않다. 이 책은 방대한 정보를 압축해서 전달한다. 아래 글은 사회 환경이 역사가의 철학과 이론에 영향을 준다는 것을 논증한 제2장에서 가져왔다. 문장 자체가 복잡하지 않은데도 잘 와닿지 않는다. 책 전체가 이렇게 정보를 압축한 문장으로 넘쳐 나기 때문에 배경지식과 독해 능력 부족을 자책하면서 중도 포기하는 독자가 많을 수밖에 없다. 하지만 그럴 필요는 없다. 뜻이 와닿지 않더라도 일단 참고 읽어 보자.

『역사란 무엇인가』 (김택현 옮김, 까치, 1997) 58~59쪽

내가 고대사를 연구하던 시절 그 분야 고전은 그로트의 『그리스사』와 몸젠의 『로마사』였다. 1840년대에 계몽적이고 급진적인 글을 썼던 은행가 그로트는 아테네 민주정을 이상향으로 그림으로써 정치적으로 진보적이었던 영국 중간계급의 열망을 드러냈다. 그는 페리클레스를 벤담적인 개혁가로

그렸고, 아테네인들이 일시적으로 들뜬 상태에서 제국을 형성한 것으로 서술했다. 그로트가 아테네 노예 제도의 문제를 무시한 것은 당시 영국의 중간계급이 새로 등장한 공장노동자 계급의 문제에 대처할 수 없었다는 사실을 반영한다고 해도 근거 없는 이야기가 아닐 것이다. 자유주의자였던 독일 사람 테오도어 몸젠은 1848~1849년의 굴욕적이고 지리멸렬했던 독일혁명에 환멸을 느꼈다. 현실 정치라는 용어와 개념이 탄생한 1850년대에 글을 썼던 그는 독일 인민이 정치적 열망을 실현하지 못한 채 남겨 놓았던 혼란을 깨끗이 청소해 줄 강력한 인물이 필요하다는 생각에 사로잡혀 있었다. 그가 카이사르를 이상적 인물로 묘사한 것이 독일을 파멸에서 구해 줄 강력한 인물에 대한 열망의 산물이라는 점을 깨닫지 못한다면, 법률가이자 정치가였던 키케로를 쓸모없는 수다쟁이에다 교활하고 우유부단한 인간으로 그린 것은 그를 마치 1848년 프랑크푸르트 바울 성당 토론회장에서 막 걸어 나온 사람처럼 보았기 때문이었다는 점을 깨닫지 못한다면, 몸젠이 『로마사』에서 무슨 말을 하려 했는지 파악할 수 없다.

이 글을 제대로 독해하려면 다음 질문에 모두 긍정적으로 대답할 수 있어야 하는데 그런 독자는 많지 않을 것이다. 그로트의 『그리스사』와 몸젠의 『로마사』를 읽었는가? '1850년대 영국 중간계급의 열망'은 무엇이었는가? '아테네 민주정'은 현대 민주주의와 어떤 점이 같고 어떤 점이 다른가? 페리클레스는 무슨 일을 했으며 '벤담적인 개혁'은 어떤 개혁을 말하는가? 19세기 영국에 새로 등장한 '공장노동자 계급의 문제'는 무엇이었으며, 왜 중간계급은 그 문제에 대처할 수 없었는가? 1848~1849년의 독일혁명은 누가, 왜, 무엇을 위해 일으켰으며 그 혁명을 '굴욕적이며 지리멸렬'했다고 하는 이유는 무엇인가? 당시 독일은 어떤 '파멸의 위기'

에 직면해 있었는가? '1848년 프랑크푸르트 바울 성당 토론회장'에서는 어떤 일이 벌어졌고, 키케로를 거기에서 막 걸어 나온 사람으로 보았다는 것은 무슨 뜻인가?

이 모두를 알면서 읽으면 이 책은 매우 흥미로운 이야기가 된다. 그러나 그런 사람이라면 역사학 입문서인 『역사란 무엇인가』를 굳이 읽지 않을지도 모른다. 유럽 역사에 대한 기초 지식 없이 막연히 역사가 무엇인지 궁금해서 집어 든 독자라면 제1장 첫 페이지를 보는 순간 당혹감에 사로잡힐 것이다. 그렇지만 포기할 일은 아니다. 카는 역사 지식을 전달하기보다 역사가들이 실제로 어떤 방식으로 생각하고 작업하는지 보여주는 데 초점을 두고 책을 썼다. 내용을 다 이해하면서 즐기지는 못해도 저자가 말하고자 하는 바를 파악하기만 하면 된다. 다음 글은 카가 앞서 소개한 난해한 이야기를 끌어다 쓴 이유를 담고 있다.

『역사란
무엇인가』
68쪽

지난 50년 동안 세계를 뒤흔든 사건들을 겪고도 세계관이 근본적으로 변하지 않았다고 솔직하게 말하는 역사가가 있다면 그를 부러워해야 할지 모르겠다. 내가 하려는 일은 사회 안에서 연구하는 역사가가 그 사회를 얼마나 면밀하게 연구에 반영하는지 보여주는 것이다. 흐름 속에 있는 것이 사건만은 아니다. 역사가도 거기 있다. 어떤 역사책을 펼칠 때 표지에 있는 저자 이름을 살펴보는 것만으로는 충분하지 않다. 출간 일자와 집필 일자도 살펴보아야 한다. 때로는 그것이 훨씬 더 많은 것을 알려 준다. 똑같은 강물에 두 번 발을 담글 수 없다고 한 철학자의 말이 옳다면, 한 사람이 같은 역사책을 두 번 쓸 수 없다는 말도 같은 이유로 옳을 것이다.[1]

1. 웹사이트(www.trfa.org.uk)에서 확인한 pdf 파일의 이 단락 마지막 문장은 다음과 같다. "If the philosopher is right in telling us that we cannot step into the same river twice, it is perhaps equally true, and for the same reason,

한결 알아듣기 쉽지 않은가? 여기서 '지난 50년'이 두 차례 세
계대전과 러시아 볼셰비키 혁명, 동유럽의 공산화, 원자폭탄 투하
와 냉전 체제 구축 등이 벌어진 1910년부터 1960년까지를 의미한
다는 것은 『역사란 무엇인가』 초판이 1961년에 나왔다는 사실에
서 추론해 낼 수 있다. 카는 역사가들이 그 시대의 사회적 환경의
영향을 받기 때문에 그런 점을 고려해서 역사책을 읽어야 한다는
극히 상식적인 견해를 피력했다. 어려운 말이 전혀 없다.

앞에서 본 글도 단순히 어렵다고 할 수는 없다. 카는 유럽 지
식인들이라면 기본적으로 다 아는 여러 사실과 역사가와 역사책
을 논거로 들어 자신의 주장을 뒷받침했다. 그런데 우리는 유럽 역
사를 잘 모르기 때문에 이해하기 어려운 것이다. 유럽인도 사마천
과 할둔의 책을 읽으면 똑같은 어려움을 느낄 것이다. 마음먹고 시
간을 들여 하나하나 인터넷 정보 검색을 하면서 읽으면 다 이해할
수 있다. 그렇게까지 많은 시간을 할애하기 어렵다면 뜻이 와닿지
않는 대목을 건너뛰며 읽어도 된다.

만약 뛰어난 재능을 가진 한국인 역사학자가 한국의 어느 대
학에서 강연하면서 사회 환경과 역사가의 관계에 대해 카와 똑같
은 주장을 펼친다고 하자. 그 사람은 틀림없이 한국의 평범한 교양
인이 잘 아는 과거 사건과 인물과 역사책을 논거로 끌어올 것이고,
우리는 주장과 논거를 모두 훨씬 쉽게 이해하면서 더 큰 재미를 느

---

that two books cannot be written by the same historian." 한국어판에서는
"two books cannot be written by the same historian"을 "한 사람의 역사가가
두 가지 책을 쓸 수 없다"로 옮겼지만, 저자가 말한 논리의 맥락을 고려해 "한 사람이 같은
역사책을 두 번 쓸 수 없다"로 바꾸었다. 똑같은 강물에 두 번 발을 담글 수 없다고 한 '그
철학자(the philosopher)'는 B.C. 6세기 그리스 에페수스의 헤라클레이토스(B.C.
540?~B.C. 480)를 가리킨다.

낄 것이다. 정말 그런지 시험해 보자. 독해가 어려웠던 앞의 글을
한국 버전으로 바꾸어 보았다. 사례로 끌어다 쓴 사건과 인물과 국
가명과 책 제목이 다를 뿐 논리와 문장 구조는 똑같다. 그렇지만
김부식과 신채호에 대해서, 신라의 삼국 통일과 일제의 조선 강점
에 대해서 제6장에서 살핀 수준의 한국사 지식이 있는 독자라면
그리 큰 어려움 없이 독해할 수 있을 것이다.

내가 민족의 고대사를 연구했을 때 그 분야 고전은 김부식의
『삼국사기』와 신채호의 『조선상고사』였다. 12세기 전반 고
려의 고위 관직을 지냈던 김부식은 중국 송나라의 문물과 유
학사상을 추종했던 지식 계급의 열망을 드러냈다. 그는 북벌
과 천도를 주장했던 묘청의 난을 진압한 후 편찬한 『삼국사
기』에서 신라 김춘추와 김유신을 경세가와 명장으로 그려 냈
고, 당나라와 연합해 고구려와 백제를 정복한 신라의 행위에
역사적 정통성을 부여하는 방식으로 삼국 시대 역사를 서술
했다. 김부식이 발해의 역사를 삭제하고 당나라에 맞서 싸웠
던 복신의 백제 부흥 투쟁을 무시한 것은 당시 고려 조정의
유학자 집단이 사대주의 사상에 사로잡혀 있었다는 사실을
반영한다고 해도 근거 없는 이야기는 아닐 것이다. 일제강점
기 독립투사였던 신채호는 3·1운동이 참혹한 패배로 끝난
것을 보고 비폭력 운동의 한계를 느꼈다. 일제 병탄 시기부터
1928년 일경에 체포될 때까지 글을 썼던 그는 조선 민족의
정치적 열망을 실현할 강력한 무장 투쟁 조직과 지도자가 필
요하다는 생각에 사로잡혀 있었다. 그가 을지문덕과 연개소
문을 이상적인 민족 영웅으로 묘사한 것이 조선을 일제 강점

에서 구해 낼 강력한 무장 투쟁 지도자에 대한 열망의 산물이라는 점을 깨닫지 못한다면, 신라의 삼국 통일 군사 지도자였던 김유신을 음모와 책략의 대가이자 자신의 전공(戰功)을 조작한 거짓말쟁이로 그린 것이 김춘추와 김유신을 민족의 정신에 사대주의 씨앗을 뿌린 인물로 보았기 때문이었다는 점을 깨닫지 못한다면, 신채호가 『조선상고사』에서 무엇을 말하려고 했는지 파악할 수 없을 것이다.

역사가와 사실

『역사란 무엇인가』는 카가 영국 케임브리지 대학교에서 했던 연속 특강을 정리해서 만든 책이다. 전문 역사 연구자와 대학생 들이 청중이어서 학술적으로 수준이 높다. 그러나 강연 내용을 텍스트로 바꾼 것인 만큼 문장이 쉽고 간결해서 역사학 교양을 갖추고 싶어 하는 독자가 다가서기 좋다. 그런데 카는 원래 역사학자가 아니라 정치학자였다. 런던에서 태어나 케임브리지 대학교에서 러시아 현대사를 공부했으며, 제1차 세계대전으로 유럽 전체가 혼란과 공포의 도가니에 빠져 있었던 1916년 영국 외무부에 들어가 20년 동안 근무했다. 주로 소련과 동유럽 사회주의 국가 관련 기밀문서를 다루는 업무를 했다고 한다.

　　카는 공무원 생활을 하는 동안 혼자 책을 읽으며 역사학을 공부했다. 공직에서 나온 다음 10년 넘게 웨일스 대학교에서 국제정치학을 가르쳤고, 『타임스』 부편집인으로 활동했다. 제2차 세계대전이 끝난 후에는 유엔 세계인권선언기초위원회 위원장으로 일하기도 했으며, 노년에는 옥스퍼드 대학교와 케임브리지 대학교에서 정치학을 가르쳤다. 대표 저서는 러시아 사회주의 혁명사를 포함해 14권으로 쓴 『소련사』(History of Soviet Russia)다. 그는 이 책을 쓰는 데 1945년부터 30년을 쏟아부었지만 소련과 동유럽 사회주의 체제가 무너진 이후에는 『소련사』에 소수의 전문 역사 연구자들 외에는 관심을 갖지 않는다. 하지만 그가 이 책을 쓸 때 견지했던 역사철학과 이론을 담아낸 『역사란 무엇인가』는 역사학에 관심이 있는 교양인의 필독서가 되었다.

『역사란 무엇인가』는 평범한 역사 이론서가 아니다. 이 책은 제2차 세계대전 이후 유럽의 지식인 사회가 도달한 최고 수준의 지성을 보여준다. 카는 액턴, 랑케, 트리벨리언, 크로체, 부르크하르트, 콜링우드, 마이네케 같은 서구의 저명한 역사학자들을 인용했을 뿐만 아니라 맬서스, 스미스, 헤겔, 마르크스, 니체, 프로이트, 포퍼 등 유럽 지성사의 걸출한 사회과학자와 철학자 들도 소환했다. 많든 적든 그의 역사 이론과 역사 서술 방법론에 영향을 준 인물들이다. 그들의 생애와 사상을 알면서 읽으면 『역사란 무엇인가』는 역사 이론서가 아니라 철학서로 보일 것이다. 지적 수준으로는 카의 발밑에도 가지 못한 나는 이 책을 열 번 넘게 읽었지만 내용을 다 이해하지 못했다. 그렇지만 읽을 때마다 좋았다. 여러 번 올라가도 다 알기 어려운 산과 같아서 그렇다. 이것이 무슨 의미인지 백두대간에 대한 백과사전의 설명을 가지고 이야기해보자.

『한국민족문화
대백과사전』
'백두대간' 한반도의 가장 큰 산맥은 백두대간이다. 백두대간은 백두산에서 뻗어 내려 동쪽 해안선을 끼고 남쪽으로 흐르다가 태백산 근처에서 서쪽으로 방향을 틀어 지리산까지 가서 한반도의 뼈대를 이룬다. 백두산, 포태산, 두류산에서 압록강과 두만강을 나눈 다음, 원산 인근 마식령을 지나 동해를 따라 금강산, 설악산, 오대산, 대관령, 태백산으로 이어진다. 태백산에서 내륙으로 방향을 돌린 백두대간은 소백산, 속리산, 추풍령, 덕유산을 지나 지리산에서 끝난다. 백두대간이 만든 산줄기와 강은 고대 부족 국가의 지리적 경계가 되었고 삼국 시대 이후 형성된 한반도 통일 국가의 행정 구역을 나누었으며 다양한 생태 환경과 지역 문화를 형성하는 지리적 토대가 되었다.

　　한반도 지도를 눈 감고 떠올릴 수 있고 거명한 산들이 어디쯤 있으며 어떻게 생겼는지 대충이라도 그릴 수 있는데다 이 텍스트를 읽으면서 여러 이미지와 사운드까지 떠올릴 수 있다면, 그 사람은 백두대간에 대해 어느 정도 '안다'고 할 수 있다. 그러나 얼마나 풍부한 정보를 가졌는지에 따라 '아는 수준'이 달라진다. 나는 금강산 만물상 코스를 걸은 적이 있다. 한나절 백담사 계곡의 비탈을 오른 끝에 마등령 너머 구름바다에 솟은 설악 연봉의 기이한 아름다움을 보았다. 오대산 상원사 계곡의 가을 단풍이 어떻게 붉은지, 속리산과 덕유산 숲길이 얼마나 고즈넉한지, 구례 화엄사 뒷길로 노고단에 올라 진주로 내려오는 지리산 종주 산행에서 무엇을 볼 수 있는지 안다. 그 정보와 기억을 덧입히면서 보면 이 글은 단순한 문자 텍스트가 아니라 소리가 들리는 영상이 된다.

　　백두산과 압록강, 마식령을 포함해 백두대간이 만든 큰 산과 골짜기를 더 많이 더 자주 보았다면 영상은 더 다채롭고 소리는 더 풍성할 것이다. 나는 백두대간의 남쪽 절반만 조금 알 뿐이다. 그렇지만 한국에 한 번도 와 보지 않은 외국의 지리학자보다는 훨씬 높은 수준에서 이해한다.

『역사란 무엇인가』도 그와 같다. 열 번을 올라도 다 안다고 말할 수 없는 큰 산이다. 한 번 읽으면 조금 알게 되고 두 번 읽으면 더 알게 되며, 거기 들어 있는 사건과 사람과 책에 대한 정보를 일일이 찾아보면서 읽으면 그보다 더 높은 수준에서 즐길 수 있다. 이제 내가 이해한 수준에서 『역사란 무엇인가』의 핵심 내용을 소개한다. 우선 차례를 보자.[2]

1   역사가와 그의 사실(The Historian and his Facts)
2   사회와 개인(Society and the Individual)
3   역사, 과학, 도덕(History, Science and Morality)
4   역사에서의 인과관계(Causation in History)
5   진보로서의 역사(History as Progress)
6   지평선의 확대(The Widening Horizon)

제1장부터 제4장까지 카는 '역사가'로서 발언했다. 제5장과 제6장에서는 '지식인'으로서 세계와 인류 문명의 앞날에 대한 생각을 말했다. 역사가 카의 말이 가장 빛나는 곳은, 역사를 문학의 한 갈래로 보는 시각과 통하는 데가 있는 제1장과 제2장이다. 카는 역사가 문학이 되어서는 안 된다고 했지만 그건 그가 문학을 '마음대로 지어낸 이야기'로 한정했기 때문이다. 마음대로 지어내지 않

2. 제1장 제목에 들어간 "그의 사실"은 유럽도 1960년대에는 여성 역사학자가 드물었다는 사실을 보여준다. 카는 진보적 성향을 가진 지식인이었기에 지금 수정판을 낸다면 여성을 배제하는 표현을 버리고 'The Historian and Facts(역사가와 사실)' 또는 'The Historian and historical Facts(역사가와 역사적 사실)'라 쓸 것이다.
아울러 제4장 제목을 '역사의 인과관계'로, 제5장 제목을 '역사의 진보'로, 제6장 제목을 '넓어지는 지평선'으로 번역했더라면 우리 어법에 더 잘 들어맞지 않을까 생각한다.

은 문학 장르도 있지 않은가. 다음은 역사가와 사실의 관계를 다룬 제1장의 핵심을 압축한 문장이다.

정확성은 역사가의 의무일 뿐 미덕이 아니다. 정확하다고 해서 역사가를 칭찬한다면 잘 말린 목재와 적절하게 섞은 콘크리트로 집을 짓는다고 건축가를 칭찬하는 것이나 마찬가지다. 그런 것은 건축의 필요조건이지 건축가의 본질적인 기능은 아니다. 그런 일이 필요할 때 역사가는 이른바 역사학의 '보조 학문'인 고고학, 금석학(金石學), 고전학(古錢學), 연대측정학의 도움을 받을 수 있다. 오늘날 모든 저널리스트는 적절한 사실을 선택하고 배열함으로써 효과적으로 여론에 영향을 줄 수 있다는 것을 안다. 사실이 스스로 이야기한다는 주장은 진실이 아니다. 역사가가 이야기할 때만 사실은 말을 한다. 어떤 사실에게 발언권을 주며 서열과 순서를 어떻게 할 것인지 결정하는 게 역사가다. 사실이란 자루와 같아서 안에 무엇인가를 넣어주지 않으면 일어서지 못한다.

『역사란 무엇인가』 21~22쪽

위 글은 랑케의 역사 이론과 역사 서술 방법에 대한 비판이다. 역사 서술은 단순히 사실을 정확하게 기록하는 작업이 아니다. 역사가 그런 것이라면 역사가는 옛 문헌을 가위로 오려서 풀로 붙이는 것으로 임무를 완수할 수 있을 것이다. 역사는 과거에 대한 이야기이며, 역사가는 사실을 가지고 이야기를 만드는 사람이다. 이렇게 보면 사실을 수집하고 나열함으로써 과거를 '있었던 그대로' 보여주는 것을 역사 서술의 목표로 설정한 랑케는 역사가를 문헌학자로 취급하는 오류를 저질렀으며 결과적으로 역사가의 임무를 외면한 셈이다.

물론 사실은 중요하다. 하지만 앞서 말한 것처럼 역사가는 과

거의 모든 사실을 알 수 없다. 아는 사실이 전부 기록할 가치가 있
는 것도 아니다. 역사가는 과거 사실의 일부를 알 뿐이며, 그중에
의미 있고 중요한 사실을 추려서 이야기를 만든다. 랑케가 그토록
중시했던 문헌 기록은 과거의 모든 사실이 아니라 문헌을 작성한
사람이 알았고 또 중요하다고 여긴 일부 사실만 보여준다. 만약 어
떤 역사가가 옛 문헌의 정보에 전적으로 의지해 역사를 쓴다면 그
역사는 옛 문헌을 만든 사람이 쓴 것이 된다. 카는 우리가 아는 고
대사와 중세사가 그 시대, 그 사회를 있었던 그대로 보여주지 않는
다는 것을 아래와 같은 방식으로 논증했다.

『역사란
무엇인가』
25~26쪽

B.C. 5세기 그리스 그림에 결함이 있는 이유는 수많은 조각이 우연히 없어
져서가 아니라 도시국가 아테네의 소수 집단이 그랬기 때문이다. 우리는 당
시 아테네 시민들이 그리스를 어떻게 보았는지는 알지만 스파르타와 코린
트, 테베 같은 다른 도시국가 사람들이 그리스를 어떻게 생각했는지는 모른
다. 페르시아 사람이나 노예, 시민 계급에 속하지 않았던 아테네 거주민의
생각은 말할 나위도 없다. 우리가 아는 중세사의 사실은 거의 다 여러 세대
의 연대기 편찬자들이 선택한 것이다. 그들은 종교 이론과 종교 활동 분야
에 종사했기 때문에 종교를 가장 중요하게 생각했다. 그래서 종교와 관련이
있는 것은 무엇이든 기록했지만 그 밖의 사실은 별로 기록하지 않았다.

    이 문제를 더 분명하게 설명하기 위해 다음과 같이, 실제로
일어날 가능성이 전혀 없는 상황을 가정해 보자. 어떤 이유에서 인
간이 거의 다 죽고 문명이 모두 폐허가 되었다. 도서관의 책과 인
터넷 디지털 정보가 다 없어졌다. 사피엔스 가운데 오로지 극소수
의 한국인만 살아남았다. 긴 세월이 흐른 뒤 후손들이 폐허에서

2010년 한국 언론사의 신문철을 발굴했다. 그리고 랑케와 꼭 닮은 사람이 그 희귀한 사료를 근거로, 사라져 버린 옛 문명을 '있었던 그대로' 보여주려는 야심을 품고 역사를 쓴다고 해보자. 그가 쓰는 역사의 내용을 좌우하는 결정적인 변수는 어느 신문이냐는 것이다. 『조선일보』인가 『한겨레』인가에 따라 미래의 랑케가 쓰는 역사는 크게 달라진다. 예컨대 박정희 대통령은 '위대한 영도자'가 되거나 '방탕한 독재자'가 되는 것이다. 사실은 그 자체로 존재하고 살아남는 게 아니다. 기록하는 사람이 선택한 사실만 살아남아 후세 사람들에게 전해진다.

모든 역사는 현대사

역사가의 선택을 받은 사실을 '역사적 사실'이라고 하자. 수많은 과거의 사실 가운데 어느 것을 역사적 사실로 인정할지, 그 사실에 얼마나 중요한 지위를 부여할지는 역사가의 주관적 평가와 해석에 달려 있다. 역사적 사실은 순수하게 그 자체로 존재하면서 발언하는 게 아니라 평가와 해석이라는 주관적 요소의 세례를 받은 다음에야 비로소 존재를 인정받고 무언가 말할 수 있다. 이 주장을 카는 다음과 같이 우아하게 표현했다. 베네데토 크로체(1866~1952)가 얼마나 대단한 혁명가, 정치가, 역사가였는지 알면 더 좋겠지만 몰라도 이해하는 데 큰 상관은 없다.[3]

3. 크로체는 '역사학의 위대한 독학생', '이탈리아의 정신적 스승', '반파시즘 투쟁의 상징' 등 다양한 별칭을 얻은 지식인이다. 나폴리왕국과 이탈리아, 19세기 유럽을 다룬 역사서를 여럿 썼고 미학, 논리학, 철학 등 다양한 분야의 저서를 냈으며, 조반니 젠틸레(1875~1944)와 문화비평지 『크리티카』(La Critica)를 공동 창간해 오랫동안 펴냈다.

『역사란
무엇인가』
36쪽
크로체는 모든 역사는 현대사(contemporary history)라고 선언했다. 역사란 본질적으로 현재의 눈으로 현재의 문제에 비추어 과거를 바라보는 것이며, 역사가의 임무는 기록이 아니라 평가하는 것이라는 뜻이다. 만약 아무것도 평가하지 않는다면 무엇이 기록할 가치가 있는 사실인지 역사가는 도대체 어떻게 알 수 있겠는가.

사실을 다루는 역사가의 태도에는 두 극단이 있다. 하나는 역사의 교훈을 전하기 위해 깎을 것은 깎고 보탤 것은 보탠 공자의 '춘추필법'이고, 다른 하나는 사실 그 자체가 말하게 함으로써 과거를 '있었던 그대로' 보여준다는 '랑케필법'이다. 춘추필법은 역사가에게 해석이라는 칼로 사실을 난도질할 권리를 주었다. 반면 랑케필법은 사실 앞에서 역사가를 무장 해제했다. 춘추필법은 2,000년 동안 중국 문명권의 역사 서술을 지배했고, 랑케필법은 100년 동안 서구 역사학계에서 유행했다. 오늘날 역사가들은 어느 것도 받아들이지 않는다. 그들이 쓴 역사는 모두 춘추필법과 랑케필법 사이 어딘가에 있다. 그런 면에서 보면 카는 당위가 아닌 현실을 말한 사람이다. 진지하게 작업하는 역사가는 누구도 춘추필법이나 랑케필법을 따를 수 없다는 것을 카는 자신의 작업 방식을 예로 들어 아래와 같이 설명했다.

『역사란
무엇인가』
48쪽
사람들은 역사가의 작업이 뚜렷이 구별할 수 있는 두 단계나 기간으로 나뉜다고 생각한다. 먼저 역사가는 오랜 시간 사료를 읽으면서 노트를 사실로 채운다. 이 작업이 끝나면 사료를 치우고 노트를 펼쳐 처음부터 끝까지 글

자유의 가치를 수호하기 위해 파시즘과 단호하게 싸웠으며 제2차 세계대전 후에는 패전한 이탈리아를 재건하는 데 기여했다.

을 쓴다. 그러나 이것은 이치에 맞지 않으며 그럴듯하지도 않다. 나는 중요한 사료 몇 가지를 읽기 시작하자마자 좀이 쑤셔서 어느 부분이든 상관없이 곧바로 쓰기 시작한다. 계속 읽으면서 그때그때 글을 덧붙이고 삭제하며 재구성하고 취소한다. 글을 쓰면서 읽는 덕분에 적절한 방향을 찾아가며 풍부하게 사료를 독해할 수 있다. 역사가라는 이름에 어울리는 역사가는 경제학자들이 투입(input)과 산출(output)이라고 하는 과정을 동시에 진행한다. 읽기와 쓰기는 동전의 양면과 같다고 나는 확신한다.

19세기 서구 역사가들은 춘추필법을 거부했다. 사실을 무시하고 왜곡하면 역사가로 인정하지 않았다. 그런데 20세기 중반까지도 많은 역사가들이 그 반대편 극단인 랑케필법을 추종했기 때문에 카는 랑케필법을 비판하는 데 화력을 집중했다. 그러나 그가 랑케필법에 대한 첫 비판자이거나 유일한 비판자였던 것은 결코 아니다. 랑케필법의 문제점을 지적한 수많은 역사학자들의 견해를 종합해서 문학의 향기가 나는 문장으로 표현했을 뿐이다.

『이탈리아의 르네상스 문명』(Die Kultur der Renaissance in Italien)으로 문화사 장르를 개척한 야코프 부르크하르트(1818~1897)는 역사가 모든 학문 가운데 가장 비과학적이라고 주장했다. 역사를 '기념비적 역사'와 '고고학적 역사', '비판적 역사'로 구분한 니체는 랑케의 역사를 경박하고 무미건조하며 편협한 고고학적 역사로 규정했다. 니체의 관점은 크로체, 찰스 비어드, 칼 베커, 로빈 조지 콜링우드, 발터 벤야민을 거쳐 미셸 푸코로 이어지는 20세기의 성찰적 역사학으로 이어졌다. 『케임브리지 근대사 총서』를 기획·편찬했던 존 액턴(1834~1902) 경은 랑케를 '방대한 기록 연구의 진정한 창시자'로 치켜세웠지만 "랑케처럼 사상이

없는 사람은 보기 드물다"고 지적했다. 액턴 경의 제자였던 조지
매콜리 트리벨리언(1876~1962)은 역사는 인과관계를 엄밀하게
증명할 수 없기 때문에 과학이 될 수 없으며, 역사가의 첫 번째 임
무는 '서사를 충실하게 기술하고 이야기를 전달하는 것'이라고 했
다. 크로체는 과거의 사실은 '현재의 삶에 대한 관심과 결합'되어
야 생명력을 지닐 수 있다고 보았다. 베커는 "역사적 사실이란 과
거의 사건이 아니라 우리가 상상력을 발휘하여 과거의 사건을 재
창조할 수 있게 해주는 상징"이라고 주장함으로써 미국역사학회
를 들끓게 했다.[4]

　카는 역사학자와 철학자 들의 견해를 시종일관 짧게 인용했
다. 만약 그가 자신의 문장으로 자신의 생각처럼 책을 썼더라면
역사학 지식이 충분치 않은 독자들도 편하게 읽을 수 있었을 것이
다. 그가 그렇게 하지 않은 것은 학자로서 정직한 태도를 지키려고
했기 때문이었으리라 추측한다. 그러니 독자들은 인용한 대목이
모두 카의 문장이라고 생각하면서 뜻만 읽어 내면 된다. 그 모든
학자들의 이름과 각주에 적어 둔 책을 모른다는 이유로 주눅 들 필
요가 없다. 역사가와 사실의 관계를 카는 아래와 같이 규정했다.
"역사란 역사가와 사실의 지속적인 상호작용의 과정이며 현재와
과거의 끊임없는 대화다." 역사에 관심 있는 사람이라면 이 말을
한 번쯤은 들어 봤을 것이다.

---

4. 랑케 사학에 대한 비판적 고찰의 역사에 대해서는 『역사, 진실에 대한 이야기의
이야기』, 122~168쪽을 참조했다. '헤로도토스의 『역사』에서 재레드 다이아몬드의
『문명의 붕괴』에 이르기까지'라는 부제가 달린 이 책을 역사학을 전공하는 학생들에게
강력 추천한다. 중국과 이슬람 등 유럽 밖의 역사학을 전혀 다루지 않았다는 결점이 있기는
하지만, 고대 그리스부터 최근에 이르기까지 유럽 역사학의 흐름을 한눈에 보여주는
장점이 있다.

역사가는 사실의 비천한 노예도 난폭한 지배자도 아니다. 역사가와 사실은 『역사란 무엇인가』 50쪽 평등한 관계, 주고받는 관계다. 역사가는 끊임없이 해석에 맞추어 사실을 만들어 내며 사실에 맞추어 해석을 만들어 낸다. 어느 쪽도 우위를 가질 수 없다. 이 상호작용은 현재와 과거의 상호 관계도 포함한다. 역사가는 현재 의 일부이고 사실은 과거에 속하기 때문이다. 역사가와 역사의 사실은 서 로에게 필수적이다. 사실을 가지지 못하면 역사가는 뿌리가 없는 존재가 된다. 역사가를 만나지 못하면 사실은 생명도 의미도 없다. "역사란 무엇인 가?"라는 질문에 대한 나의 첫 번째 대답은, 역사란 역사가와 사실의 지속 적인 상호작용의 과정이며 현재와 과거의 끊임없는 대화라는 것이다.

　　이렇게 생각했기 때문에 카는 '모든 역사는 현대사'라는 크로 체의 말을 힘주어 인용했다. 사실은 과거의 것이고 역사가는 현재 에 산다. 과거의 사실 가운데 중요하고 의미 있는 것을 선택하는 기준과 그 사실들을 일정한 관계로 맺어 주는 해석의 관점은 역사 가를 둘러싼 현재의 환경, 역사가의 경험, 역사가의 이념과 개인적 기질의 영향을 받으며 형성된다. 그래서 사실과 역사가의 상호작 용은 불가피하고 자연스럽게 과거와 현재의 대화가 된다. 그런 의 미에서 아무리 먼 과거에 관한 것이라도 역사는 현대사일 수밖에 없다. 역사란 오늘을 사는 역사가들이 주목할 만한 가치가 있다고 여기는 과거 사건에 대한 이야기라는 것이다.

개인과 사회, 역사의 진보

개인과 사회의 관계를 들여다본 제2장의 핵심 내용은 앞에서 『역사란 무엇인가』를 독해하기 어려운 이유를 설명하면서 일부 소개한 바 있다. 카의 주장을 다시 정리하면 이렇다. 역사가는 독립한 개인이지만 의식적·무의식적으로 자신이 속한 사회를 대변하며, 역사가들이 선택하는 역사의 사실 또한 개인에 관한 사실인 동시에 사회적 의미가 있는 사실이다. 그래서 역사책을 읽을 때는 역사가가 선택한 사실과 그 사실에 대한 해석을 비판적으로 읽어야 한다. 이 주장을 조금 더 자세히 보기 위해 제2장의 몇 문장을 아래와 같이 조합해 보았다.

『역사란
무엇인가』
57쪽

역사가는 어느 정도까지 개인이며 어느 정도까지 사회와 시대의 산물인가? 역사의 사실은 어느 정도까지 개인에 관한 사실이며 어느 정도까지 사회적 사실인가? 역사가는 알다시피 한 개인이다. 그러나 다른 사람이 그런 것처럼 역사가도 사회적 현상이며, 자신이 속한 사회의 산물인 동시에 그 사회를 의식적·무의식적으로 대변한다. 역사가는 이런 자격으로 역사적 과거의 사실을 연구한다.

『역사란
무엇인가』
71쪽

그러니 역사를 연구하려면 먼저 역사가를 연구하라. 역사가를 연구하기 전에 그 역사가가 살았던 역사적·사회적 환경을 살펴보라.

역사와 과학, 역사와 도덕의 관계를 다룬 제3장과 역사의 인과관계에 대한 생각을 펼친 제4장에서 카는 역사가 과학이 될 수 있는지, 과학이 될 수는 없어도 과학적 학문이 될 수는 있는지에 대한 해묵은 논쟁을 다루었다. 카는 역사가 과학이 될 수는 없지만 탐구 대상은 과학과 다르지 않으며, 사실 사이의 인과관계에 대한 합리적 해석의 능력을 키우는 것이 역사를 과학적으로 만드는 열쇠라고 주장했다. 이 책의 제9장에서 우리는 아래와 같은 카의 견해와 동일한 생각을 했던 과학자 다이아몬드를 만나게 될 것이다.

역사학의 수준을 높여 더 과학적으로 만들려면 역사가들 스스로 자신이 하는 일에 대한 믿음을 가져야 한다. 과학자와 사회과학자와 역사가는 분야는 달라도 모두 환경과 인간의 상호 영향에 관해 연구한다. 연구 목표도 같다. 환경에 대한 이해도와 지배력을 높이는 것이다. 물리학자, 지질학자, 심리학자, 역사가의 연구 방법은 세세한 면에서는 차이가 크다. 그러나 성취하려는 기본 목적과 의문을 제기하고 대답하는 기본 방법은 똑같다. 여느 다른 과학자처럼 역사가도 끊임없이 '왜?'라고 묻는 동물이다.

『역사란 무엇인가』130~131쪽

『역사란 무엇인가』의 제5장과 제6장에서 카는 지식인으로서 인류 사회의 미래를 전망했다. 그는 여기서 역사학자뿐만 아니라 지식인 사회가 오랫동안 토론했고 지금도 논쟁하는 쟁점을 다루었다. 다음과 같은 것들이다. 역사는 진보하는가? 역사의 진보에는 정해진 방향이나 목표가 있는가? 있다면 어떤 것인가? 진보가 종착점에 도달해 역사가 종말을 맞는 때가 올 것인가? 여기서 역사는 '과거를 서술한 문자 텍스트'가 아니라 '인간 사회의 변천과 흥망의 과정 그 자체'를 말한다.
　　카는 두 차례 세계대전의 참극과 원자폭탄 투하, 냉전 시대의 이념 대립과 군비 확장 경쟁을 경험하고 목격했으면서도 미래를 낙관적으로 전망했다. 그리고 역사가 진보하기 때문에 역사학도 그 자체로 진보적이라고 여겼다. 그가 믿은 것은 '신의 가호'나 '세계정신'이 아니라 역사 그 자체였다. 인간의 잠재력이 지속적으로 발전한다는 것을 역사가 증명한다고 보았다. 역사에는 미리 정해진 방향이나 종착점이 없으며 진보의 방향과 내용은 역사 그 자체에서 나온다고 주장했다. 아래 문장은 역사학의 가장 중대한 질문에 대한 카의 대답을 집약해 보여준다.

『역사란
무엇인가』
179쪽

나는 역사의 진보가 종점에 도달했다고 믿지 않는다. 역사의 진보에 특정한 목적이 있다는 19세기 사상가들의 관념은 옳지 않았고 쓸모도 없었다. 진보에 대한 믿음은 자동적이거나 필연적인 과정을 믿는 게 아니라 인간 잠재력의 지속적인 발전을 믿는 것이다. 인류가 추구하는 구체적인 목표는 역사 외부에 있는 게 아니라 역사의 과정에서 생겨난다. 나는 인간이 완전하다거나 지상천국이 오리라고 믿지 않는다. 그러나 우리가 도전하고 성취해 냄으로써만 그 정체를 밝히고 타당성을 증명할 수 있는 목표를 향해 나아가는 진보, 우리가 상상할 수 있거나 상상할 필요가 있는 한계에 굴복하지 않는 진보의 가능성에 나는 찬성한다. 그러한 진보의 개념이 없이 어떻게 사회가 생존할 수 있겠는가.

인간이 지닌 잠재력의 무한한 발전을 어디에서 확인할 수 있는가? 카는 과학 기술의 발전에 주목했다. 그는 또한 영국인의 '섬나라 근성'을 비판하면서 영어 사용권을 중심에 두고 현실을 인식하는 서구의 통념을 비판했으며 진보의 동력인 과학 기술의 지속적인 발전이 서구 사람들이 무시했던 동유럽과 아시아, 아프리카 지역을 진보의 주역으로 만들 것이라고 예측했다. 이런 예측은 부분적으로 적중했다. 세계의 중심은 여전히 영어 사용권이고 미국

화폐는 국제 거래의 가장 중요한 수단이며, 중요한 학술 정보는 대부분이 영어로 전파되지만 영어 사용권의 지위는 1960년대보다 현저히 약해졌고 앞으로 더 약해질 것이다. 60여 년이 지난 지금 세계는 그가 케임브리지 대학교에서 강연했을 때 예측한 모습과 다른 데가 많다. 그러나 이것이 카의 잘못이나 무지 때문이라고 할 수는 없다. 세계 질서의 구조가 그토록 크게 바뀌고 과학 기술 혁명의 속도가 이렇게 빨라지리라고는 그 당시 누구도 예상하지 못했다.

첫째, 소련과 동유럽 사회주의 체제가 무너졌다. 그 나라들은 경제적 기본 질서로 자본주의를 도입했고, 정치적 기본 질서로 서구와 크게 다르지 않은 민주주의를 채택했다. 중국은 공산당 일당 지배 체제를 유지하지만 경제적으로는 국가 주도형 자본주의를 실현하고 있다. 미국과 소련을 중심으로 한 동서 냉전 체제는 잠시 미국 중심의 일국 체제로 변화했다가 유럽연합, 중국, 러시아 등 여러 강대국과 국가연합이 경쟁하는 다극 체제로 바뀌었다. 둘째, 컴퓨터, 인터넷, 이동통신, 인공지능, 생명공학을 포함한 과학 기술 혁명의 파도가 인류의 일상을 바꾸고 있다. 이 혁명이 문명과 인간의 삶을 어떤 방향으로 얼마나 더 바꿀지는 아직 분명하지 않다.

이런 변화를 고려하면서 카의 미래 전망을 다시 들어 보자. 그는 과학 기술 발전의 부작용과 위험을 인정했지만 막을 수는 없다고 보았다. 세계의 중심은 이미 서유럽을 벗어났다고 확언했고, 북아메리카를 포함한 영어 사용권이 세계사의 중심 지위를 유지할 수 있을지 여부도 확실하지 않다고 전망했다. 그가 마지막으로 본 과학 기술 발전의 절정은 핵무기 대량생산이었다. 컴퓨터와 인터넷, 인공지능과 같은 정보통신혁명까지는 예감하지 못했다. 아래는 문명과 세계 질서의 미래에 대한 카의 전망이다. 아무리 뛰어난 역사가라도 반세기 뒤 상황을 예측하는 것은 어려운 일임을 새삼 느끼는 동시에 지식인 카의 예민한 후각도 함께 확인할 수 있다.

『역사란
무엇인가』
216~218쪽

눈에 띄는 발명, 혁신, 새로운 기술에는 명암이 공존했다. 비평가들이 인쇄술 때문에 잘못된 견해가 쉽게 퍼진다고 지적하기까지 시간이 얼마나 걸렸는지 모르겠다. 요즘 사람들은 흔히 자동차가 출현한 탓에 교통사고 사망자 명부가 생겼다고 한탄한다. 파멸적 수단으로 쓸 수 있고 또 실제로 썼다는 이유 때문에, 어떤 과학자들은 핵에너지를 활용하는 방법을 발견한 자신의 행위를 개탄한다. 그러나 그런다고 해서 새로운 발견과 발명을 막을 수 있는 것은 아니다. 사회를 마차 시대나 자유방임적 초기 자본주의 시대로 되돌릴 수 없는 것과 마찬가지로, 정치를 자유주의 이론이 말하는 소규모의 개인주의적 민주정으로 되돌릴 수는 없다. 이 폐해들이 나름의 교정책을 지니고 있다는 데서 해법을 찾아야 한다. 비합리주의를 숭배하거나 이성의 역할을 부정할 것이 아니라 이성의 역할을 더 철저하게 인식해야 한다.

우리가 겪고 있는 진보 혁명의 또 다른 면은 세계의 모습이 변했다는 것이다. 중세 세계가 최종적으로 붕괴하고 근대 세계의 기초가 들어선 15세기와 16세기의 특징은 아메리카 대륙의 발견으로 인해 세계의 중심이 지중해 연안에서 대서양 연안으로 이동한 것이었다. 400년이 지난 지금 세계의 중심은 서유럽을 완전히 떠났다. 서유럽은 멀리 떨어진 영어 사용 지역들과 함께 북미 대륙의 속령 또는 발전소와 관제탑의 역할을 모두 미국에 맡긴 국가군(國家群)이 되었다. 그러나 이것이 유일한 또는 가장 중요한 변화는 아니다. 서유럽이라는 부속 건물이 딸린 영어 사용권 세계가 계속해서 세계의 중심으로 머무를지는 확실하지 않다. 오늘날 세계의 문제를 조율하는 것은 동유럽과 아시아, 아프리카까지 뻗어 있는 거대한 땅덩

어리다. '변하지 않는 동방'이라는 말은 낡아 빠진 상투어일 뿐이다.

　　『역사란 무엇인가』는 오래 사랑받은, 역사의 역사에 오른 역사 이론서다. 제1장에서 제4장까지는 역사 연구와 서술의 근본 문제를 다루었기 때문에 오늘 쓴 것이나 마찬가지다. 물론 지난 50년 동안 이루어진 역사 연구 방법의 발전과 역사 서술의 새로운 흐름이 반영된다면 더 좋을 것 같다. 역사의 진보와 문명의 미래에 대한 생각을 밝힌 제5장과 제6장은 오늘의 현실을 설명하기에는 지나치게 낡은 정보를 담고 있다. 카가 같은 철학에 발을 딛고 같은 시각으로 지금 『역사란 무엇인가』를 쓴다면, 냉전 체제의 소멸과 과학혁명의 급속한 진전이라는 새로운 상황을 고려할 것이다. 누가 그를 대신해 그 일을 해 주면 좋겠다.

　　유전학자 스티브 존스(1944~)는 '진화하는 진화론'이라는 제목으로 1859년 다윈이 발표한 『종의 기원』을 다시 썼다. 『진화하는 진화론』은 장의 제목이 『종의 기원』과 같을 뿐 아니라 본문에서는 다윈의 문장과 존스가 새로 쓴 문장을 구분할 수 없다.[5] 그러나 그동안 몰라보게 발전한 유전학 지식을 집어넣어 '재집필'했기 때문에 내용은 비교할 수 없을 만큼 다르다. 이런 방식으로 재집필한다면 『역사란 무엇인가』도 새로운 정보와 논리를 수혈해 생명을 연장할 수 있을 것이다. 세대가 바뀔 때마다 누군가 그 일을 해 준다면 영생을 누릴 수도 있을 것이다. 그래도 좋을 만큼 흥미롭고 수준 높은 역사 이론서이기에 하는 말이다.

5. 『진화하는 진화론』(스티브 존스 지음, 김혜원 옮김, 김영사, 2008) 참조.

제8장
문명의 역사, 슈펭글러·토인비·헌팅턴

『역사의 연구 Ⅰ·Ⅱ』, 아놀드 J. 토인비 지음, 홍사중 옮김, 동서문화사, 2016.
『서구의 몰락 1·2·3』, 오스발트 A. G. 슈펭글러 지음, 박광순 옮김, 범우사, 1995.
『문명의 충돌』, 새뮤얼 헌팅턴 지음, 이희재 옮김, 김영사, 2016.

슈펭글러의『서구의 몰락』

19세기까지 동서고금의 역사가들은 민족, 가문, 왕조, 사회, 지역, 국가를 단위로 역사를 연구하고 서술했다. 20세기 들어서야 개별 민족이나 왕조, 국가가 아닌 '문명'을 연구하는 역사가들이 등장했다. 가장 성공적으로 문명사를 연구한 인물은 아널드 J. 토인비 (1889~1975)일 것이다. 그런데 그는 왜 국가가 아닌 문명을 단위로 역사를 연구했던 걸까? 유럽에는 독립적 개체로 연구할 수 있는 국가가 없다고 보았기 때문이다. 토인비는 이렇게 주장했다.

자주적 국민주권국가가 발달한 몇 세기 동안 역사가들은 국가를 연구 영역 『역사의 연구 I』 으로 선택했다. 그러나 유럽의 어느 국가도 독립적 개체로서 뚜렷한 역사 19~26쪽 를 밝혀낼 수 없다. 굳이 있다고 한다면 대영제국뿐이다. 만약 대영제국도 단독으로 이해할 수 있는 역사 연구의 영역을 이루지 못한다면, 단언컨대 유럽 어느 국가도 심사를 통과할 수 없다. 산업경제 체제가 들어선 18세기 막바지에서 17세기 말의 책임 의회 정치 성립, 16세기 중반 이후의 해외 진출과 종교개혁, 15세기 말 시작된 르네상스, 11세기의 봉건 제도 수립 을 거쳐 6세기 말 영국인의 기독교 개종까지 시간을 거슬러 살펴보면, 영국 역사는 커다란 사회의 일부에 지나지 않는 어떤 한 사회의 역사이며 그 모든 경험은 다른 여러 나라가 함께 겪었다는 것을 알 수 있다. 그렇다면 이해할 수 있는 연구 영역을 형성하는 '전체'는 무엇인가? 어떤 형식으로 그 시간적·공간적 범위를 정해야 하는가? 영국을 포함하는 사회의 공간적 범위는 문화적인 면에서 서유럽과 아메리카, 남태평양의 가톨릭이나 프로테스탄트를 믿는 국민이 사는 나라에 한정된다.[1]

1. 한국어판『역사의 연구』는 모두 역사학자 데이비드 서머벨(1885~1965)이

토인비가 문명을 역사 서술의 단위로 설정한 최초의 역사가 였던 것은 아니다. 헤로도토스와 투키디데스가 2,500년 전에 이미 그렇게 했다. 그러나 토인비가 한 작업은 양과 질 모두 그들에 비할 수 없다. 그는 과거 존재했거나 지금 존재하고 있는 세계 모든 문명의 역사를 집대성했다. 그런데 토인비 이야기를 할 때는 독일의 철학자 오스발트 A. G. 슈펭글러(1880~1936)가 항상 따라 나온다.

슈펭글러는 1918년 서구 문명이 몰락의 운명에 처해 있다고 주장하는 책 『서구의 몰락』을 발표해 유럽 지식인 사회에 큰 충격을 주었는데[2] 『역사의 연구』를 번역한 문학평론가 홍사중은 슈펭글러와 토인비의 관계를 아래와 같이 설명했다.

『역사의 연구 II』
1100~1101쪽

새로운 역사 연구 구상은 토인비가 1920년 슈펭글러의 『서구의 몰락』을 손에 넣었을 때 더 명확한 기반을 마련했다. 이 책 제1권은 1918년 9월, 제1차 세계대전에서 독일이 궤멸되기 직전 간행되어 '몰락의 형이상학'으로 큰 반향을 일으켰다. 토인비는 이 책에서 자기의 화신을 보는 것 같은 흥분을 느끼면서 슈펭글러의 명제와 이론을 흡수했다. '문명' 단위로 역사를 고찰하고, '문명의 병행성'과 '동시대성'을 살피는 관점이었다. 그러나 슈펭

6분의 1 분량으로 요약하고, 토인비가 머리말을 쓴 축약본을 번역한 것이다. 이 책에서는 동서문화사가 펴낸 『역사의 연구 I·II』(홍사중 옮김, 2016)를 인용한다.
　　2. 이 책의 한국어판 제목은 '서구의 몰락' '서양의 몰락' 등 여러 가지가 있다. 독일어판 제목은 'Der Untergang des Abendlandes'인데, 여기서 Abendland는 '해가 지는 땅'를 의미한다. 이는 독일의 서쪽이니 직역하면 '서유럽'이라고 하는 게 맞다. 그러나 오래전부터 '서구(西歐)' 또는 '서양(西洋)'으로 번역했고, 슈펭글러가 말한 서구 문명은 넓게 보아 유럽 전체와 미국, 캐나다, 호주, 뉴질랜드까지 포함한다는 점에서 서구 또는 서양이라고 번역해도 될 것이다. 참고한 한국어판 제목이 '서구의 몰락'이어서 이 책에서는 '서구'를 채택했다. 이 책에서는 『서구의 몰락 1·2·3』(박광순 옮김, 범우사, 1995)을 인용한다.

글러의 생각은 독단적이고 결정론에 기울어 있었으며, 직관은 과잉인 반면 논증은 부족했다. 토인비는 선험적인 방법이 아니라 경험적 방법을 채용해 스승의 이론적 공백을 보강했다.

　　슈펭글러와 『서구의 몰락』을 살펴보는 것은 토인비와 『역사의 연구』를 만나기 위해서일 뿐이다. 평범한 교양인이 읽을 수 없는 책이라 판단하기에 『서구의 몰락』은 굳이 일독을 권할 생각이 없다. 이 책을 독해하는 것은 커다란 통나무를 깎아 젓가락 한 벌을 만드는 일과 비슷하다. 힘은 많이 들지만 잘되지 않고, 해낸다 하더라도 남는 게 별로 없다. 슈펭글러는 역사철학서라고 주장했지만 수학과 물리학부터 건축학, 미학, 철학, 정치학, 인류학, 역사학까지 건드리지 않은 분야가 없을 정도로 내용이 방대하다. 처음부터 끝까지 극히 불친절하게 압축한 문장이 이어지기 때문에 슈펭글러와 맞먹는 지식을 보유하지 않은 사람은 제대로 독해할 수 없다. 게다가 사실을 근거로 제시하거나 논리적으로 치밀하게 증명하는 명제는 거의 없고 직관과 예단에 의거한 주장만 가득하다. 무슨 이야기를 하는지 어렴풋이 짐작할 수는 있지만, 자신의 주장을 실증적·논리적으로 증명하지 않았기 때문에 동의하기도 비판하기도 어렵다.

　　슈펭글러는 베를린 대학교와 뮌헨 대학교에서 수학과 자연과학을 전공했지만 어려서부터 니체와 괴테를 좋아했고 이후에도 철학, 역사학부터 건축학, 미학, 정치학에 이르기까지 분야를 가리지 않고 공부한 천재였다. 젊은 시절 독일 북부의 함부르크에서 교사로 잠깐 일하다 그만두고 남부 도시 뮌헨에 칩거한 그는 『서구의 몰락』 한 권으로 일약 서구 지식인 사회의 저명인사가 되었다. 『인간과 기술』(Der Mensch und die Technik)을 비롯한 문명비판서를 쓰면서 독신으로 살았던 슈펭글러는 히틀러가 유럽을 불바다에 밀어 넣을 준비를 하던 1936년 심장마비로 세상을 떠났다.

『서구의 몰락』은 '어마어마한 독서 이력을 가진 천재만이 쓸 수 있는 최고 수준의 횡설수설'로, 정식 출판한 책이 아니라 쓰다 만 초고처럼 보인다. 아무리 유능한 편집자라도 교정할 엄두를 내지 못했을 이 책에서 슈펭글러는 문명을 역사 연구와 서술의 기본 단위로 삼아야 할 이유를 밝히지도 않았고, 서구 문명의 몰락이 임박했다고 보는 근거를 제시하지도 않았다. 인간과 문명, 과학과 철학 그리고 역사에 대해 알고 있는 모든 것을 다 쏟아 내려는 기세로 쓴 『서구의 몰락』은 서론의 첫 문장부터 예사롭지 않다. 잠시 느껴보자.

나는 이 책에서 처음으로(zum ersten Male) 감히 역사를 미리 결정하려고 한다. 오늘날의 세계에서 종말이 임박한 아마도 하나뿐일 문화, 서구 문화의 운명을 아직 다하지 않은 마지막 단계에서 추적해 보려는 것이다.[3]

여기서 "처음으로"는 그 뜻이 분명하지 않다. 논리적으로 보면 '역사를 미리 결정하는' 것이 자신에게 '첫 시도'라는 뜻이라야 한다. 세상의 모든 책을 다 읽은 사람이 아니고서야 그런 행위가 인류 역사에서 최초일 것이라고 감히 주장할 수는 없기 때문이다.

3. Oswald A.G. Spengler, *Der Untergang des Abendlandes*, C.H. Beck, Muenchen, 1920, p. 1.

그가 세상의 모든 책을 다 읽었다는 증거는 없으며, '예정설'과 '운명론'을 주창한 이는 슈펭글러 이전에도 무수히 많았다. 그럼에도 그가 본문에서 누차 이 말을 반복한 것을 보면 슈펭글러는 천재들에게 흔히 나타나는 '자아도취' 성향이 있었던 것 같다. 어쨌든 그는 서유럽 문명을 중심으로 세계사를 서술한 당대의 주류 역사학을 가차 없이 비판하고 지구 전체를 지배하는 서구 문명도 몰락의 운명을 피할 수 없다고 주장했다.

　　다음은 『서구의 몰락』이라는 통나무에서 힘들게 뽑아낸 젓가락이다. 책 전체를 통틀어 가장 명료하게 이해할 수 있었던 대목을 더욱 명료하게 요약해 보았다.

그리스·로마-중세-근대라는 도식은 무의미하지만 역사에 대한 우리의 생각을 지배한 탓에 인류 역사 속에서 서구 문명의 지위와 가치와 형태와 수명을 옳게 파악하는 것을 방해했다. 단순하고 직선적이어서 세기가 흐를수록 성립하기 어려워졌는데도, 이 도식은 새로운 영역이 우리 역사의식에 들어오는 것을 가로막았다. 어느 한 지역을 역사의 중심으로 선택하면, 그곳이 태양이다. 역사의 모든 사건은 그 빛을 받으며 그곳을 중심에 둔 원근법에 따라 역사적 의미를 부여받는다. 그러나 이것은 서구 사람들의 자아도취일 뿐이다. 그들의 두뇌에는 이러한 '세계사'가 망령처럼 똬리를 틀고 있다. 중심에서 멀리 떨어진 중국과 이집트의 수천 년 역사는 삽화처럼 작아진 반면, 가까운 곳에 있는 루터와 나폴레옹 이래 수십 년 역사는 도깨비처럼 부풀어 올랐다. 오늘날 서구의 상식이 된 이 도식에서는 고도로 발전한 모든 다른 문화가 세계사의 중심인 우리의 주위를 돈다. 나는 그런 도식을 '프톨레마이오스적 체계'라 하고, 이 책의 체계를 역사 분야에서 이루어진 '코페르니쿠스적 발견'으로 간주한다.

『서구의 몰락 1』
39~42쪽

슈펭글러는 서구 중심의 역사관을 천동설(天動說)과 동격으로 취급했다. 세계의 중심이 서구라고 믿은 근대 서구인의 역사관을 조롱한 것이다. 슈펭글러의 역사관은 당연히 지동설(地動說)이다. 서구는 세계의 일부일 뿐이라는 관점이 과학적이라고 주장함으로써 그는 역사학의 니콜라스 코페르니쿠스(1473~1543)를 자처했다. 천재다운 자부심이었다.

『역사의 연구』, 문명의 백과사전

슈펭글러는 인도, 그리스·로마, 아라비아, 중국, 서구 등 여러 문화의 생애 주기를 사계절로 나누어 그린 도표에 각 단계의 징후를 적고 왕과 왕조의 이름, 건축 양식, 예술 양식, 연대, 철학자의 이름 따위를 메모해 두었다. 그러나 문화의 생애 주기를 그런 식으로 구분한 이유를 밝히지는 않았다. 보통 본문에 대한 이해를 돕기 위해 도표를 만드는데 슈펭글러가 만든 도표는 본문보다 더 이해하기 어렵다. 예컨대 모든 문명의 마지막 단계인 겨울의 징후로 "세계 도시적 문명의 출현, 혼의 생성력의 소멸, 생명 자체가 의문시된다. 비종교적인 또는 비형이상학적인 세계 도시의 윤리적 실용적인 경향"이라고 적었다. 이렇게 한 것은 그가 문화의 몰락 양상을 분석하는 것이 아니라 아래 내용처럼 자신의 역사철학을 펼쳐 보이는 데 초점을 두고 책을 썼기 때문일 것이다.

『서구의 몰락 1』
97~98쪽

오늘날 지구 전체에 퍼진 유럽·아메리카 문화의 몰락을 분석하는 것은 좁은 주제다. 나의 목적은 세계사의 비교형태학이라는 특유의 철학적 방법을 펼치는 것이다. 제1권 '형태와 현실'에서는 여러 거대한 문화의 형태어로 출발해 그 기원의 가장 깊은 근원에 도달함으로써 상징주의의 기초를 얻는다. 제2권 '세계사적 전망'에서는 현실 생활의 사실에서 출발해 고도 인류의 역사적 실천에서 역사적 경험의 정수를 얻음으로써 우리의 미래를 형성하고자 한다.

쉽게 이해할 수 없는 말이다. 하지만 토인비는 비범한 사람이어서 슈펭글러의 관점을 이해하고 받아들였으며 서구중심주의에서 벗어나 인류 문명의 역사를 서술했다. 토인비는 학구적인 가정에서 태어났고, 어린 시절부터 그리스·로마 문학과 역사에 심취했다. 할아버지는 병리학자, 큰아버지는 경제학자, 아버지는 자선사업협회를 이끈 사회사업가였으며, 역사학을 전공하고 교사로 일했던 어머니는 어린 아들에게 동화책 대신 영국 역사를 읽어 주었다고 한다. 그는 청소년기를 완고하고 보수적인 기숙학교에서 보냈는데 그리스어와 라틴어를 익혀 고전을 읽으며 따분하고 귀족적인 교육 과정을 견뎌 냈다. 옥스퍼드 대학 베일리얼 칼리지를 졸업한 후에는 로마와 아테네의 고고학연구소 연구원으로 일했고, 모교로 돌아와 그리스·로마 역사 연구자가 되었다.

제1차 세계대전을 지켜 보면서 문명의 역사를 쓰기로 마음먹은 토인비는 1921년부터 준비 작업을 시작해 1930년 집필에 착수했으며 1934년 첫 세 권을 출간했고 1954년 마지막인 제10권을 펴냈다. 지도와 지명 색인을 담은 제11권과 역사 연구자들의 비판에 대답하는 제12권까지 포함하면 무려 40년을 『역사의 연구』집필에 쏟아 넣은 셈이다. 물론 그가 이 책만 쓴 건 아니었다. 『시련의 문명』(Civilization on trial), 『헬레니즘』(Hellenism)을 비롯해 다른 저서도 여럿 발표했다.

『역사의 연구』는 단순한 세계사가 아니라 '문명의 백과사전'
이다. 소멸했거나 살아 있는 모든 문명을 탐사했으며 인명, 지명,
색인을 별도 책으로 펴냈을 정도로 방대하다. 내용은 대부분 역사
적 사실에 대한 서술과 분석이고 철학이나 이론을 펼치는 데 쓴 지
면이 많지 않아『서구의 몰락』과는 분위기가 완전히 다르다. 이 책
의 가장 큰 약점은 분량이 너무 많다는 사실이다. 그래서 전문 연
구자들 말고는 원본을 읽는 이가 거의 없으며, 일반 독자들은 축약
본을 본다.

토인비가 스무 개가 넘는 문명에 관한 정보를 수집하고 분석
할 수 있었던 것은 런던 왕립국제문제연구소의『국제문제대관』
간행 사업에 참여한 덕분이다.『국제문제대관』은 이슈가 된 지역
에 대한 연례 조사 보고서인데, 연구소는 이 보고서를 쓰기 위해
많은 연구원을 고용하여 세계 모든 분쟁 지역의 정보를 모았다.
1925년 런던 대학교 교수직을 사임하고 왕립국제문제연구소 연
구부장을 맡은 토인비는 모든 보고서를 최종 집필하려고 노력하
면서『역사의 연구』를 채운 예증(例證) 자료를 모았다. 차례만 보
아도 토인비의 역사 서술 방식을 명확하게 알 수 있는데, 무려 여
섯 쪽이나 되기 때문에 다 옮길 수가 없다. 부득이 13편의 큰 제목
만 열거하고, 세부 목차는 가장 간단한 제1편과 문명 이론의 핵심
을 보여주는 제2편 제7장 것만 소개한다.

제1편   서론
    제1장   역사의 연구 단위
    제2장   문명의 비교 연구

토인비는 현존하는 문명의 표본을 서유럽 사회, 정교 그리스 도교 사회(아나톨리아, 러시아, 시베리아 전역), 이슬람 사회(이란, 아랍, 아프리카, 중앙아시아, 서남아시아), 힌두 사회(인도), 동아시아 사회(중국, 한국, 일본) 등으로 분류했다. 헬라스, 시리아, 미노스, 수메르, 히타이트, 바빌론, 이집트, 안데스, 유카텍, 마야 등 한때 번영했으나 소멸해 버린 문명을 포함해, 책을 쓴 시점에서 그가 알았던 문화는 스물한 개였다. 토인비는 이 문명들이 언제 어디에 존재했으며, 특징은 어떠했고, 어떤 흥망성쇠의 과정을 겪었는지, 서로 다른 동시대 문명들이 접촉한 과정과 양상은 어떠했는지, 지난 문명과 현재의 문명 사이에 어떤 관계가 있는지 세밀하게 추적하고 분석했다. 이런 작업을 한 사람은 역사의 역사에서 토인비가 처음이었다.

도전과 응전의 기록

토인비는 이야기를 만드는 것이 역사가의 일임을 잘 알고 있었기에 역사는 기록이고 과학이며 예술이어야 한다고 생각했다. 앞서 차례에서 본 것처럼『역사의 연구』는 문명의 탄생과 성장, 쇠락과 해체의 과정과 원리에 대한 단 하나의 이야기다. 세부 사항을 서술할 때 문학적 표현을 즐겨 사용한 그는 역사와 문학을 뒤섞었다는 비판에도 굴하지 않고 자신의 문장 스타일을 견지했다. 다음은 역사가를 넘어 위대한 예술가가 되고 싶었던 토인비의 열망을 보여준다.

인간 생활의 여러 현상을 드러내 보이는 방법은 세 가지다. 첫째, 사실을 확인하고 기록하는 역사의 기법이다. 둘째, 사실을 비교 연구해 일반 법칙을 설명하는 과학의 기법이다. 셋째, 사실을 예술적으로 재생산하는 창작의 기법이다. 이 세 가지는 질서 정연하게 구분되어 있지 않다. 역사는 창작적 요소를 완전히 배제할 수 없다. 사실의 선택, 배열, 표현 그 자체가 창작의 영역에 속하는 기술이다. 그러므로 위대한 예술가가 아니고서는 위대한 역사가라고 할 수 없다는 견해는 옳다.

『역사의 연구 I』
70~71쪽

　　토인비는 사실을 토대로 문명의 흥망성쇠를 지배하는 일반 법칙을 찾아 흥미로운 드라마를 만드는 방식으로 문명의 역사를 서술했다. 서구 역사가들은 대륙마다 문명의 발전 수준이 다른 원인을 두고 오랜 논쟁을 벌였는데, 토인비는 어느 하나의 요인만으로는 문명의 흥망성쇠를 해명할 수 없다고 판단했다. 소위 인종설과 환경설을 모두 배척했으며, 그 대안으로 환경 변화와 다른 문명에 대한 대응 방식과 그 과정에서 문명 내부에 형성되는 집단적 인간관계에 초점을 맞추는 '도전과 응전의 패러다임(paradigm)'을 창안했다.[4] 문명의 발생과 성장, 쇠퇴와 소멸을 결정하는 것은 사회 안팎에서 생겨나는 도전에 대한 응전의 성패라는 토인비의 이론은 제3장에서 살펴본 '아싸비야' 이론의 개정 증보판이라고 할 수도 있다.

토인비는 B.C. 3,000년경에 생긴 인류 최초의 이집트 문명과 수메르 문명이 기후 변화에 대한 성공적 응전의 산물이라고 주장했다. 나일강 유역과 메소포타미아(지금의 이라크) 남부 지역에서 꽃을 피웠던 두 문명의 탄생 원인과 과정을 밝힌 아래 내용은 『역사서설』에 대한 기억을 되살리는 동시에 『총, 균, 쇠』의 등장을 예고한다.

『역사의 연구 I』
99~101쪽
자연조건이 '역사' 시대를 통해 항상 오늘날과 같았다는 전제는 사실에 어긋난다. 알프스와 피레네산맥이 빙하를 뒤집어쓰고 있었을 때 오늘날 중부 유럽을 통과하는 온대성 저기압은 지중해 연안과 사하라 북부를 통과하고 있었다. 사하라에는 규칙적으로 비가 왔으며 그 동쪽 지역은 1년 내내 비가 내렸다. 북아프리카와 아라비아, 페르시아, 인더스강 유역은 오늘날의 지중해 북쪽과 같은 온대 초원이었다. 프랑스와 남잉글랜드에서는 매머드와 순록이 풀을 뜯었고, 북아프리카와 남아시아 초원 지대에도 많은 사람이 살았다. 그런데 빙하 시대가 끝나고 난 뒤 아프라시아(아프리카, 유럽, 아시아) 지역이 점차 건조해졌다. 그때 구석기 단계의 원시 사회가 있던 지역에 둘 이상의 문명이 출현했다. 건조화라는 도전에 대한 응전으로 문명이 탄생한 것이다. 어떤 사람들은 아무것도 바꾸지 않았지만 어떤 사람들은 거주지를 옮기거나 생활 방식을 바꾸었다. 건조화의 도전에 직면하여 거주지

---

4. 패러다임은 어떤 대상을 이해하고 설명하는 데 유용한 인식의 틀을 제공하는 지적 구성물이다. 정확한 개념과 성립 요건, 패러다임의 교체 과정을 알고 싶은 독자는 『과학혁명의 구조』(토머스 쿤 지음, 김명자·홍성욱 옮김, 까치, 2013), 제2장을 참조하기 바란다.

도 생활 양식도 바꾸지 않은 사람들은 결국 절멸했고, 거주지와 생활 양식을 다 바꾼 집단은 이집트 문명과 수메르 문명을 창조했다.

토인비의 이론에 따르면, 문명은 외부 환경의 도전에 대한 성공적 응전의 산물이며 탄생한 후에도 계속 새로운 도전에 직면한다. 문명은 응전에 성공하면 성장·발전하고, 실패하면 쇠퇴하며, 실패한 응전이 계속될 경우에는 해체된다. 토인비는 이론의 타당성을 논증하려고 책 전체에 너무나 많은 문명의 너무나 많은 역사적 사례를 제시했기 때문에 일일이 살펴볼 수가 없다. 그러니 아쉽지만 '도전과 응전의 패러다임'을 무모할 정도로 짧게 요약하는 데 그치기로 하자.

토인비는 문명이 만나는 도전을 다섯 가지 유형으로 나누었다. 척박한 땅이 주는 자극, 새로운 땅이 주는 자극, 갑작스러운 외부의 충격(공격), 외부의 계속적인 압력(압박), 그리고 사회 내부 집단에 대한 제재(압제)다. 새로운 도전이 전혀 없으면 폴리네시아, 에스키모, 유목민 사회처럼 문명이 성장을 멈추고 만다. 도전이 가혹할수록 응전하는 힘도 커지지만, 지나치게 가혹하면 문명 자체를 말살하기 때문에 지나치지 않은 수준의 적당한 도전이 문명의 성장에 가장 큰 자극을 준다.

그렇다면 문명은 왜 응전에 성공하거나 실패하는가? 응전의 성패를 결정하는 요소는 무엇이며 어떤 방식으로 작용하는가? 토인비는 인간의 본성과 사회적 관계에 의거해 다음과 같은 해답을 제시했다. 사회의 진보는 언제나 '개인'에서 출발한다. 여기서 개인은 모든 개인이 아니라 '소수의 창조적 천재'들이다. 어느 사회나 소수의 창조적 천재가 있으며, 그들은 비창조적 다수자가 자신의 비전을 받아들이고 따를 때에만 사회적 창조 행위를 성공적으로 수행할 수 있다. 비창조적 다수자가 창조적 소수자를 모방하고 따르는 현상을 '미메시스(mimesis)'라고 한다. 그리스어 미메시스는 '모방' 또는 '재현(再現)'이라는 뜻이다. 창조적 소수자가 미메시스를 창출하면 사회는 응전에 성공하고 문명은 성장한다. 반면 창조적 소수자가 창조력을 상실하면 비창조적 다수자가 미메시스를 철회하는데, 이런 과정을 '네메시스(nemesis)'라고 한다. 네메시스는 '화를 내며 비난'한다는 뜻이다. 창조적 소수자가 창조력을 잃고 지배적 소수자로 타락하면, 다수자는 미메시스를 철회하고 면종복배(面從腹背)하는 '내적 프롤레타리아트(proletariat)'와 폭력으로 맞서는 '외적 프롤레타리아트'로 분화하며, 사회는 응전 능력을 잃고 혼란에 빠지며 문명은 쇠퇴한다.

　군사 쿠데타로 정권을 탈취한 후 국민의 자유를 억압하면서 산업화와 경제 성장을 추진했던 박정희 정부의 권력자들은 토인비의 역사 이론을 두 팔 벌려 환영했다. 자기네가 바로 '창조적 소수자'이므로 '비창조적 다수자'인 국민이 믿고 따라 주기만 하면 '민족중흥'의 꿈을 이룰 수 있다고 믿었기 때문이다. 그들이 도전과 응전의 역사 이론을 국정 교과서에 싣고 각종 시험의 문제로 출제하게 하는 바람에 1970년대에 학교를 다닌 우리 세대는 토인비의 역사 이론을 달달 외워야 했다.

　그런데 창조적 소수자는 왜 창조성을 잃고 지배적 소수자로 전락할까? 인간의 본성이 만들어 내는 우상화 현상 때문이다. 토인비는 우상화의 유형을 세 가지로 나누었다. 첫째는 '일시적인 자아의 우상화'다. 한 번 응전에 성공함으로써 권력을 차지하고 숭배의 대상이 된 창조적 소수자는 다음 도전의 성격이 지난번과 다른데도 과거와 같은 방식으로 응전하다가 실패하는 경향이 있다. 둘째는 '일시적인 제도의 우상화'다. 성공한 창조적 소수자는 그 성공을 가져온 체제와 제도에 집착하다가 응전에 실패한다. 셋째는 '일시적인 기술의 우상화'다. 성공한 창조적 소수자는 그 성공을 가져다준 생산 기술과 군사 기술에 매달리다가 실패한다.

무상한 자아와 제도와 기술의 우상화가 불가피한 현상이라면 문명의 수명은 창조적 소수자의 수명을 넘어설 수 없다. 그런데도 역사의 모든 문명은 개인보다 훨씬 오래 존속했다. 그것은 새로운 창조적 소수자가 나타나 지배적 소수자를 밀어냈기 때문이다. 만약 어떤 이유 때문에 이러한 교체 과정이 중단되면 문명은 몰락의 구렁텅이에 빠진다. 사회는 지배적 소수자와 프롤레타리아트로 분열해 통합성을 상실하고 내적 프롤레타리아트의 저항이나 외적 프롤레타리아트의 타격으로 인해 무너지고 만다.

도전과 응전의 역사 패러다임은 연역적 추론으로 만든 추상적 이론이 아니라 수많은 문명의 흥망성쇠 과정에 대한 비교 연구를 통해 추출한 경험적 패턴이다. 이 이론을 알기 위해서라면 굳이 『역사의 연구』를 읽을 필요가 없고 잘 정리한 해설서만 읽어도 충분하다. 『역사의 연구』가 빛나는 것은 멋진 이론 때문이 아니라 풍부하고 구체적인 예증 덕분이다. 토인비는 동서고금의 문명을 종횡으로 가로지르며 서로 무관해 보이는 사건들에서 공통의 패턴을 뽑아내 문명 일반의 흥망성쇠 과정을 보여주는 하나의 이야기를 만들었다. 달인의 경지에 이른 그의 예술적 창작 행위를 직접 감상하고 싶은 사람만 『역사의 연구』를 읽으면 된다.

창조적 소수자와 내적·외적 프롤레타리아트

토인비의 패러다임에서 문명의 흥망은 창조적 소수자, 내적 프롤레타리아트, 외적 프롤레타리아트라는 세 집단의 관계와 상호작용에 달려 있다. 역사는 창조적 소수자를 위인전 목록에 올리기 때문에 그들은 이름을 남겼다. 그러나 프롤레타리아트는 집단으로만 있을 뿐 구성원 개인의 이름은 없다. '프롤레타리아트'라는 단어를 만든 사람이 마르크스라고 알려져 있지만 사실 그 기원은 고대 로마다. 지위는 로마 시민이지만 '아들을 군대에 보내는 것 말고는 국가에 기여할 것이 없는 사람들'을 프롤레타리아트라 했다. 토인비는 '사회적 하위 계층' 또는 '비창조적 다수자'라는 뜻으로 이 단어를 썼다. 내적 프롤레타리아트는 문명에 속해 있으면서 억압당하는 노예, 농노, 천민, 농민, 빈민, 노동자들이다. 스파르타쿠스(고대 로마의 노예 반란 지도자)나 푸가초프(제정 러시아의 농민 반란 지도자), 전봉준(조선 후기 동학 농민 운동의 지도자)처럼 내적 프롤레타리아트의 소망과 욕구를 대변하여 지배적 소수자에 대항한 인물들은 역사에 자취를 남겼다. 외적 프롤레타리아트는 문명의 경계 밖에 있으면서 기회가 있을 때 힘으로 대항하는 집단으로, 지배적 소수자는 그들을 '야만인'이라고 했다.

　　토인비에 따르면, 이 세 집단은 '세계 국가'와 '세계 종교'와 '영웅시대'를 남겼다. 로마제국과 오스만제국, 대영제국은 지배적 소수자의 유산이고 기독교와 이슬람은 유대 사회와 아랍 사회의 내적 프롤레타리아트가 만들었으며 로마제국과 비잔틴제국을 무너뜨린 영웅시대는 외적 프롤레타리아트가 만든 드라마였다는 것이다. 이들이 만들고 허문 문명들이 시간과 공간에서 만나고 부

덧친 과정이 세계사를 이룬다는 것을 토인비는 아래와 같은 문장
으로 표현했다.

지배적 소수자는 철학을 낳고, 그 철학은 때로 세계 국가의 원동력이 된다. 『역사의 연구 II』 647~648쪽
내적 프롤레타리아트는 고등 종교를 낳고, 그 종교는 세계 교회의 형태로
자기를 구현한다. 외적 프롤레타리아트는 영웅시대를 낳고, 그것은 야만족
전투 단체의 비극이 된다. 몇몇 세계 국가는 외래 제국 건설자가 만들었고,
몇몇 고등 종교는 외래 영감이 생기를 불어넣었으며, 몇몇 야만적 전투 단
체는 외래문화의 영향을 받았다. 세계 국가와 세계 교회, 영웅시대는 동시
대 문명뿐만 아니라 시간과 문명을 결합한다. 이 셋이 해체된 문명의 단순
한 부산물이 아니라 더 큰 전체에 속한다는 것을 고찰해야 인류 역사 전체
를 시야에 넣을 수 있다.

　　토인비는 개별 문명의 흥망성쇠를 추적했을 뿐만 아니라 동
시대 문명의 공간적 접촉도 공들여 탐사했다. 우리는 문명 충돌의
역사적 사례를 여럿 알고 있다. 고대의 페르시아 전쟁, 중세의 십
자군 전쟁과 오스만제국의 콘스탄티노플 점령, 서유럽 문명의 남
북아메리카 정복, 70년 넘게 지속되고 있는 팔레스타인 분쟁 등이
그러한 사례다. 9·11테러와 이라크 전쟁 같은 비교적 최근 사건도
있다. 토인비에 따르면, 동시대 문명의 만남은 일회적이 아니라 연
쇄적이다. 또한 거의 언제나 도전하는 쪽은 공격적이고 응전하는
쪽은 희생자가 된다.

　　역사가는 과거를 탐사하지만 그들의 눈이 향하는 곳은 현재
와 미래인 경우가 더 많다. 토인비도 마찬가지였다. 그는 서구를
중심으로 세계사를 서술하는 것이 어리석은 일이라는 슈펭글러

의 견해를 수용했지만 서구 문명의 미래에 대해서는 다른 전망을 내놓았다. 그는 서구 문명이 몰락의 위험에 처했다는 것은 인정했고 서구 문명 내부에서 발생한 도전의 새로운 성격과 그것이 동반하는 위험을 경고했다. 또 서구 문명이 다른 문명보다 더 높은 도덕적 가치를 지녔다고 믿는 통념이 무지와 오만의 산물이라고 지적했다. 아래 글을 읽으면 토인비가 짙은 종교적 성향을 지닌 경건한 사람이었으며, 서구 문명뿐만 아니라 인류 문명 전체의 앞날을 크게 걱정하고 있었다는 것을 알 수 있다.

『역사의 연구 II』
988~993쪽

서구 사회의 역사를 역사 그 자체와 동일시하는 근대 후기 서구인의 일반적 관습은 다른 모든 문명에 속한 사람들과 함께 겪은 사건을 왜곡해 자기중심적 망상에 빠져든 결과 생긴 것이다. 여기서 벗어나는 가장 좋은 방법은 모든 사회가 철학적으로 동등하다는 가정을 채용하는 것이다. 그런데 문명의 쇠퇴와 해체가 종교사에서 수행한 역할을 기준으로 삼아 조사해 본 결과, 나는 모든 문명의 가치가 동등하지는 않다는 것을 알게 되었다. 이 조사 결과는 서구 문명의 지위를 높이지 못했다. 인간의 영혼에 정신적 기회를 더 크게 제공하는 쪽으로 역사가 진전된다는 입장에서 보면, 가장 주목해야 할 문명은 시리아, 인도, 헬라스, 중국 문명이다. 그런데도 서구 문명을 따로 살피기로 한 것은 세 가지 이유 때문이다. 첫째, 현존 문명 가운데 해체기의 징후를 분명하게 드러내지 않은 것은 서구 문명뿐이다. 둘째, 다른 문명과 원시 사회는 모두 서구화 추세에 휘말려 들었다. 셋째, 인류 역사에서 처음으로 전 인류가 멸망할 위험에 처했고, 서구 사회가 그 운명을 손에 쥐고 있다. 서구 사회 자체의 운명도 원자폭탄을 터뜨릴 수 있는, 모스크바에 있는 한 사람과 워싱턴에 있는 한 사람의 손끝에 달려 있다.

그러나 토인비는 서구 문명이 내부에서 발생한 새로운 도전에 성공적으로 응전할 가능성이 높다고 보았다. 근대화가 더 많이 진전된 나라일수록 사회 정의를 실현하려는 움직임이 더 크게 발전했다는 사실에서 희망을 얻었기 때문이다. 다음은 그가 조심스럽지만 희망적으로 미래를 전망한 이유를 밝힌 대목이다. 제2차 세계대전이 끝나기 전에 쓴 글이라는 사실을 염두에 두고 읽기를 권한다.

격렬한 동족상잔의 전쟁이 문명 사멸의 원인이 된 경우는 아주 많다. 현대 서구 역사의 불길한 징후는 무엇보다 독일 군국주의 출현이다. 나치 독일의 군국주의는 문명의 역사에서 비교 대상을 찾기 어려울 만큼 잔인하다. 그러면 나치 군사 기구가 저지른 전대미문의 파괴 행위에 넌더리를 내면서 서구화되어 가는 세계의 다른 나라들은 군국주의 성향을 버렸는가? 매우 의심스럽다. 그러나 희망적 징후가 없는 건 아니다. 미국의 노예 제도는 전쟁과 함께 문명을 따라다닌 쌍둥이 암이었다. 하나를 박멸했다면 다른 하나도 박멸할 수 있다. 서구 문명의 해체 징후로 눈을 돌리면, 지배적 소수자와 내적·외적 프롤레타리아트의 분열을 보여주는 명백한 증거를 볼 수 있다. 외적 프롤레타리아트는 대부분 서구 문명에 포획당한 서구 밖의 문명에 속한 사람들이다. 내적 프롤레타리아트는 다양하다. 먼저 강제로 이주당한 아프리카 흑인 노예의 후손, 본의 아니게 이주한 인도인과 중국 계약 노동자의 자손들이 있다. 널리 알려진 내적 프롤레타리아트는 미국 남부 지역과 남아프리카연방[5]의 '백인 빈민'이다. 그들은 성공한 백인 동료들이 바다 건너에서 데려온 노예와 같은 사회적 지위로 떨어졌다. 내적 프롤레타리아트는 물리적으로 서구 문명에 속해 있지만 정신적으로는 속해 있지

『역사의 연구 II』 998~1005쪽

5. 지금의 '남아프리카공화국'을 말한다.

않다고 느낀다. 그들은 오늘날 어느 시대보다 과격하게 두 방향을 더듬는
다. 경제적 불만은 공산주의로, 정치적·인종적인 불만은 민족주의적 저항
으로 나타나는 것이다. 다만 공업화와 근대화가 가장 진전된 국가들에서
과거 반세기 동안 생활의 모든 분야에서 사회 정의를 실현하는 장족의 발전
이 있었다는 점은 지적해 둘 필요가 있다.

　　토인비의 역사 패러다임은 21세기 들어 미국에서 벌어지고
있는 정치사회적 상황을 이해하는 데 참고가 된다. 미국은 다인종,
다문화, 다종교, 다언어를 가진 '제국'이며 현대 서구 문명의 중심
국가다. 그런데 백악관의 권력자들은 종종 지배적 소수자의 행태
를 보였다. 9·11테러를 저지른 무슬림 테러리스트 집단은 서구 문
명에 포획당한 서구 밖의 문명에 속한 사람들(외적 프롤레타리아
트)로 볼 수 있다. 그리고 2016년 대통령 선거를 전후해 트럼프 후
보의 인종주의적 정치 선동에 환호를 보낸 미국의 쇠락한 공장 지
대 백인 노동자들은 위에서 말한 "성공한 백인 동료들이 바다 건
너에서 데려온 노예와 같은 사회적 지위로 떨어졌다"고 느끼는 내
적 프롤레타리아트라 할 수 있다. 이것은 모두 토인비가 문명 해
체기의 징후로 지목한 현상과 유사하다. 새로운 창조적 소수자가
등장해 새로운 비전을 제시하고 미메시스를 복원하지 못하면 서
구 문명뿐만 아니라 인류 문명이 직면한 멸망의 위험도 줄이기 어
려울 것이다. 서구 문명이 노예 제도를 스스로 폐지했기 때문에 전
쟁이라는 쌍둥이 암도 제거할 수 있을 것이라는 토인비의 믿음은
지나친 낙관이었는지도 모른다.

문명의 충돌

제2차 세계대전은 경제적으로는 자본주의와 사회주의가, 정치적으로는 민주주의와 전체주의가 대결하는 냉전 체제를 낳았다. 동서 두 진영의 이데올로그들은 각자 자기네가 '문명'을, 상대방이 '야만'을 대표한다고 주장했다. 그러나 이것은 서로 다른 문명의 충돌이 아니었다. 자본주의와 사회주의, 민주주의와 전체주의는 모두 서구 문명의 산물이었다. 토인비의 관점에서 보면, 두 차례의 세계대전과 냉전은 모두 서구 문명의 내전이었다.

그러나 1990년대 초 소련과 동유럽 사회주의 체제가 무너지자 전혀 다른 상황이 펼쳐졌다. 냉전의 이면으로 밀려나 있었던 동시대 문명의 충돌 현상이 역사의 전면으로 튀어나온 것이다. 그러자 토인비의 이론은 역사책 밖으로 뛰쳐나와 현실 세계를 분석하는 도구가 되었다. 문명의 공간적 접촉을 다룬 『역사의 연구』제9편을 국제정치학의 무대로 불러낸 사람은 미국 정치학자 새뮤얼 헌팅턴(1927~2008)이었다. 그는 1996년 『문명의 충돌』을 발표함으로써 냉전 체제 붕괴 이후의 국제 질서를 이해하는 새로운 열쇠를 세상에 던졌다. 이 책의 원래 제목은 '문명의 충돌과 세계 질서의 재편(The Clash of Civilizations and the Remaking of World Order)'이다. 헌팅턴은 슈펭글러와 토인비의 충실한 제자임을 아래와 같이 자임했다.

모든 문명은 자신을 세계의 중심으로 보며, 자신의 역사를 인류사의 주역으로 기술한다. 그런 성향은 서구 문명에서 특히 강하게 나타났다. 그러나 이런 관점은 다문명 세계에서 타당성과 실효성을 잃었다. 문명을 연구하는

『문명의 충돌』
(이희재 옮김,
김영사, 2016)
86~87쪽

학자들은 이 자명한 이치를 진작 깨달았다. 1918년 슈펭글러는 오직 서구에만 적용되며 고대·중세·근대의 명쾌한 단계 구분을 특징으로 하는 근시안적 역사관을 비판했다. 그는 '역사에 대한 프톨레마이오스적 관점을 코페르니쿠스적 관점으로' 대체하고, '단선적 역사의 허무 맹랑한 이야기를 다수의 강력한 문화들이 펼친 드라마'로 교체해야 한다고 주장했다. 토인비도 '세계는 자신의 둘레를 공전하고 동양은 언제나 제자리걸음이기에 서양의 전진은 필연적'이라는 자기중심적 망상에서 드러나는 서구의 편협성과 자아도취를 매섭게 꼬집었다. 그도 슈펭글러처럼 문명의 강줄기는 오직 우리 것뿐이며 다른 강줄기는 모두 지류(支流)이거나 사막의 모래 아래로 사라진다는 전제를 배격했다. 그러나 이 학자들이 경고한 환상과 편견은 여전히 살아남았고, 20세기 후반에 들어와 서구 문명이 세계의 보편 문명이 되었다는 편협한 자부심이 만연한 가운데 꽃망울을 터뜨렸다.

헌팅턴은 문명의 공간적 접촉에 대한 토인비의 이론을 정치의 무대로 소환해 냉전 해체 이후 국제 질서와 정세의 변화를 이해하는 실마리로 제공했다. 『문명의 충돌』은 역사책이 아니라 국제정치학 책이다. 그렇지만 이 책은 역사서가 현실을 해석하는 틀을 제공하는 차원을 넘어 더 나은 미래를 설계하는 데 참고가 된다는 것을 증명하는 사례인 만큼 역사의 역사에 올릴 만한 가치가 있다고 본다.

헌팅턴은 예일, 시카고, 하버드 대학교에서 정치학을 공부했다. 하버드 대학교 교수로 일하면서 미국 정부 기관에 자문을 했고 외교 정책 해설자로 이름을 떨쳤다. 국가 안보 전략, 국방 정책, 정치 이데올로기, 민주화, 미국과 소련 정부 비교 연구 등 여러 분야의 저서를 냈지만 그 모든 저서와 논문을 합친 것보다 더 큰 명성을 안겨 준 것은 교양 독자를 위해 집필한『문명의 충돌』이었다. 헌팅턴은 사람의 정체성을 규정하는 가장 강력한 요소가 문화적 귀속감이라고 주장했다. 세계화 시대에도 인간은 변함없이 '부족 본능'의 지배를 받는다는 것이다.

사람들은 조상, 종교, 언어, 역사, 가치관, 관습, 제도를 가지고 자신을 규정 한다. 부족, 민족 집단, 신앙 공동체, 국민, 가장 포괄적인 차원에서는 문명 이라고 하는 문화적 집단에 자신을 귀속시킨다. 이익을 추구하는 것뿐만 아니라 정체성을 확인하는 데도 정치를 이용한다. 우리는 자신이 무엇이 아닌지 알 때만, 아니 자신의 적수가 누구인지 알 때만, 내가 누구인지 알게 된다.

『문명의 충돌』
31쪽

　　『문명의 충돌』은 후쿠야마의『역사의 종말』에 대한 정면 비 판이었다. "서구 문명이 세계의 보편 문명이 되었다는 편협한 자 부심이 만연한 가운데" 터뜨린 환상과 편견의 꽃망울이라는 표현 은, 세계 경제가 자본주의로 수렴되고 자유민주주의가 최후의 정 부 형태가 되어 역사가 종말을 고한다고 주장한 후쿠야마를 겨냥 한 것이었음에 분명하다. 헌팅턴은 경제적 기본 질서와 정치 제도 보다는 종교를 중심으로 한 문화의 차이가 국제적 갈등과 폭력적 충돌의 원인으로 작용한다는 관점을 견지하면서 냉전 종식 이후 등장한 국제 질서 분석 패러다임을 네 가지로 분류했다.
　　첫째, 냉전이 끝남으로써 조화로운 세계가 나타났다. 둘째, 세계는 서구와 일본을 포함해 세계 인구의 15퍼센트를 차지하는 '평화권'과 나머지 '소요권'으로 나뉘었다. 셋째, 세계는 200개 가 까운 주권국가들이 경쟁하는 가운데 개별 주권국가들이 독자적으로 또는 다른 국가와 동맹하여 안전을 지키는 무정부 상태에 들어갔다. 넷째, 세계는 혼돈이 지배하는 완전한 무정부 상태에 빠졌다. 도처에서 정부의 권위가 무너지고 국가는 분열하며, 인종 갈등과 종교 분쟁으로 난민이 발생하고 핵무기와 대량 살상 무기가 확산되는 가운데 테러리즘과 인종 청소가 만연한다.

이 패러다임들 가운데 어느 하나가 옳을 수는 있지만 둘 이상이 타당할 수는 없다. 세계가 조화로운 동시에 분열되는 것은 논리적으로 볼 때 불가능하기 때문이다. 그런데 헌팅턴은 네 가지 패러다임 가운데 어느 것도 냉전 해체 이후 세계의 상황을 설명하는 데 적합하지 않다고 주장하면서 아래와 같은 '문명 패러다임'을 대안으로 제시했다. 국가가 아닌 문명을 기준으로 세계 질서를 파악하자는 제안이었다.

『문명의 충돌』
53~54쪽

분열에 분열을 거듭하고 내전으로 갈가리 찢겨 나가는 국민국가를 국제 문제 이해의 초석으로 삼기는 어렵다. 세계를 일곱 개나 여덟 개의 문명으로 이해하면 이런 난점을 피할 수 있다. 문명 패러다임은 중첩된 갈등 중에서 중요한 것과 중요하지 않은 것을 가려내 미래의 사태 발전을 예측하고 정책 입안자들에게 필요한 지침을 제공함으로써 세계를 이해하는 분석틀을 제공한다. 다른 패러다임의 요소를 받아들이는 데 인색하지 않으며 양립 가능성도 단연 뛰어나다.

헌팅턴에 따르면, 문명은 사람들에게 동질적 정체성과 귀속감을 가지게 만드는 총체적 생활방식이다. 오랜 시간을 거쳐 자리를 잡은 가치, 언어, 역사, 문화, 관습, 제도, 종교, 사고방식이 모두 여기 포함된다. 토인비는 문명을 사회와 거의 같은 뜻으로 사용했고 문명의 특성을 규정하는 가장 강력한 요소를 종교로 보았는데, 헌팅턴도 종교가 문명의 특징을 만드는 압도적인 요소임을 인정하면서 현존하는 주요 문명으로 여덟 개를 들었다. 중화(중국, 동남아, 베트남, 한국 등), 일본, 힌두(인도), 이슬람(아랍, 터키, 페르시아, 북아프리카와 동부 해안, 말레이 등), 정교(러시아), 서구(유럽, 북아메리카, 호주), 라틴아메리카, 아프리카 문명이다.

　　동시대 문명은 접촉할 수밖에 없으며 교통수단과 통신 수단이 발전할수록 접촉면은 넓어지고 접촉의 강도는 높아진다. 사람과 상품이 대규모로 오가고 정보와 과학 기술이 빠르게 전파되기 때문에 모든 문명의 구성원들은 다른 문명에 대해 더 많이 그리고 더 정확하게 알게 된다. 헌팅턴은 동시대 문명들의 관계 변화에 대해 희망 섞인 전망을 제시했다. 우연한 만남에서 시작해서 적대적 격돌로 진전되었지만 결국 호혜적 교섭 단계에 진입했다는 것이다. 그는 희망의 근거를 아래와 같이 제시했다.

문명들의 관계는 두 단계를 거쳐 발전했고, 지금 세 번째 단계에 들어섰다. 첫 3,000년 동안 문명 사이의 접촉은 예외적이었다. 문명들은 시공간적으로 분리되어 있어서 사상과 기술이 전파되는 데 몇백 년이 걸렸다. 정복 전쟁은 극적이고 의미가 컸지만 단기간 폭력적으로 이루어진 간헐적 접촉이었을 뿐이다. 이 단계를 '조우(遭遇, encounter)'[6]라고 한다. 8세기 무렵 독자적 문명으로 등장한 서구는 16세기 이후 다른 모든 문명을 지속적·일방적으로 압도했다. 유럽인과 유럽 이주민은 1800년에 세계 육지의 35퍼센트를 점유했지만, 1878년에는 67퍼센트, 1914년에는 84퍼센트를 차지했다. 서구는 사상, 가치관, 종교가 아니라 산업혁명으로 얻은 무기, 수송

『문명의 충돌』
75~86쪽

6. '우연한 마주침'을 의미한다.

수단, 병참술, 의학 기술로 조직한 폭력을 동원해 세계를 정복했다. 제1차 세계대전까지 문명들은 '격돌'이라는 접촉의 두 번째 단계를 통과했다. 1917년 이후 레닌, 마오쩌둥, 호찌민은 마르크스주의를 자신들의 목적에 맞게 수정해 인민을 동원하고 민족 정체성과 국가적 자존심을 지키면서 서구에 맞섰다. 그러나 마르크스주의는 유럽 문명의 산물인데도 유럽에 뿌리 내리지 못하고 무너졌으며, 중국과 베트남도 공산주의를 크게 수정했다. 그리하여 한 문명이 다른 모든 문명에 일방적으로 영향을 주던 단계를 벗어나 모든 문명 사이에서 다각적인 교섭이 강하게 지속적으로 이루어지는 세 번째 단계에 접어든 것이나. 국제 체제는 서구를 넘어 다문명 체제로 전환되었다. 세 번째 단계의 문명 간 관계는 첫 번째 단계보다 훨씬 빈도가 잦고 강하며, 두 번째 단계보다 훨씬 평등하고 호혜적이다.

단층선 분쟁

세계가 호혜적 교섭이 이루어지는 다문화 체제에 진입했다고 해서 문명의 충돌 현상이 사라지는 것은 아니다. 문명의 특성이 다르면 갈등이 생길 수밖에 없고, 갈등을 평화적으로 해소하지 못하면 폭력을 동반한 국지적 충돌이 언제든 일어날 수 있으며, 국지적 충돌은 전면적 세계 전쟁으로 번질 위험이 있다. 헌팅턴은 다문명 세계 체제에서 일어나는 문명의 충돌 현상을 설명하기 위해 지질학 이론을 차용했다. 지구는 뜨거운 액체 덩어리를 암석이 둘러싸고 있는 행성이다. 단단한 암석이 구형의 뜨거운 액체에 얹혀 있기 때문에 지표면 어딘가에는 균열이 생길 수밖에 없다. 이 사실을 몰랐을 때 사람들은 지진을 신이 내리는 징벌이라고 믿었다. 그러나 현대인은 지표면이 판 구조로 이루어져 있어서 판과 판이 마주치는 곳에서 지진이 일어난다는 것을 안다.

아직 모든 판을 다 파악하지는 못했지만 지질학자들은 남극, 남아메리카, 북아메리카, 아프리카, 유라시아, 인도–호주, 태평양에 커다란 1차판이 있다고 한다. 각각의 1차판 안에는 그보다 작은 2차판이 여럿 있고, 2차판에도 더 작은 3차판들이 있으며, 그 모든 판이 맞물려 둥근 지구를 둘러싸고 있다. 지진은 대부분 판과 판이 접촉하는 '단층선'에서 일어난다. 큰 판이 접촉하는 곳에서는 큰 지진이, 작은 판이 접촉하는 곳에서는 작은 지진이 난다. 헌팅턴은 문명의 충돌이 일어나는 원리도 그와 같다고 보았다.

헌팅턴이 정한 주요 문명 여덟 개를 1차판이라고 하자. 각각의 문명이 완전히 균질하지는 않기 때문에 1차판 내부에는 일정한 문화적 차이를 경계선으로 맞닿은 2차판들이 있다. 예컨대 이슬람 문명에서는 시아파와 수니파가 1,400년 동안 분쟁을 벌였고, 이란과 이라크처럼 민족 정체성과 역사가 달라 심한 앙숙이 된 경우도 있다. 기독교를 기반으로 한 서구 문명에도 가톨릭과 개신교의 종교적 균열이 있고, 영국과 유럽 대륙 국가들 사이에도 만만치 않은 문화 차이가 있다. 같은 중화 문명권에 속하지만 중국과 한국, 중국과 베트남의 문화는 같지 않다. 문명의 2차판 내부도 균질하지는 않다. 유럽 대륙의 독일과 프랑스는 오래된 라이벌이며 국민의 기질과 문화 양식에도 만만치 않은 차이가 있다. 헌팅턴은 심각하고 지속적이며 규모가 큰 분쟁과 전쟁은 주요 문명이 만나는 단층선에서 일어난다고 주장하면서 아래와 같이 그 이유를 제시했다.

『문명의 충돌』
418~422쪽
단층선 분쟁은 상이한 문명에 속한 국가나 무리 사이의 집단 분쟁이다. 이 분쟁이 폭력으로 비화하면 단층선 전쟁이 된다. 단층선 전쟁은 나라들 사이에서, 비정부 집단들 사이에서, 혹은 나라와 비정부 집단 사이에서 일어난다. 모든 집단 전쟁에는 장기 지속성, 극심한 폭력성, 이념적 혼선이라는 공통점이 있지만, 단층선 전쟁에는 남다른 특성이 있다. 첫째, 종교는 문명을 규정하는 주된 특성이므로 단층선 전쟁은 거의 예외 없이 상이한 종교를 가진 사람들 사이에서 일어난다. 둘째, 단층선 전쟁은 문명적 친족 집단들을 끌어들여 '국제화'할 가능성이 높다. 20세기 말 이후 '친족국 증후군(kin-country syndrome)'은 단층선 전쟁의 핵심적 특징이 되었다.

단층선 분쟁은 긴 역사에 뿌리를 두고 있으나, 인구증가율이나 경제성장률이 큰 차이를 보이는 등의 단기 요인이 작용할 경우 왕왕 전쟁으로 비화한다. 이럴 때 친족국 증후군은 전쟁이 터질 위험을 키우고 전쟁의 규모를 확대하는 쪽으로 영향을 미친다. 처음 분쟁을 일으킨 당사자들이 같은 문명에 속한 친족국을 끌어들이고, 분쟁에 휘말려 든 친족국들은 그 문명을 이끄는 핵심국을 중심으로 결속하는 경향이 있기 때문에 단층선 전쟁은 한번 불이 붙으면 쉽게 끌 수가 없다.

헌팅턴은 자신이 하고 싶었던 이야기를 알아듣기 쉽게 전달했다. 문명의 충돌을 막으려면 인류 사회가 이미 다문명 체제를 이루었다는 사실을 인정하고 단층선 분쟁이 폭력으로 비화해 전쟁으로 번지지 않게끔 노력해야 한다는 것이다. 그런데 이 제안은 말하기는 쉬워도 실천하기는 어렵다. 보편주의와 상대주의 사이에서 적절한 균형점을 찾기가 어렵기 때문이다. 서구 중심의 보편주의를 다른 문명에 강요하지 말아야 한다는 데는 큰 논란이 없다.

경제 제도, 민주주의, 인권, 자유 등 서구 사회가 헌법으로 명시한 가치와 그 가치를 존중하는 행동 양식이 합리적이고 훌륭하다고 해도 아시아, 아프리카, 중동, 라틴아메리카 사람들에게 똑같은 가치와 행동 양식을 따르라고 강요하지는 말아야 한다는 것이다.

그렇다면 문화적 상대주의를 내세워 모든 것을 용인하는 것은 옳을까? 예컨대 아프리카에서 성행하는 강제적 여성 할례, 인도의 조혼 풍습, 싱가포르의 공개 태형 제도, 여성의 축구장 출입과 운전을 금지하는 사우디아라비아의 법규를 문명의 개별적 특성으로 보아 인정해야 하는가? 만약 그렇다면 문화적 상대주의라는 명분으로 정당화할 수 없는 게 무엇이 있다는 말인가? 대답하기가 쉽지 않다. 보편주의를 강요할 수도 없고 상대주의로 모든 것을 용인할 수도 없다는 현실의 딜레마를 푸는 해법으로 헌팅턴은 아래와 같이 온건한 절충안을 감성적인 문장에 실어 발표했다.

문화는 상대적이지만 윤리는 절대적이다. 문화는 제도와 행동 양식을 규정해 인간이 특정한 사회 안에서 올바른 길을 걸어가게 만든다. 인간 사회는 인간적이므로 보편적이며, 사회이므로 특수하다. 우리는 가끔 다른 사람들과 함께 행진도 하지만 주로 혼자서 걸어간다. 최소한의 윤리는 공통된 인간 조건에서 유래하며 '보편적 성향'은 모든 문화에서 발견된다. 문화적 공존을 누리기 위해서는 언뜻 보면 보편적인 듯한 한 문명의 특성을 부각시키기보다는 대부분의 문명에 공통적으로 존재하는 것이 무엇인지 찾아 나서는 것이 더 바람직하다.

『문명의 충돌』
532~533쪽

모든 문명에 공통적으로 존재하는 보편적 성향과 최소한의 윤리가 있는가? 있다면 어떤 것인가? 만약 있다면, 우리는 그것에 의지해 인류 전체를 결속하고 평화로운 세계를 만들 수 있지 않을까? 보편적 성향과 최소한의 공통 윤리가 있다는 것은 분명하다. 모든 문명에는 살인과 강도, 절도를 금지하는 도덕적 규칙이 있다. 어려움에 처한 이웃을 돕는 행위를 권장하는 윤리 규범도 있다. 폭력으로 분쟁을 해결하는 행위와 사적인 보복 행위를 제어하는 법률도 있다. 이런 규칙과 윤리와 법률의 존재는 사피엔스의 공통적 존재 조건과 보편적 성향을 표현한다.

그런데도 왜 인류 역사는 폭력 충돌과 정복 전쟁, 약탈 행위와 대량 학살로 얼룩졌으며, 사회 내부의 억압과 착취는 왜 사라지지 않는가? 사피엔스에게는 정반대의 보편적 성향도 있기 때문이다. 자기중심성, 부족 본능, 물질적 탐욕, 지배욕 같은 것 말이다. 역사는 인간의 상충하는 본성이 사회적 환경에 따라 달리 나타난다는 것을 보여주었다. 투키디데스는 펠로폰네소스 전쟁 동안 도시국가에서 벌어진 내란이 사람들을 어떻게 타락시켰는지 상세하게 묘사했다. 토인비가 제시한 수많은 사례에서 문명을 발전시킨 창조적 소수자들은 비창조적 다수자들이 자신을 따르고 모방하게 했다. 결국 문제를 해결할 수 있는 주체는 사회의 엘리트 집단인 셈이다. 그래서 헌팅턴은 정치와 종교의 지도자와 지식인들에게 아래와 같이 호소했다.

『문명의 충돌』
538쪽

평화와 문명의 미래는 세계의 주요 문명들을 이끄는 정치인, 종교인, 지식인 들이 얼마나 서로를 이해하고 협력할 수 있느냐에 달려 있다. 문명의 충돌에서 유럽과 미국은 단결하거나 갈라설 것이다. 더 거대한 충돌, 범지구적으로 벌어지는 문명과 야만성의 '진짜' 충돌에서 종교, 예술, 문학, 철학, 과학, 기술, 윤리, 인간애를 풍요하게 발전시킨 세계의 거대한 문명들 역시 단결하거나 갈라설 것이다. 다가오는 세계에서 문명과 문명의 충돌은 세계 평화에 가장 큰 위협이며, 문명에 바탕을 둔 국제 질서만이 세계대전을 막는 가장 확실한 방어 수단이 될 것이다.

토인비는 세계대전의 불길이 타오르고 냉전 체제가 형성되던 시기에 과거 동시대 문명들이 공간적으로 접촉한 과정을 살피고 문명 충돌의 패턴을 연구했다. 자신이 만든 가설 또는 이론을 어떤 국제정치학자가 냉전 붕괴 이후 세계 질서의 재편 과정을 해석하고 제3차 세계대전을 예방하는 방안을 모색하는 데 쓰게 되리라고 예상했을까? 2,500년 전 투키디데스가 내다본 것을 '환생한 투키디데스' 토인비가 예감하지 못했을 리 없다.

투키디데스는 옳았다. 내전은 '인간의 본성에 따라 언젠가는 비슷한 형태로 반복될 미래사'였다. 그가 말한 그대로 내전은 모든 문명에서 끊임없이 반복되었다. 20세기에 터진 두 차례 세계대전을 토인비는 '서구 문명의 내전'으로 이해했다. 그러나 이후 일어날 세계 전쟁은 문명의 내전을 넘어 핵무기를 동원한 '사피엔스의 내전'이 되어 역사의 종말을 가져올지도 모른다. 다문명 세계 체제를 인정하고 문명의 상호 존중과 공존을 추구하자는 헌팅턴의 이론이 세계 시민에게 큰 호소력을 가졌던 것은 많은 사람들이 그런 방식으로 찾아올지 모르는 문명과 역사의 종말을 두려워하기 때문이다.

제9장
다이아몬드와 하라리, 역사와 과학을 통합하다

『총, 균, 쇠』, 재레드 다이아몬드 지음, 김진준 옮김, 문학사상사, 2005.
『사피엔스』, 유발 하라리 지음, 조현욱 옮김, 김영사, 2015.

부족 인간에서 사피엔스로

최근 들어 역사 서술 방법의 흐름은 인류의 역사를 쓰려고 했던 헤로도토스와 할둔을 향하고 있다. 역사의 역사에서 드러나는 뚜렷한 경향성 가운데 하나는 역사 서술의 단위가 지속적으로 확대되었다는 점이다. 이 현상은 인간 공동체의 규모가 지속적으로 확장됨에 따라 민족이나 국가를 넘어 인류 전체에 귀속감을 느끼는 사피엔스가 늘어난 현실을 반영한다.

우리 인류는 수렵채집 시대 내내 작은 규모의 혈족 집단을 이루고 살았지만 농업혁명이 일어난 이후 수십만 수백만이 결속한 국가를 형성했다. 숱한 제국의 흥망을 거쳐 오늘에 이른 사피엔스는 지금 200여 개의 국민국가를 이루고 있지만 그중에는 인구가 10억이 훌쩍 넘는 중국과 인도, 3억이 넘는 미합중국 같은 거대 국가들이 있는가 하면, 회원국 인구를 합하면 5억이 넘는 유럽연합도 있다. 다양한 인종과 종교, 언어와 문화를 껴안고 있다는 면에서 이들은 저마다 하나의 제국을 이루고 있다. 거의 모든 국민국가들이 가입한 국제연합은 물리력과 강제력을 행사하지는 못하지만 미래의 '지구제국'이 가지게 될 모습을 어렴풋이 보여준다. 언젠가는 오늘의 국민국가들이 모두 지방정부가 되고 지구제국이 사피엔스 전체의 공동 사무를 관장하는 시대가 올지도 모른다.

오늘날 우리 인류는 국민국가의 경계선을 넘어 자원과 상품과 정보를 주고받으며 서로가 서로에게 의존해 살아간다. 사피엔스는 지구 대기의 화학적 구성을 바꾸었고, 모든 바다의 물을 미세 플라스틱으로 오염시켰으며, 모든 대륙에서 대형 포유류를 멸종시켰고, 지구 생태계 전체를 몇 번이라도 파괴할 수 있을 정도로

많은 핵무기를 비축했다. 이 모두는 국민국가 시대에 벌어진 일이
지만 지구 차원의 공동 행동과 사피엔스 전체의 상호 협력 없이는
해결할 수 없다. 엄청난 능력을 보유한 사피엔스가 계속해서 부족
본능에 따라 행동할 경우 맞게 될 결과는 지구 환경의 극적인 변화
와 인류의 절멸이라는 것을 과학자들은 확실한 데이터와 이론으
로 논증한다. 인류사는 이처럼 사피엔스라는 새로운 정체성을 획
득하는 것이 인류 생존의 필수 조건이 된 시점에서 등장했다.

　　인류사는 두 가지 면에서 과거의 역사와 다르다. 첫째, 인류
사는 처음부터 끝까지 인류 전체를 역사 서술 단위로 삼는다. 여러
문명이나 국가의 역사를 하나로 모은 전통적 세계사와는 본질적
으로 다르다. 둘째, 인류사는 과학과 역사를 전면적으로 통합했
다. 역사가들이 역사학의 보조 학문으로 간주했던 과학이 이제는
역사의 일부가 되었다.

　　인류사는 과학혁명의 산물이다. 지난 500년 동안 과학자들은
무한히 큰 우주로 나아가는 동시에 오감으로는 인지할 수 없는 미
시 세계를 파고들었다. 그들이 발견한 사실들은 외부 세계에 대한
생각뿐만 아니라 우리 자신에 대한 인식도 크게 바꾸어 놓았다. 다
이아몬드와 하라리는 헤로도토스, 할둔, 사마천과 완전히 동일한
생물학적 특성과 능력을 가진 사피엔스이지만 인간과 생명과 우
주에 대해 그들이 상상하지도 못했던 정보와 지식을 가지고 있다.
이 차이가 '현대의 인류사'를 '고대의 역사'와 다르게 만들었다.

　　현대의 과학자와 역사가로 하여금 인류 전체를 하나의 단위
로 보면서 역사를 쓰게 만든 과학적 발견은 두 범주로 나눌 수 있다.
먼저 '우주의 발견'이다. 아래는 천체물리학자 칼 세이건(1934~
1996)의 말이다.

『창백한 푸른 점』
(현정준 옮김,
사이언스북스,
2001),
26~27쪽

멀리서 보면 지구는 아무런 관심도 끌지 못할 곳이다. 하지만 우리에게는 다르다. 다시 이 빛나는 점을 보라. 그것은 바로 여기, 우리 집, 우리 자신이다. 우리가 사랑하는, 아는, 들어 본 모든 사람이 그 위에 있거나 있었다. 우리의 기쁨과 슬픔, 수천의 종교와 이데올로기, 경제 이론, 사냥꾼과 약탈자, 영웅과 겁쟁이, 문명의 창조자와 파괴자, 왕과 농민, 서로 사랑하는 남녀, 어머니와 아버지, 아이들, 발명가와 개척자, 윤리 도덕의 교사, 부패한 정치가, '슈퍼스타'와 '초인적 지도자', 성자와 죄인 등 인류 역사의 모든 것이 여기에, 이 햇빛 속에 떠도는 먼지 같은 작은 천체에 살았던 것이다. 장군과 황제들이 이 작은 점의 한 귀퉁이를 아주 잠깐 지배하려고 흐르게 했던 유혈의 강을 생각해 보라. 또 이 작은 점의 어느 한구석의 주민들이 거의 구별할 수 없는 다른 한구석 주민들에게 저지른 잔인한 행위를, 그들은 얼마나 자주 서로 오해했고, 서로 죽이려고 얼마나 날뛰었고, 얼마나 지독하게 서로를 미워했는지 생각해 보라. 우리의 거만함, 자신의 중요성에 대한 과신, 우리가 우주에서 어떤 우월한 지위에 있다는 망상은 이 엷은 빛나는 점의 모습에서 새로운 도전을 받게 되었다. 우리 행성은 우주의 어둠에 크게 둘러싸인 외로운 티끌 하나에 지나지 않는다.

　　"햇빛 속에 떠도는 먼지"와 같은 지구의 모습은 1990년 2월 우주선 보이저 2호의 카메라가 태양계를 벗어나기 직전 명왕성 궤도 근처에서 촬영한 것이다. 미국항공우주국이 1979년 띄워 보낸 보이저 1호와 2호는 태양계 행성의 사진을 차례로 전송한 다음 우주의 광막한 어둠 속으로 다시는 돌아오지 못할 길을 떠났다.

　　광대무변한 우주에서 지구는 티끌 하나에 지나지 않는다는 생각을 한 현인은 수천 년 전에도 있었다. 그러나 그런 현인도 그것을 직접 눈으로 목격할 때 어떤 느낌이 들지는 알지 못했다. 60억

킬로미터 넘게 떨어진 곳에서 촬영한 지구는 말 그대로 우주의 어둠 속에 떠다니면서 태양 빛을 받아 희미하게 보이는 '창백한 푸른 점'에 지나지 않는다. 그 푸른 점을 보고 있으면 이런 의문이 저절로 떠오른다. 인종, 민족, 언어, 종교, 문화, 그 무엇이든 우리가 특별하고 중요하다고 믿는 것들이 정말 그러할까?

'창백한 푸른 점'은 모든 것을 의심해 보라고, 우리 자신에 대해 겸손한 태도를 가지라고 가르친다. 지구는 우주의 중심이 아니며 인간은 만물의 영장이 아니다. 지구도 사피엔스도 우리들 각자도, 모두 먼지처럼 하잘것없는 존재일 뿐이다. 곰이 동굴에서 쑥과 달래를 먹고 사람이 되었다는 탄생 설화, 민족의 영토를 넓힌 광개토대왕의 위업, '사회주의 조국 건설'을 목표로 김일성이 일으켰던 전쟁, 1970년대 대한민국 경제 성장의 신화, 한국 대표팀의 월드컵 축구 4강 진출 같은 사건이 생각했던 것만큼 중요한 게 아닐지 모른다. 인류사는 이런 감정과 생각을 바탕에 두고 있다.

인류사를 만들어 낸 두 번째 발견은 생물학자들의 몫이었다. 그들은 우리가 어디에서 왔는지 밝혀냈다. 모든 창조 신화는 무지와 상상력의 합작품이다. 우리가 어디에서 왔는지 모를 때는 사람이 물건을 만드는 것처럼 어떤 전능한 초자연적 존재가 인간을 만들었다고 설명하는 게 제일 쉽고 그럴듯했다. 신화에 기대지 않고 사피엔스의 유래를 처음으로 말이 되게 설명한 사람은 다윈이었다. "이 행성이 중력의 법칙에 따라 회전하는 동안 단 하나의 형태로 생겨난 단순한 생명에서 극히 아름답고 경탄할 만한 무한한 형태가 생겨났다는 견해에는 장엄함이 깃들어 있다."[1] 1859년 출간한 『종의 기원』에서 다윈이 이런 문장으로 지구의 모든 생물은 공

---

1. 『종의 기원』(홍성표 옮김, 홍신문화사, 2007), 512쪽. 번역 일부 수정.

다는 환상을 품었더라도 네안데르탈인은 실현할 방법을 몰랐다. 그런데 사피엔스는 가장 통통한 암탉을 가장 굼뜬 수탉과 교배시켜 통통하고 굼뜬 닭 혈통을 만들었다. 자연에 없던 새로운 계통을 지적으로 설계해서 만든 것이다. 물론 설계 기술은 전능한 신에 비해 수준이 낮았다. 선택교배로 자연선택을 가속화했을 뿐 야생 닭의 유전자 정보에 원래 없었던 것을 만들지는 못했다. 그러나 자연선택 체제는 완전히 새로운 도전에 직면했다. 과학자들은 살아 있는 개체의 유전자를 조작해 원래 그 종에는 없었던 특성을 부여함으로써 자연선택의 법칙을 깨뜨렸다. 녹색 형광을 내는 해파리의 유전자를 토끼의 배아에 삽입해 녹색 형광 토끼를 만드는 식이다.

해파리와 토끼의 유전자를 조작할 수 있다면 인간의 유전자도 당연히 조작할 수 있다. 이것은 사피엔스가 생물학 법칙의 지배를 일부나마 벗어난다는 것을 의미한다. 인류는 겨우 몇천 년 동안에 믿기 어려운 기술의 진전을 이루어 냈다. 단순한 나무 바퀴에서 출발한 운송 수단을 자동차와 비행기를 거쳐 우주선으로 개량했으며, 돌칼과 화살을 생화학 무기와 핵폭탄으로 개조했다. 노화와 죽음까지도 불가피한 운명이 아니라 해결할 수 있는 기술적 문제로 인식하게 되었다. 오늘날 사피엔스는 존재 여부를 확신하지 못하는 신에게 영생의 축복을 기도하기보다는 영원한 삶을 구현하는 기술을 만드는 일에 돈을 쏟아붓고 있다.

7만 년 전만 해도 네안데르탈인과 크게 다르지 않았던 사피엔스가 이제는 자신이 오랫동안 숭배했던 가상의 신과 같은 지위를 차지하려는 것을 하라리는 반기지 않는다. 사방에서 울려 퍼지는 과학혁명 예찬이 농업혁명 예찬을 능가하는 사기극이 될 수 있다고 주장한다. 그의 비관적 전망이 들어맞는다면 과학혁명은 최후의 혁명이 되어 호모 사피엔스의 역사를 종식하고 호모 데우스의 역사를 열 것이다. 그런데 그 전환의 문턱에 선 사피엔스는 여전히 사피엔스일 뿐이다. 하라리는 책 후기에 아직은 호모 데우스가 되지 못한 사피엔스에게 다음과 같은 경고를 남겼다. "너 자신을 알라"고 한 소크라테스가 오늘의 사피엔스를 본다면 같은 이야기를 할 것이다.

『사피엔스』
587~588쪽

7만 년 전 아프리카 한구석에 살았던 별로 중요하지 않은 동물 호모 사피엔스는 지구 전체의 주인이자 생태계 파괴자가 되었고 이젠 신이 되려는 참이다. 그들은 창조와 파괴라는 신의 권능을 가질 만반의 태세를 갖추었지만 불행하게도 자랑스러운 업적이라고 할 만한 것을 이룬 적은 없다. 환경을 정복하고, 식량 생산을 늘리고, 도시와 제국을 세우고, 넓은 교역망을 구축했지만 개별 사피엔스의 복지를 개선하지 못했고, 다른 동물에게는 큰 불행을 안겨 주었다. 우주왕복선을 만들었지만 자신이 어디로 가는지는 모른다. 힘은 세지만 책임 의식은 없고, 안락함과 즐거움만 추구하면서도 만족할 줄 모른다. 스스로 무엇을 원하는지도 모르는 채 불만은 많고 책임은 지지 않는 신들, 이보다 더 위험한 존재가 또 있을까?

하라리는 냉정한 어조로 인류의 과거와 현재를 이야기하고 미래를 전망했지만 사피엔스를 특별히 미워했던 것은 아니다. 뭇 생명을 사랑하는 사람이 그럴 리 있겠는가. 따라서 그에게 언뜻 엿보이는 냉담한 태도는 일종의 위악(僞惡)이라고 해야 할 것이다. 수렵채집 시대에 만들어진 몸과 뇌를 가지고 여전히 부족 본능에 사로잡힌 채 마치 유리공예 전시장에 들어온 코끼리처럼 맹목적인 태도로 과학혁명의 시대를 살아가는 인류에게 일부러 차가운 말을 던졌을 수 있다는 말이다. 다음은 그가 다른 사피엔스에게 보낸 모든 경고 중에서 가장 강력한 문장이다.

지구 온난화, 해수면 상승, 광범위한 오염은 지구를 우리 종이 살기에 부적합한 공간으로 만들 수 있다. 사람들은 이런 과정을 '자연 파괴'라고 하지만 사실은 파괴가 아니라 변형이다. 자연은 파괴되지 않는다. 6,500만 년 전 소행성이 지구와 충돌해 공룡을 쓸어버렸지만, 그럼으로써 포유류가 번성할 길이 열렸다.[7] 인류는 많은 종을 절멸하고 있으며 자기 자신도 멸종시킬지 모른다. 하지만 들쥐와 바퀴벌레는 전성기를 누리고 있으며 핵무기로 인한 아마겟돈의 폐허에도 살아남을 공산이 크다. 6,500만 년 후에는 지능 높은 쥐들이 인류가 일으킨 대량살상을 감사하는 마음으로 돌아볼지도 모른다.

『사피엔스』
496~497쪽

'자연 파괴'는 인간의 관점이 들어간 말이다. 지구의 관점에서 보면, 자연은 파괴되는 것이 아니라 변형될 뿐이다. 인간은 지구의 바이러스이며, 도시는 인간이라는 바이러스가 만든 피부병이라는 말이 있다. 지구가 인간을 위해 존재하는 게 아니라 인간이 지구에 깃들어 산다고 볼 경우 지구에게 인류의 멸종은 다른 종의 멸종과 하등 다를 게 없다. 하라리는 인류 중심의 좁은 시각을 벗

---

7. 미국 미시간 대학교 연구진이 2016년 7월 『네이처 커뮤니케이션스』에 발표한 논문에 따르면, 6,600만 년 전 멕시코 유카탄반도 앞바다에 떨어진 소행성 폭발의 충격과 뒤이은 기후 변화가 공룡의 멸종 원인인 것은 맞지만 공룡의 개체 수는 그 이전에 이미 급격히 줄어들었다고 한다. 남극 섬의 공룡 24종 가운데 10종이 멸종한 것은 소행성 충돌 15만 년 전 인도 데칸고원의 초대형 화산이 폭발한 이후였는데, 그때 나온 화산재와 온실가스로 인한 지구 온난화가 원인이었다. 지구에서는 지난 5억 년 동안 다섯 번의 대멸종 사태가 일어났으며, 인간이 화석연료를 태워 배출한 온실가스가 여섯 번째 대멸종 사태를 불러올 것이라고 연구자들은 경고했다.

어딘지고 자연과 모든 다른 생명에게 감정을 이입한 상태에서 자신의 생존 방식과 그것이 초래한 결과를 보라고 권고하기 위해 다른 사피엔스에게 이처럼 냉담하게 말한 것이다.

우리는 누구인가, 어디서 왔는가, 어떻게 해서 이토록 막강한 힘을 가지게 되었는가? 우리는 무엇이 되고 싶으며 어디로 가려 하는가?『사피엔스』는 이런 질문을 던지고 대답하는 책이다. 나는 인간이 자연선택의 역사를 종식하고 지적 설계의 역사를 열 것이라고 믿지 않는다. 우리의 몸은 수렵채집인과 다르지 않으며 우리의 정신은 모든 기회를 편 가르기에 활용하는 부족 본능을 극복하지 못했다. 우주를 탐사하고 유전자를 조작한다고 해서, 인간을 복제하고 유전자를 조작할 수 있다고 해서 신이 되는 것이 아니다. 사피엔스는 생명공학을 높은 수준으로 발전시켰지만 이미 존재하는 유전자를 복제하거나 조작할 수 있을 뿐 생명이 없는 물질로 생명체를 만들지는 못한다.

시간의 장막을 넘어 미래를 엿보는 것은 어려운 일이다. 하라리의 예측은 맞을 수도 틀릴 수도 있다. 그러나 그가 사피엔스의 미래를 걱정하고 있다는 것은 분명하며, 나는 그 두려움의 근원을 이해하고 공감한다. 그런 점에서『사피엔스』는 훌륭한 역사책이다. 하라리는 독자에게 자신이 사피엔스의 역사를 보면서 느낀 생각과 감정을 전달하고 공감을 일으키는 데 성공했다. 역사는, 그래야 역사다운 역사 아니겠는가.